21세기를 움직이는
푸틴의 파워엘리트 50

*이 책은 관훈클럽 신영연구기금의 도움을 받아 저술·출판되었습니다.

21세기를 움직이는
푸틴의 파워엘리트 50

권경복 지음

PUTIN

21세기북스

책머리에

2005년 11월 어느 날, 모스크바 특파원으로 부임한 지 두 달여 만의
일이다. 러시아의 최고 실력자 블라디미르 푸틴 당시 대통령의 측근
인 국가두마(하원) 의원을 어렵사리 만날 수 있었다. 그는 한 시간가
량 러시아의 정치 이야기를 열심히 설명했지만, 처음엔 그의 말을
선뜻 이해할 수 없었다. 동행했던 러시아 일간지 기자가 부연 설명
을 해준 뒤에야 그 의원이 푸틴과 측근 인사들 간의 관계를 에피소
드와 별명까지 섞어가며 매우 재미있게 풀어내고 있다는 사실을 깨
달았다. 처음에 설명을 곧바로 알아듣지 못한 것은 부족한 러시아어
실력 때문이기도 했지만, 그가 쓴 '전문용어' 탓이 더 컸다. 그가 사
용한 말 가운데는 러시아어로 ВВП와 ДАМ인 VVP와 DAM이 많았
다. 이 두 핵심 단어를 놓치면서 다른 중요한 문장까지 이해할 수 없
었던 셈이다. 의원의 설명을 들을 때만 해도 VVP는 러시아어 국내
총생산(Valovoj Vnutrennij Produkt)의 약자로, DAM은 '숙녀들'을
뜻하는 단어로 생각했다. 하지만 이는 실수였다. 인터뷰 중반에 가
서야 VVP는 푸틴의 풀 네임인 블라디미르 블라디미로비치 푸틴
(Vladimir Vladimirovich Putin), DAM은 푸틴의 12년 후배이자 러시

아의 5대 대통령인 드미트리 아나톨리예비치 메드베데프(Dmitry Anatolyevich Medvedev)의 두문자 약칭이라는 것을 알게 됐다. 우리가 국내의 전·현직 유력 정치인들을 JP, YS, DJ, MB 등으로 줄여서 말하는 것처럼 러시아의 정치권 인사들도 두 사람을 VVP, DAM이라는 약어로 불렀던 것이다. 사소한 부분일 수도 있겠지만 러시아 정치가 우리의 그것과 닮은 점이 있다는 사실을 놓친 것이었다. 그 의원과의 만남은 어찌 보면 러시아 정치에 더욱 흥미를 갖고 특파원 생활을 하게 된 계기였다.

러시아의 정치권을 계속 취재하면서 관심 테마는 하나로 쏠렸다. 바로 푸틴이라는 사람이다. 단순히 그가 1991년 소련의 붕괴, 1998년 러시아 경제의 디폴트(채무불이행) 선언, 1999년 체첸과의 전쟁 등 정치·경제·사회적으로 혼란에 빠진 국가를 수습하고 오늘날 러시아를 G8(주요 8개국)의 반열에 올려놓은 주인공이기 때문만은 아니다. 정치인, 정부 관리, 경제인, 언론인, 경찰, 군인, 심지어 바로 옆집에 살던 러시아인 이웃들도 만나기만 하면 푸틴을 화젯거리로 올렸다. 누가 묻거나 요구해서가 아니라 스스로 나서서 그렇게 했다. 마치 푸틴이라는 인물이 없으면 러시아가 절대 돌아가지 않을 것처럼……. 2000년에서 2008년까지 대통령을 두 차례 연임한 뒤 2008년 자신의 후배인 메드베데프에게 대통령 자리를 물려주고 스스로 총리로 내려앉은 푸틴에 대한 평가는 차치하더라도, 러시아와 러시아 사회에 가장 커다란 영향을 미치는 사람이 푸틴이라는 점은 분명했다. 특파원으로서 취재 영역을 점차 넓혀가면서 푸틴과 그를 지탱하는 러시아의 파워엘리트(power elite)를 연구해보고 싶었다. 잘 알려져 있듯이 파워엘리트는 미국의 사회학자 찰스 W. 밀스(Charles Wright Mills, 1916~1962)가 미국 사회를 관찰하면서 규정한 개념이다. 사회 조직의 중요한 지위를 차지하며 그 조직 사회의 각종 의사 결정과 집행을 담당하는 권력 집단이 파워엘리트다. 러시아에서도 크게 다르지 않다. 푸틴과 그 파워엘리트가 이끌어가는 사회라고 해도 과언이 아니다.

러시아 국가(國歌)의 3절 끝부분에는 이런 표현이 있다. '탁 빌로, 탁 예스치, 탁 부제트 프시그다(Tak Bylo, Tak Yesti, Tak Budet Vsegda)!' 우리말로 풀면 '과거에도, 현재도, 미래에도 언제나 그러하리라!'라는 뜻이다. 2000년 이후 지금까지의 러시아가 그랬고 현재도, 앞으로도 당분간 러시아는 푸틴과 그 파워엘리트들이 이끌어나갈 것이라는 게 전문가들의 공통된 의견이다. 실제로 그런 징후는 벌써부터 가시화됐다. 총리로 한 발짝 물러나 있던 푸틴은 2011년 9월 24일 집권 통합러시아당 전당대회에서 2012년 3월에 치러지는 대선에 집권 여당의 후보로 출마해달라는 제안을 수락했다. 대선에서는 그의 압승이 확실시된다. 2008년 말 헌법 개정으로 차기 대통령의 임기는 종전의 4년에서 6년으로 늘어난다. 지지율 70퍼센트를 상회하는 푸틴이 대선에서 승리하고 연임한다면 2024년까지는 임기가 사실상 보장된 셈이다. 어떤 정치평론가들은 푸틴이 2024년에 퇴임하더라도 푸틴과 그가 구축한 파워엘리트의 영향력이 워낙 거대해 21세기 중반까지 '푸틴의 시대'가 이어질 것이라고 예측한다.

이런 인식을 바탕으로 해서 푸틴의 파워엘리트 그룹을 구성하는 멤버들의 면면을 취재수첩에 담아 나가기 시작했다. 이 책은 2005년부터 2009년 말까지 4년간 러시아의 정치권 현장을 취재한 것을 바탕으로 했고, 그 이후 지금까지 러시아 정치에 대한 나름의 호기심을 풀어가면서 얻은 산물이라 할 수 있다.

푸틴을 지탱하는 파워엘리트로 50명을 선정한 데는 나름의 이유가 있다. 평소에 친분을 쌓아두었던 러시아 각계의 유력인사 20명에게 '누가 과연 진정한 푸틴의 파워엘리트라고 할 수 있는가', '푸틴의 파워엘리트로서 대표성을 가진 인물은 몇 명 정도가 적당한가' 등을 물었다. 도움말을 준 이들의 공통된 답변은 '푸틴의 파워엘리트 50명이면 러시아 사회 전체를 포괄하는 명단을 작성할 수 있다'는 것이었다. 취재원 보호 원칙에 따라 자문해준 인사 20명의 이름은 거론할 수 없다. 어쩌면 이는 이 책이 갖는 한계라고 할 수 있을 것이다. 다만 20명의 자문단은 국가두마와 연방회의(상원) 의원 일곱 명, 정치평론가 네 명, 언론사 대표와 기자 네 명, KGB(국가보안위원회)와 군 등 보안기관 출신 인사 세 명, 재계와 문화계 인사 각각 한 명으로 구성됐다는 점은 밝힐 수 있다. 50명 외에도 라시드 누르갈리예프(Rashid Nurgaliyev), 빅토르 체르케소프(Viktor Cherkesov), 유리 트루트네프(Yuri Trutnev), 미하일 레신(Mikhail Lesin), 세르게이 보그단치코프(Sergey Bogdanchkov), 알렉시 2세(Alexy II) 등이 일부 꼽혔다. 하지만 이들은 50명의 파워엘리트 내에서 움직인다고 보아 아쉽지만 배제했다. 20명의 자문단이 설명해

준 내용의 상당 부분은 자신들의 기억에 의존하는 사실이었다. 그 약점을 보완하기 위해 다른 관련 인사들에게 두 번, 세 번 확인했고, 그래도 모자라는 부분은 러시아의 여러 자료를 통해 보완코자 했다.

이 책을 쓰면서, 제기될 법한 비판도 고려의 대상으로 삼았다. 즉 비합법적인 방법으로 축재를 했거나 푸틴과의 인연 하나만으로 엮인 이들, 보안기관에 몸담았던 경력을 바탕으로 출세한 이들을 과연 진정한 러시아의 파워엘리트라고 부를 수 있는가 하는 근본적인 문제다. 그런 사람이 없다고 부인하기는 어렵다. 하지만 러시아의 사회 발전에 긍정적인 영향을 미치는 인사들이 다수를 차지한다. 또한 가지 염두에 둬야 할 점은 러시아가 푸틴의 파워엘리트들이 생각하고 꿈꾸는 방향으로 이동하고 있다는 사실이다. 비록 서방에서는 푸틴과 그 파워엘리트들이 지배하는 러시아 사회를 '푸틀란디아(Putlandia)'라고 비아냥거리지만, 그 같은 추세는 앞으로도 지속될 가능성이 높다. 가치판단은 제쳐놓더라도 실체를 인정하지 않으면 미래를 볼 수 없다. 소련 붕괴 후 성년이 된 '젊은 러시아'에서는 다행스럽게도 시간이 갈수록 변화의 물결 속에서 민주적 사고를 가진 엘리트도 많이 배출되고 있다. 이 모든 것을 책에 담고자 나름의 노력을 기울였다.

2011년 겨울
서울에서

차례

2부 러시아를 움직이는 푸틴의 파워엘리트 50인

1부

푸틴의 파워엘리트들은
이렇게 만들어졌다

1

푸틴의 파워엘리트들의 토양

— KGB · 상트페테르부르크 · 옐친

블라디미르 푸틴(Vladimir Putin)이 자신의 버팀목인 각계각층의 파워엘리트를 만날 수 있었던 기본 토양은 세 가지였다. 하나는 자신의 첫 직장인 소련의 비밀경찰 국가보안위원회(KGB)였다. 다른 하나는 고향이자 러시아 제2의 도시인 상트페테르부르크다. 마지막 하나는 1996년 모스크바 중앙 정치 무대로 진출한 이후 맞닥뜨린 '엘친 패밀리'라는 거대한 파벌이었다. 푸틴은 이 세 토양을 자신이 믿고 일을 맡길 수 있는 엘리트를 끌어모으고 결속을 다지는 터전으로 활용했다.

KGB 근무 시기(1975~1990)

푸틴은 상트페테르부르크대학교 법대를 졸업하기 직전인 1975년, 한 KGB 요원으로부터 요원 선발 제의를 받았다. 소련 공산주의 시절만 해도 KGB가 미래의 첩보원을 대학 재학생 중에서 선발하는 것은 관례에 가까웠다. KGB는 뛰어난 학업 성적, 빠른 두뇌 회전, 건강한 신체, 과묵한 성격의 푸틴을 눈여겨봤고, 이 때문에 요원으로 뽑고 싶다는 것이었다. 슈콜라(shkola, 러시아의 초중고교 통합 과정) 시절부터 KGB의 꿈을 가져왔던 푸틴은 이 제안을 전격 수용, KGB에서 사회생활의 첫발을 내디뎠다. 그는 훗날 자서전

▶ KGB 시절의 푸틴

격인 『오트 페르보고 리차(Ot Pervogo Litsa, 자화상)』에서 "나는 어릴 적부터 KGB에 많은 동경심을 갖고 있었고 줄곧 사회에 쓸모 있는 사람이 되기 위해 노력해왔다"라고 말한 적이 있다. 푸틴의 가장 친한 KGB 인사 니콜라이 파트루셰프(Nikolai Patrushev)는 푸틴보다 1년이 앞선 1974년에 이미 KGB에 들어가 있었다. 푸틴의 또 다른 측근 세르게이 이바노프(Sergey Ivanov)는 푸틴과 같은 해인 1975년에 KGB 요원이 돼 40년 가까운 시간을 푸틴과 함께하게 된다.

KGB에 들어간 지 6개월 후 푸틴은 상트페테르부르크 시 오호타자치구에 있는 제401 KGB 요원훈련학교에서 1년간의 작전요원 연수 과정을 이수했다. 국내에 출간된 일부 푸틴 관련 논문이나 서적에는 푸틴이 1975년 민스크(현재 벨라루스의 수도)에 소재한 KGB

고위 과정을 다녔다고 기술하고 있으나, 러시아의 정치권 인사들은 '지금도 마찬가지지만 당시까지만 해도 KGB라는 조직의 구조가 워낙 베일에 가려 있고 푸틴 스스로 이에 대한 정확한 이야기를 한 적이 없기 때문에 오해에서 비롯된 이야기'라고 말한다. 사실 1975년에 요원이 된 23세의 '신참' 푸틴에게 고위 과정을 다니게 해주는 것은 상식적으로 봐도 이치에 맞지 않는다. 아무튼 오흐타의 요원훈련학교는 KGB의 각 지부에서 활동할 신규 작전요원을 훈련하는 곳이었고, 푸틴은 이곳에서 연수를 했다는 게 지금까지는 정설로 자리 잡고 있다.

제401 KGB 요원훈련학교를 마친 뒤 푸틴은 1977년 KGB 상트페테르부르크 지부의 방첩과에서 조사요원으로 일하게 된다. 전직 KGB 요원들의 증언에 따르면, 1970년대 후반 KGB 방첩과는 표면적으로 볼 때 우수한 소련의 우주·과학 기술 정보를 '빼내가려는' 서방의 첩보 활동을 막기 위해 설치된 부서였다. 하지만 실상은 낙후된 소련의 상용 기술 발전을 위해 서방의 첨단 정보를 빼오는 역할을 했다. KGB 상트페테르부르크 지부에서 근무할 때 푸틴은 상사였던 빅토르 이바노프(Viktor Ivanov)와 인연을 맺게 되는데, 빅토르 이바노프는 훗날 '실로비키(siloviki, 권력기관 출신의 인사들)'의 대부(代父)로 자리매김한다.

그로부터 2년이 흐른 1979년, 푸틴은 모스크바에서 6개월간의 KGB 고위 과정 재교육을 받았다. 푸틴을 잘 아는 국가두마의 한 의원은 "비록 6개월이라는 짧은 기간이었지만 모스크바에서의 KGB

고위 과정 재교육은 푸틴의 KGB 인생에서 매우 중요한 시기였다"
라고 말했다. 푸틴이 훗날 동독의 드레스덴으로 파견되는 발판이 됐
고, 드레스덴에서의 경험이 2000년 그가 대통령이 된 후 서방을 바
라보는 관점의 밑바탕을 제공했기 때문이라는 것이다.

실제로 푸틴은 1985년 모스크바에 있는 '유리 안드로포프 붉은
기 대학교'에서 1년간 해외 파견 교육을 받았고, 졸업할 때 '브네시
나야 라즈비예트카(Vneshnaya Razvyedka, 대외첩보)'라는 주특기를
부여받았다. 이 대학에서 푸틴은 공부를 잘하고 정직하며 성실한 태
도를 보여 팀장을 맡음으로써 인맥 형성의 기초를 마련했다. 또한
전공 언어로 독일어를 선택해 공부했다. 푸틴이 왜 자신의 부임지로
동독을 택했는지는 지금까지도 정확하게 알려지지 않았다. 예나 지
금이나 첩보 요원들에게 인기 있는 부임지 1순위는 영어를 사용하
는 나라이자 소련과 함께 세계를 양분했던 강대국 미국이었다. 당시
분단국이고 소련과 인접한 독일은 2순위였다. 더군다나 선진화된
서방국 서독이 아닌 동독은 KGB 요원들의 선호 부임지 2순위 중에
서도 우선순위가 낮았다고 한다. 첫째, 동독의 첩보기관인 슈타지
(Stasi)는 KGB에 비해 정보기관으로서의 능력이 한 단계 떨어지는
게 큰 이유였다. 둘째, 동독이라는 국가가 소련의 적국은 아니어서
KGB 요원들이 활동하며 배울 것이 많지 않았다. 셋째, 독일에서의
근무 경력은 승진에 그다지 도움이 되지 않기 때문이었다.

그런데도 푸틴이 동독의 드레스덴을 선택한 이유는 무엇이었을
까? 푸틴 주변 인사들의 증언을 종합해보면, 동독의 독특한 근무 환

경 때문으로 풀이된다. 푸틴은 영어가 능숙하지 않았다. 또한 이때만 해도 KGB 요원이 서독을 선택하게 되면 1년 반에서 3년 동안 연속 근무해야 한다는 의무 조항이 있었지만, 동독의 경우에는 이런 의무가 없고 근무 연한이 자유로웠다. 푸틴이 드레스덴에서 1985년 말부터 1990년까지 비교적 오랫동안 근무할 수 있었던 이유가 바로 이 때문이다. 이와 함께 드레스덴에는 소련의 군사기지가 있어 KGB 요원으로서 활동이 용이했던 이유도 있었다. 이와 관련, 드레스덴 근무시 KGB가 운영하는 위장 회사의 드레스덴 대표로 나와 있던 세르게이 체메조프(Sergey Chemezov)를 만난 것은 푸틴에게 더없는 행운이었다. 체메조프는 푸틴보다 2년 앞선 1983년에 드레스덴으로 파견돼 동독과 드레스덴에서의 거주 경험을 푸틴에게 전수했고, 푸틴은 이런 선임자의 조언대로 무사히 드레스덴 파견 근무를 마칠 수 있었다고 한다. KGB 요원임을 드러낼 수 없었던 체메조프 역시 푸틴처럼 드레스덴에서 1988년까지 '5년간' KGB 요원으로 근무했다.

일각에서는 푸틴이 선택할 수 있는 최선의 옵션이 드레스덴이었다는 분석도 제기한다. 푸틴이 대통령 권한대행이 된 직후인 2000년 1월 5일 자 독일 언론들의 보도를 종합해보면 상당히 설득력이 있다. 독일 언론들은 "푸틴은 생각보다 훨씬 똑똑한 요원이었다"라면서 푸틴이 드레스덴을 선택한 이유는 바로 드레스덴이 갖고 있는 지정학적 중요성을 사전에 면밀히 검토했기 때문이라고 보도했다. 비록 적(籍)은 드레스덴에 두었지만 실질적인 활동 무대는 서독과 인접한 라이프치히였음을 미리 간파했다는 것이다. 실제로 푸틴은 드레스덴 거주 일반인에게 발급되는 '서독 출입 허가증'을 갖고 라이프치히를 통해 자유로이 서독 지역을 드나들 수 있었다.

　주간지 〈슈피겔(Der Spiegel)〉은 "푸틴이 비록 드레스덴에 기반을 두고 있었지만 라이프치히에 있는 '독일–소련 우호친선협회'를 책임졌다"라고 보도했다. 또 라이프치히는 서독 정보기관의 중부와 서남부 활동 무대였다. 푸틴은 라이프치히 주재 소련 총영사관에서 대외직명 영사로 활동하며 서독 정보기관들의 동태를 감시하고, 동시에 동독 정보기관인 슈타지의 상황을 살피면서 관련 정보를 수집하기도 했다고 〈슈피겔〉은 덧붙였다. 다른 주간지 〈차이트(Die Zeit)〉와 일간지 〈벨트(Die Welt)〉는 푸틴이 좀 더 민감한 업무를 했다고 보도했다. 이들 매체에 따르면 푸틴은 드레스덴에 주둔한 소련 군사기지의 감독관 역할을 했다. 그는 소련군의 비밀 정보기관인 '그루(GRU: Glavnoye Razvedyvatelnoye Upravleniye)'와 수시로 업무 협력을 했다. 그는 부정치국원을 뜻하는 '잠폴리트(zampolit)'라는 직책으로 소련군의 충성도를 모니터링하는 업무를 맡았으며, NATO(북대서양조약기구)의 갑작스러운 대(對)소련 핵공격 상황을 파악하기도 했다고 〈벨트〉는 밝혔다.

　푸틴은 1989년 베를린 장벽이 무너진 후 KGB가 쓸모없는 존재로 전락하고 1980년대 말 미하일 고르바초프(Mikhail Gorbachev) 소련공산당 서기장의 개혁이 꽃을 피우던 시기인 1990년 1월 소련으로 돌아왔다. 푸틴이 직접 밝힌 바에 따르면, 그는 소련에 돌아온 뒤 모스크바 KGB 본부의 해외 첩보 담당 부서인 해외정보국(SVR: Sluzhba Vneshney Razvedki, 1991년 이후 KGB에서 분리돼 대통령 직속 기관으로 승격됨)의 책임자를 맡아달라는 상부의 요청을 거절하고 KGB에서 사직했다(푸틴은 사직을 발표했지만 실질적인 사직은 1991년에야 이뤄졌다).

푸틴은 1975년부터 1990년까지 16년의 KGB 생활 동안 소중한 '전우들'을 얻었다. 가장 오랜 시간을 근무했던 KGB 상트페테르부르크 지부에서는 두 이바노프(세르게이 이바노프와 빅토르 이바노프), 파트루셰프, 블라디미르 야쿠닌(Vladimir Yakunin), 알렉산드르 보르트니코프(Alexandr Bortnikov), 체르케소프 등을 만날 수 있었다. 또한 드레스덴에서는 체메조프와 가깝게 지냈다. 이들은 현재 푸틴의 가장 든든한 버팀목인 실로비키 그룹의 중추를 이루고 있다.

상트페테르부르크 근무 시기(1990~1996)

드레스덴에서 러시아로 돌아온 이후 푸틴은 모교인 상트페테르부르크대학교에서 법학 박사 과정을 밟을 참이었다. 그런데 1990년 봄이 되면서 푸틴에게 새로운 제안이 하나 들어왔다. 상트페테르부르크대학교 측이 푸틴에게 대외업무 담당 부총장의 보좌관 역할을 요청한 것이다. 푸틴은 이 제안을 받아들임으로써 상트페테르부르크대학과의 인연이 이어졌다. 인연의 한복판에는 푸틴의 학창 시절 은사이자 평생의 스승인 아나톨리 숩차크(Anatoly Sobchak, 1937~

▶ 솝차크의 보좌관 시절

2000)가 있었다. 그렇다고 처음부터 두 사람이 연결된 것은 아니었다. 푸틴이 1990년 3월에 맡은 첫 직책은 스타니슬라프 메르쿠리예프(Stanislav Merkuryev) 대외 담당 부총장의 보좌관이었다. 푸틴은 보좌관 일을 하면서 자신의 법대 동문들과 다시 친해졌다. 2개월간 푸틴의 업무 처리 솜씨를 지켜본 메르쿠리예프 부총장은 솝차크 상트페테르부르크 시 소비에트(의회) 의장에게 푸틴을 추천했다.

1990년 5월 23일 열린 제1차 상트페테르부르크 소비에트 의장 선거에서 당선된 솝차크로서는 마침 대외업무를 맡아줄 적임자가 필요했다. 솝차크는 메르쿠리예프 부총장의 의견을 수용해 동독 근무 경험이 있는 푸틴에게 1990년 5월 대외업무 담당 보좌관을 맡겼다. 이 역할은 매우 중요한 의미를 갖는다. 1980년대 말 소련 공산주의 시절만 해도 상트페테르부르크의 대외업무는 모두 소련 외교부와 유관부서가 처리·결정했다. 하지만 1990년 이후부터는 달라졌다. 지방자치제에 따라 시 자체적으로 대외업무를 처리했다. 특히 상트페테르부르크는 '유럽으로 향한 러시아의 창(窓)'이라는 상징적 지위에 걸맞게 유럽 인사들의 발길이 끊이지 않는, 전략적으로 중요한 지역이었다. 1991년 6월 상트페테르부르크가 구시대의 유물인 소비에트를 해산하고 시장 선거를 실시해 숍차크가 초대 상트페테르부르크 시장에 당선되자 푸틴은 자연스레 대외관계위원장으로 승진 이동했다. 푸틴은 상트페테르부르크 시 대외관계위원장으로 첫발을 내디디면서 인재 채용에 많은 신경을 썼다. 소련 외무부에서 내려보낸 사람을 기용하는 것이 아니라, 푸틴 스스로 인사권을 갖고 자신과 함께 일할 사람을 직접 선발할 수 있는 길이 열린 것이다. 이때 영입한 엘리트들이 대학 교수였던 메드베데프, 통역관 이고리 세친(Igor Sechin), 상트페테르부르크대학교 공산당 책임자(제1서기)였던 빅토르 줍코프(Viktor Zubkov), 경제학 박사 알렉세이 밀레르(Alexey Miller) 등이었다. 푸틴은 또한 상트페테르부르크 시의 다른 위원회에서 활동하던 이들과도 긴밀한 네트워크를 구축했다. 자산담당위원회의 법률자문이던 게르만 그레프(German Gref), 무역항연합회 법률자문인 드미트리 코자크(Dmitry Kozak), 상트페테르부르크 시 행정실 부실장 알렉세이 쿠드린(Alexey Kudrin), 시 경제재정위원장 세르게이 나리슈킨(Sergey Naryshkin) 등이 바로 그들이다. 이들은 대체로 숍차크의 제자로, 푸틴과 떼려야 뗄 수 없는 돈독한 관계를 쌓게 된다.

　이즈음 솝차크와 푸틴의 관계를 더욱 긴밀하게 해주는 중요한 사건이 발생했다. '아브구스톱스키 푸치(Avgustovsky Putch, 8월의 소요)'라고 불리는 소련의 쿠데타다. 소련 공산당 보수파가 중심이 된 '국가비상사태위원회'가 고르바초프 대통령의 개혁에 반대해 1991년 8월 19일부터 21일까지 일으킨 반란이었다. 비록 이틀 만에 실패하고 고르바초프가 복귀했으나 소련 체제의 붕괴를 촉발하고 보리스 옐친(Boris Yeltsin, 1931~2007) 러시아공화국 대통령의 부상(浮上)을 터준 사건이다. 이 쿠데타는 솝차크에게도 불똥이 튀었다. 쿠데타 발발 후 모스크바에 잠시 체류하던 개혁파의 기수 솝차크는 즉각 옐친을 지지하는 성명을 발표했다. 그런데 쿠데타 주동자 중에는 블라디미르 크류치코프(Vladimir Kryuchkov) KGB 의장이 포함돼 있었다. 크류치코프는 쿠데타에 반대하는 솝차크를 체포할 것을 상트페테르부르크 KGB 지부에 명령했다. 현지 일간지인 〈상트페테르부르크 타임스〉는 쿠데타 발생 10주년인 2001년 8월 17일자에서 "크류치코프가 솝차크 체포를 명령했을 때 솝차크의 구원자로 나선 인물이 바로 푸틴이었다"라고 보도했다. 이 신문에 따르면, 오랫동안 KGB 생활을 한 푸틴은 쿠데타 발생 당시 휴가 중이었다. 과거 KGB에서 함께 생활했던 동료로부터 'KGB 상트페테르부르크 지부가 솝차크를 체포할 것'이라는 사실을 듣자 푸틴은 휴가를 반납하고 평소 친분을 쌓아두었던 시의 보안요원들을 규합해 '솝차크 구조대'를 결성했다. 마침 솝차크는 모스크바를 출발해 상트페테르부르크로 오던 참이었다. 푸틴은 솝차크가 탑승한 비행기가 상트페테르부르크의 풀코보 공항 활주로의 지면에 닿자마자 승용차를 비행기 탑승구에 대고 KGB보다 한발 앞서 솝차크를 구해냈다. 훗날 솝차크의 회고를 보면 푸틴에 대한 감정이 묻어난다.

"저와 푸틴은 쿠데타를 함께 겪었습니다. 이때 푸틴이 보여준 정열과 충성, 노력에 저는 감탄했습니다. 푸틴은 믿을 만한 사람이며 지혜와 용기를 갖춘 우리 시대의 영웅입니다. 그는 옳지 않은 일은 하지 않는, 올바른 사람입니다. 제 곁에 있는 사람들 중에 여전히 KGB와 긴밀한 관계를 유지하고 있는 사람이 많은데, 푸틴이 제게 보여준 충성과 정직, 희생을 저는 한 번도 의심한 적이 없습니다. 6년이라는 기간(1990~1996)을 함께 일했지만 푸틴은 단 한 차례도 명예나 지위, 돈을 요구한 적이 없습니다."

쿠데타 때의 지원도 그렇지만 푸틴은 본연의 임무인 대외관계위원회 책임자로서 눈부신 성과를 내 솝차크를 흡족하게 했다. 대외관계위원장의 주 업무는 상트페테르부르크 시에서의 외국인 투자 유치, 외국 자본과의 협력, 합작회사 설립 등이었다. 푸틴의 지원 사격 아래 상트페테르부르크에서 러시아의 첫 번째 외환시장이 개설되고 첫 번째 합작은행인 BNP-드레스너은행이 문을 열었다. 당시 푸틴의 부하 직원이었던 블라디미르 추로프(Vladimir Churov, 러시아 중앙선거관리위원장) 상트페테르부르크 시 대외관계위 부위원장은 푸틴의 업적을 첫 번째 서방 은행 지점 개설, 1995년 풀코보 공항 인근에 첫 외국인 투자 구역 '파르나스(Parnas, 그리스의 산 이름에서 따온 명칭)' 설립과 첫 글로벌 기업 코카콜라의 상트페테르부르크 현지 공장 유치, 국제 전화통신의 현대화를 위한 코펜하겐과의 광케이블 연결, 1994년 상트페테르부르크대학교 내에 국제관계학과 설치의 네 가지로 요약했다.

상트페테르부르크에서 푸틴이 담당한 분야는 대외경제 분야만이 아니었다. 경찰·보안·사법·국경보안 등과 사회단체, 호텔, 도박장 관리 등도 책임졌기 때문에 다양한 업종에서 일하는 사람들을 만날 수 있었다. 푸틴은 정치에 바쁜 솝차크 시장을 대신해 이들과 협상하고 솝차크에게 보고한 후 최종 결정을 내리곤 했다. 푸틴이 결정한 일이라면 솝차크가 대부분 승낙했기 때문에 경제계 인사나 심지어 조직폭력배들도 일이 생기면 무조건 푸틴을 찾아야 했다. 이때 푸틴에게 붙여진 별명이 '스몰니(Smolny)의 회색 추기경'이었다. 스몰니는 예카테리나 여제의 1764년 칙령에 따라 1808년에 건립된 성당 겸 건축물이다. 1991년부터 1996년까지는 솝차크 시장의 관사 겸 상트페테르부르크 시 정부 청사로 사용됐다. 이 기간 동안 실권자인 푸틴이 스몰니에 기거했다는 점에서 이런 별명이 생긴 것이다.

1991년에서 1996년까지 상트페테르부르크에서 구축한 솝차크와의 관계는 파워엘리트 기반 마련이라는 측면에서 볼 때 의미심장하다. 솝차크는 자신의 오른팔인 푸틴을 1994년 제1부시장으로 승진시켜 온 힘을 실어줬을 뿐 아니라, 자신의 자유주의적 경제관을 따르는 수많은 인재들도 푸틴에게 몰아줬음을 뜻하기 때문이다. 푸틴이 이곳에서 만난 인물들의 면면은 지금 보면 화려하기 그지없다.

▶ 옐친 정부에서 FSB 국장으로 임명

메드베데프, 세친, 줍코프, 그레프, 쿠드린, 코자크, 나리슈킨, 밀레르, 아나톨리 세르듀코프(Anatoly Serdyukov) 등 현대 러시아를 지탱하는, 내로라하는 페테르자유주의자 혹은 테크노크라트(technocrat)가 총망라돼 있는 것이다.

옐친 정부 근무 시기(1996~1999)

푸틴은 상트페테르부르크에서 숍차크와의 인연으로 많은 인재들을 얻게 됐지만 1996년 5월 숍차크가 시장 선거에서 연임에 실패함에 따라 정작 본인은 '실업자' 신세가 됐다. 숍차크의 후임인 블라디미르 야코블레프(Vladimir Yakovlev) 신임 시장이 푸틴에게 부시장을 계속 맡아달라고 요청했지만 푸틴은 은사를 배신할 수 없어 이 제의를 거절했다.

이는 푸틴으로서는 새로운 정치 인생의 출발점이었다. 이번에 는 모스크바 중앙 정치무대에 진출해 있던 상트페테르부르크 출신 의 정치인 파벨 보로딘(Pavel Borodin) 대통령 행정실장과 아나톨리 추바이스(Anatoly Chubais)가 은인이었다. 두 사람의 도움으로 푸틴 은 3개월간의 실업자 생활을 청산하고 1996년 8월 대통령 행정실 공보부장에 올라 본격적으로 중앙 정계에 진출했다. 이후 푸틴은 1997년 대통령 행정실 부실장, 1998년 행정실 제1부실장, 1998년 연방보안국(FSB: Federalnaya Sluzhba Bezopasnosti, KGB의 후신) 국장, 1999년 국가안보회의 서기와 총리, 대통령 권한대행에 이르 기까지 매년 진급하며 승승장구했다. 이와 같은 승진이 얼마나 파격 적이었는지 모스크바 정가에서는 한때 '소유즈(Soyuz) 승진'이란 말 이 돌기도 했다고 한다. 지구궤도를 빠른 속도로 돌파해 우주로 날 아가는 러시아의 우주선 소유즈처럼 빠른 진급을 빗댄 표현이다.

이 가운데서도 푸틴이 1997~1998년 대통령 행정실 부실장을 맡았던 시기가 파워엘리트 형성이라는 관점에서 보면 특히 중요하 다. 그의 담당 업무는 지방정부와 관련된 것이었다. 이때는 중앙권 력이 약해진 옐친 대통령을 상대로 지방분리주의자들의 준동이 활 발했다. 옐친 대통령은 각 지방의 수장을 임명할 수 있는 권한을 잃 었고 재정 압박까지 겹쳐 지방정부에 대한 충분한 자금 지원도 불가 능했다. 이 틈을 이용해 분리주의자들의 세력은 급속도로 커졌고 중앙정부의 통제력은 상실 위기에 내몰린 것이다. 심지어 일부 지방정부는 연방 정부와 대립하면서 연방정부에서 파견한 대표를 축출하고 대외정책에 반기를 들며 납세 의무를 거부하는 사태까지 벌어졌다. 푸틴에게는 거대한 시련의 시기였던 셈이다. 더군다나 푸틴은 대통령 행정실에 들어온 뒤 이렇다 할 만한 측근 그룹이 없었다. 비록 KGB 출신 인사들과 상트페테르부르크에 기반을 둔 자유주의자들이 있었다고는 하지만 푸틴이 아직 막강한 권력을 손에 넣지 못한 상황에서 이들은 시골의 보안기관이나 경제학자·관리에 다름 아니었다. 또한 이들을 무작정 모스크바로 끌어올릴 경우 모스크바의 반발을 불러와 파워엘리트 그룹을 만들기 전에 와해될 위험부담도 안고 있었다. 그랬기 때문에 푸틴은 옐친의 세미야(Semiya, 가족이란 뜻으로 옐친의 가신에 해당하는 인사들) 그룹과 때로는 협력하고, 때로는 견제를 통해 버텨야만 했다. 당시에는 옐친이 '종이호랑이'로 전락한 사이 최고의 영향력을 가진 올리가르히(Oligarchy, 과두재벌)인 보리스 베레좁스키(Boris Berezovsky)를 비롯, 옐친의 차녀로 대통령 이미지 담당 보좌관이던 타티야나 디야첸코(Tatyana Diyachenko, 2001년 발렌틴 유마셰프와 재혼한 이후 타티야나 유마셰바로 개명)와 옐친 대통령 비서실장 발렌틴 유마셰프(Valentin Yumashev), 대통령 행정실장 보로딘 등이 수시로 타티야나 디야첸코의 집무실에 모여 러시아의 중대사를 처리했다. 푸틴은 이들 가운데 특히 디야첸코 및 유마셰프와 친밀하게 지냈다. 이때까지만 해도 세미야 그룹에서 벗어나 자신의 측근 그룹을 만든다는 것은 푸틴으로서는 도박과도 같았기 때문에 이들과 친밀한 관계를 유지하는 것은 일종의 고육책이었다.

결국 세미야 그룹을 자극하지 않고 이들 중 일부 인사의 후원을 등에 업고 난 뒤에야 푸틴은 1999년 세친과 메드베데프를 대통령 행정실로 불러 자신의 입지를 구축하게 된다. 푸틴이 세미야 그룹으로부터 끌어들인 인사는 대통령 행정실 부실장 블라디슬라프 수르코프(Vladislav Surkov), 부총리 빅토르 흐리스텐코(Viktor Khristenko), 석유 재벌 로만 아브라모비치(Roman Abramovich) 등이었다. 특히 오늘날 푸틴의 오른팔이 된 수르코프를 얻은 것은 푸틴이 옐친 정부에서 거둔 최대의 인적 자산 수확으로 꼽힌다. 수르코프는 1998년 국영 TV 피에르브이 카날(제1채널)의 제1보도국장을 지낸 뒤 1999년 옐친 대통령 행정실 부실장으로 들어와 있었다. 지금도 대부분의 정치평론가들은 옐친이 '골치 아픈' 체첸 문제를 해결하기 위해 체첸 출신인 수르코프를 발탁했고, 이런 수르코프를 푸틴이 눈여겨보다가 자신의 사람으로 만들었다고 설명한다. 아무튼 마당발 수르코프는 대통령 행정실에서 상하원과 헌법기관, 지방정부, 미디어를 종합적으로 관리했다. 아직 자신의 측근 그룹이 온전한 형태를 갖추지 못했는데도 푸틴은 수르코프를 통해 러시아의 힘센 권력기관들의 동향을 손금 보듯 훤히 꿸 수 있게 된 것이다.

한편 행정실에서 쌓은 경험을 바탕으로 푸틴은 1998~1999년 FSB 국장과 국가안보회의 서기로 승진했다. 분리주의 세력의 확산을 저지하지 않으면 러시아 국내 정세는 물론 러시아연방의 안정과 통일에 저해가 될 것이라는 점을 직감한 그는 FSB와 국가안보회의에서 가능한 모든 강경 수단을 동원해 지방의 독립 시도를 막았다. 당시 러시아 국내에서 푸틴을 탐탁지 않게 여기던 세력들이 강경 일변도의 푸틴을 '제국주의자'라고 비난했지만 푸틴은 이에 아랑곳하지 않고 지방정부가 나서서 분리주의 세력과 맞서도록 압박했다. 이러한 과정을 통해 푸틴은 중앙정부의 권위를 다시 세웠다. 이는 1999년 8월에 발발한 제2차 체첸 전쟁에서 승리한 배경이 되기도 한다.

푸틴은 제2차 체첸 전쟁을 시작할 때 이미 대통령 행정실 부실장, FSB 국장을 거쳐 총리가 된 직후였다. 체첸 작전은 푸틴의 입장에서 볼 때 진정한 정치인으로서 능력을 평가받는 시험대와 같은 사건이었다. 1999년 체첸의 분리주의 세력이 무장봉기하자 옐친 대통령은 세르게이 스테파신(Sergey Stepashin) 총리를 무장 세력 봉기 지역으로 들여보냈다. 그러나 스테파신은 "러시아는 다게스탄 (Dagestan, 체첸의 오른쪽에 있는 자치공화국이지만 여기서는 광범위한 체첸 영토를 의미)을 잃을지도 모른다"라는 말로 나약함을 드러냈다. 이 말에 격분한 옐친은 스테파신을 해임하고 후임 총리로 푸틴을 세웠다. 스테파신과 달리 푸틴은 그해 9월 체첸의 반군 거점을 공습하는 쪽으로 방향을 정했다. 당시 푸틴의 입장은 이랬다. "(1994~1996년 제1차) 체첸 작전 이후 나는 체첸을 가만히 내버려둬야 한다는 각계의 의견을 들었습니다. 러시아는 실제로 그렇게 행동했지만 체첸에 주권 공화국다운 국가는 나타나지 않았고 도적들의 소굴이 됐을 뿐입니다. 아울러 흑해에서 카스피 해에 이르는 캅카스의 영토를 러시아에서 잘라내 그곳에 독립국가를 만들겠다는 환상까지 등장했습니다." 2000년 2월 체첸의 수도 그로즈니를 함락하기까지는 상당한 시간이 소요되긴 했지만 정부와 국민에게 자신의 강인한 모습을 각인시킨 것은 푸틴이 옐친 정부에서 근무하는 기간 수확한 보이지 않는 성과라고 할 수 있다. 이와 함께 체첸 전쟁을 승리로 이끄는 데 도움을 준 검사 출신의 블라디미르 우스티노프(Vladimir Ustinov)와 체첸의 실권자 람잔 카디로프(Ramzan Kadyrov) 등을 측근으로 영입할 수 있었다.

이 시기 푸틴의 활동에서 또 하나 주목해야 하는 부분은 '올리가르히와의 전쟁'이다. 푸틴이 총리로 있던 1999년, 베레좁스키가 소유한 자동차 회사 압토바즈(Avtovaz)는 승용차 브랜드 '라다(Lada)'를 65만 대 생산했지만 20만 대만 생산한 것으로 허위 신고했다. 대규모 탈세를 하기 위해서였다. 베레좁스키는 이런 방식으로 모은 자금을 갖고 옐친 정권 2기(1996~1999)의 정국을 좌지우지했다. 가령 베레좁스키가 "세르게이 키리옌코(Sergey Kiriyenko) 총리는 안 된다", "키리옌코를 내리고 대신 예브게니 프리마코프(Yevgeny Primakov)를 총리로 세워야 한다", "프리마코프도 안 되겠다. 이번에는 스테파신으로 바꾸자" 등의 말을 하면 그 언급이 나온 직후마다 실제로 총리가 경질됐다. 정경유착성 대출로 부실해진 은행들을 퇴출하거나 올리가르히의 부당한 탈루 등을 저지하려던 개혁파 세 총리의 임기가 키리옌코 1998년 3~8월, 프리마코프 1998년 9월~1999년 5월,

스테파신 1999년 5~8월까지로 다들 1년을 채우지 못하고 단명했으니 베레좁스키의 영향력이 어느 정도인지는 짐작하고도 남음이 있다. 스테파신의 후임 총리가 된 푸틴은 자신의 권력 기반을 강화하기 위해 베레좁스키 같은 올리가르히의 전횡을 더 이상 좌시하지 않았다. 베레좁스키는 1년 뒤인 1999년 푸틴의 총리 취임이 확실해지자 자신이 대주주인 일간지 〈콤메르산트(Kommersant)〉와의 인터뷰에서 "푸틴은 러시아를 통치할 수 있는 능력이 있고 방법도 알고 있다. 강한 의지도 갖고 있다"라며 푸틴에게 구애 신호를 보냈다. 그러나 푸틴은 베레좁스키가 내민 손을 단호하게 뿌리쳤다. 그러면서 올리가르히를 상대로 '정치에 개입하지 말라'며 전쟁을 선포했다. 베레좁스키는 결국 푸틴에게 무릎을 꿇을 수밖에 없었다. 대신 푸틴은 자신의 취지를 이해하고 정치 개입을 포기한 아브라모비치와 올레크 데리파스카(Oleg Deripaska), 블라디미르 포타닌(Vladimir Potanin) 같은 올리가르히를 품안으로 끌어들일 수 있었다.

푸틴은 옐친 정권 아래서 세미야와 올리가르히의 일부, 체첸과 관련된 엘리트들을 얻었다. 그뿐만 아니라 FSB 국장으로 재임하는 동안 이미 1975~1990년에 다져놓은 KGB 인맥을 재정비하고, 1990년에서 1996년까지 상트페테르부르크 시에서 근무하는 동안 만든 자유주의자들의 인사 파일을 정리하면서 명실상부한 3각 축의 파워엘리트 군단을 구축했다.

2

실로비키
페테르자유주의자 · 테크노크라트
세미야 · 올리가르히

푸틴이 KGB와 상트페테르부르크 시, 옐친 정부를 거치는 동안 축적해놓은 친위 파워엘리트 그룹의 수는 보는 이의 관점에 따라 적게는 두 개, 많게는 십여 개까지로 나뉜다. 어떠한 기준과 조건으로 그룹을 규정할 것이냐에 따라 달라지는 것이다. 하지만 러시아의 정치권 인사들은 대부분 파워엘리트로의 성장 배경과 지향하는 목표 등에 따라 대체로 세 개 정도의 그룹으로 분류할 수 있다고 말한다. 첫째 KGB 등 권력기관 출신 인사들로 대표되는 실로비키, 둘째 상트페테르부르크 출신의 경제적 자유주의자와 테크노크라트, 셋째 세미야와 올리가르히를 포함한 옐친 세력이다.

실로비키

실로비키란 용어는 KGB로 대표되는 보안기관과 검찰·경찰, 군부 등 이른바 권력기관 출신의 전현직 인사들을 망라하는 개념이

푸틴의 파워엘리트 구성도

실로비키	페테르자유주의자	옐친계
1그룹 이고리 세친 아나톨리 세르듀코프 니콜라이 파트루셰프 세르게이 이바노프 빅토르 이바노프 유리 발루옙스키	**1그룹** 드미트리 메드베데프 이고리 슈발로프 알렉세이 쿠드린 게르만 그레프 드미트리 코자크 알렉세이 밀레르	블라디슬라프 수르코프 ⋮ 블라디미르 우스티노프 세르게이 쇼이구 빅토르 흐리스텐코 로만 아브라모비치
2그룹 세르게이 체메조프 세르게이 나리슈킨 블라디미르 야쿠닌 알렉산드르 보르트니코프 미하일 프랏코프	**2그룹** 빅토르 줍코프 알렉산드르 주코프 엘비라 나비울리나 세르게이 소뱌닌 미하일 주라보프	
3그룹 니콜라이 마카로프 알렉산드르 젤린 블라디미르 비소츠키		

다. 힘 혹은 권력을 의미하는 러시아어 단어 '실라(sila)'에서 파생했
다는 견해가 많다. 단수형은 실로비크(silovik)이고 복수형은 실로비
키(siloviki)다. 하지만 실로비키에 속한 구성원들이 스스로를 실로

▶ 실로비키 출신들

비키라고 부르는 경우는 흔치 않다.

　러시아 정가 소식통들은 실로비키라는 용어가 등장한 시점을 대략 유코스(Yukos) 사태가 발생한 2003년쯤이라는 데 의견이 일치한다. 유코스 사태란 푸틴 정부가 2003년 10월 15일 당시 러시아의 최대 석유회사인 유코스의 미하일 호도르콥스키(Mikhail Khodor-kovsky) 회장을 횡령 및 조세 포탈 혐의로 구속하고 10년 형에 처한 사건을 말한다. 호도르콥스키 회장은 푸틴을 반대하는 야당을 지원해 푸틴의 눈 밖에 난 상황이었다. 세르듀코프와 세친이 이런 호도르콥스키를 구속시키는 데 앞장섰다. 세르듀코프 국세청 부청장은 호도르콥스키가 유코스의 자회사 세 곳에서 250억 달러어치의 석유를 횡령한 혐의를 입증했고, 국영 석유회사 로스네프트의 이사회 의장이던 세친은 유코스의 지분을 인수했다. 이 때문에 '유코스 사건은 실로비키의 합작품'이라는 말이 나왔고, 이때부터 실로비키라는 용어가 널리 사용되기 시작한 것이다.

이와 관련해 실로비키라는 용어가 혼선을 일으키는 사례들이 있다는 사실을 간과해서는 안 될 것 같다. 미국 유라시아그룹의 이언 브레머(Ian Bremmer) 교수는 계간지 〈워싱턴 쿼털리(The Washington Quarterly)〉 2006년 겨울호에 기고한 글에서 이를 잘 정리하고 있다. 혼선이 발생하는 것은 두 가지 경우다. 먼저, 권력기관 출신이 아니면서도 실로비키 그룹 내에서 영향력을 발휘해 실로비키로 포함되는 경우다. 국영 석유회사 로스네프트의 사장 보그단치코프가 대표적이다. 그는 정보기관이나 검찰·군부에서 근무한 적이 없고 에너지 산업 분야에 오랫동안 종사했지만 실로비키의 일원으로 간주된다. 반대로 보안기관 출신이면서도 실로비키 그룹의 일원이라고 보지 않는 인물도 있다. 스테파신 감사원장(전 총리)의 경우가 좋은 예다. 그는 푸틴과 마찬가지로 상트페테르부르크 출신에다 FSB 국장을 역임했지만 실로비키 그룹과는 상당한 거리를 유지하고 있다. 어느 누구도 스테파신을 실로비키라고 하지 않는다. 이 때문에 브레머 교수는 파워엘리트 그룹으로서의 실로비키는 그 인사의 경력, 예를 들어 권력기관 출신 여부 등으로 분류할 수도 있지만 오히려 그 인사의 전망과 관심사에 따라 구분하는 게 적절하다는 의견을 제시한다. 아울러 지향하는 가치나 이해를 공유하는 구성원들 간의 비공식적인 네트워크로 이해하는 것이 바람직하다고 주장한다.

이런 맥락에서 대체로 실로비키가 공유하는 핵심 가치는 네 가지 정도로 요약해볼 수 있다.

첫째, 실로비키는 고도로 중앙집권화된 국가가 정치를 지속적으로 지배해야 한다고 인식한다. 이는 법과 질서의 확립, 안정성, 국가 건설 계획이라는 이름으로 포장돼 민주적인 절차나 시민단체의 활동보다 우선한다.

둘째, 국가가 경제 정책에 적극 개입하는 이른바 '국가통제주의(statism)'를 선호한다. 실로비키는 강력한 국가가 경제 생활에서 결정적인 역할을 수행해야 한다고 본다. 쉽게 표현하면 전략적 산업 부문을 민간인이 맡아서는 안 되며, 특히 국내 산업은 세계화의 영향권으로부터 보호돼야 하고 올리가르히는 제거돼야 한다고 믿는 것이다.

비슷한 맥락에서 실로비키는 스스로를 경제적 민족주의자라고 생각한다. 러시아의 천연자원은 러시아 국민이 소유해야 하고, 러시아는 국민의 이름으로 천연자원의 모든 범주를 통제해야 한다는 논리다. 따라서 러시아의 천연자원에 대한 외국의 투자 등을 배척한다.

셋째, 실로비키는 국제 무대에서 러시아의 위상을 회복하는 데 주력한다. 애국주의로도 표현된다. 동서 냉전 시대의 소련 군대처럼 러시아군이 강군으로 거듭나 국제 무대를 미국과 양분했던 힘을 되찾아야 한다고 주장한다. 아울러 1991년 소련 붕괴 후 독립국가가 된 우크라이나 · 카자흐스탄 · 우즈베키스탄 등을 다시 러시아로 편입해 러시아가 가장 넓은 국가로 거듭나야 한다는 입장이다. 이런 맥락에서 보면 미국과 NATO는 러시아의 주권을 적극적으로 훼손해 궁극적으로 러시아의 붕괴를 초래하려는 세력이다. 따라서 이들 세력을 경계하고 맞서 싸워야 한다.

넷째, 실로비키는 국교인 러시아정교회의 보수적인 가치 가운데 슬라브족을 우선하는 국수주의를 지향한다. 이는 다른 민족들, 특히 무슬림과 유대인에 대한 차별 성향을 뒷받침하기도 한다. 이런 관점에서 타민족의 러시아 이민을 제한하고 러시아정교회의 역할을 지속적으로 장려한다. 실제로 푸틴을 포함해 실로비키의 핵심 멤버들인 세르게이 이바노프와 파트루셰프 등은 모두 러시아정교회 신자다.

그렇다고 실로비키가 과거처럼 공산주의 체제로의 환원을 주장하는 것은 아니다. 기본적으로 실로비키 역시 자본주의 시장경제 체제의 수혜자들이기 때문이다. 요컨대 실로비키가 추구하는 것은 국가우선주의이고 민족주의·애국주의라는 것이다. 따라서 러시아를 약화시키고 무질서를 조장하려는 서방은 러시아에게는 최대의 위험요소이며, 러시아 내부에서 서방의 의도에 부합하는 행동을 하는 이들은 누구든 내부의 적이 되는 것이다.

이런 특징에 근거해 러시아 정치권에서는 실로비키를 두 부류로 나누기도 한다. 한 부류는 인사와 국내 문제를 중시하는 실로비키다. 세친과 빅토르 이바노프가 대표적인 리더다. 세친은 푸틴이 총리와 대통령 권한대행이 된 1999년에 각각 내각 총리실 비서실장과 대통령 행정실 부실장 자리를 꿰차면서 국가 기밀과 크렘린의 비밀 정보를 내부 측근끼리 공유하며 국내 문제를 총괄했다. 빅토르 이바노프는 푸틴의 양해 아래 실로비키의 핵심 멤버들과 상의해 정부와 국영회사의 주요 인물에 대한 임면권을 행사했다. 다른 부류는 국제 문제에 관심을 갖고 안보를 중시하는 실로비키다. 세르게이 이바노프와 파트루셰프, 유리 발루옙스키(Yury Baluyevsky) 등 주로 정보기관과 군 출신이 이 부류에 속한다. 이들은 다른 실로비키와 마찬가지로 보안기관 등에서 근무했지만 외교와 국방에 관한 인식이 남다르다. 안보를 튼튼히 함으로써 국가권력을 강화할 수 있다고 본다. 또한 국가는 경제 분야, 특히 이른바 전략 분야를 완전히 통제할 수 있어야 한다는 입장이다. 대외적으로 러시아는 물론 러시아의 앞마당이라고 할 수 있는 중앙아시아와 북캅카스에서 미국을 비롯한 NATO의 팽창을 경계해야 한다고도 주장한다. 이 점에 대해 발루옙스키(안보회의 부서기)나 니콜라이 마카로프(Nikolay Makarov) 군 참모총장, 알렉산드르 젤린(Alexandr Zelin) 공군사령관, 블라디미르 비소츠키(Vladimir Vysotsky) 해군사령관 등 군부 인사들의 관점은 거의 차이가 없다.

실로비키라고 해서 이 그룹이 모두 동급(同級)의 인물로 채워지는 것은 아니다. 계층이 존재하는 것이다. 실로비키의 계층은 제1그룹에서 제3그룹까지 연속적인 동심원처럼 묘사할 수 있다. 핵심 중의 핵심이라 할 수 있는 제1그룹은 푸틴과 막역한 사이이며 구성원 상호 간에도 교류가 활발하다. 세친, 파트루셰프, 세르게이 이바노프, 빅토르 이바노프 등이 제1그룹에 포함된다. 푸틴이 가장 신뢰하는 계층이다. 이에 비해 제2그룹과 제3그룹은 상대적으로 푸틴과의 친밀도에서 떨어지는 그룹이라고 정의된다. 제2그룹과 제3그룹을 나누는 기준은 푸틴과의 친밀도, 연령, 정책에 대한 영향력, 자원·사람에 대한 통제력 등이다.

〈제1그룹〉	세친, 파트루셰프, 이바노프(세르게이), 이바노프(빅토르), 발루옙스키, 세르듀코프
〈제2그룹〉	야쿠닌, 나리슈킨, 체메조프, 보르트니코프
〈제3그룹〉	마카로프, 젤린, 비소츠키

이러한 실로비키의 층은 매우 두껍다. 러시아 과학아카데미 산하 엘리트연구소가 조사한 연구 결과에 따르면 고위 공무원과 국가두마 의원, 지방의 주지사, 국영기업들의 임원 가운데 약 42퍼센트가 보안기관과 직간접적으로 연계된 실로비키 출신으로 나타났다.

페테르자유주의자 · 테크노크라트

페테르자유주의자와 테크노크라트는 러시아 정치권에서 때로는 동의어로 불리고, 실제로도 성격이 유사하다.

하지만 출발은 같지 않았다. 본래 페테르자유주의자란 상트페테르부르크 출신의 자유주의적 사고를 가진 경제 엘리트를 망라해 부르는 용어다. 상트페테르부르크의 어근인 '페테르(Peter)'와 자유

▶ 페테르자유주의자들

주의자(liberalist)를 합친 개념이다. 주로 푸틴이 동독 드레스덴에서
KGB 근무를 마치고 러시아로 돌아온 후 상트페테르부르크 시에서
대외관계위원장 및 부시장으로 근무할 때, 즉 시기적으로는 1991년
부터 1996년까지 푸틴과 인연을 맺은 경제학자나 관리들이 중심축
을 이룬다. 이들은 시장경제 원칙과 서구적 가치에 대한 믿음을 공
유한다. 또한 사회 발전 방식으로는 공산주의가 아닌 민주적인 국가
발전 방식을 지지한다. 아나톨리 추바이스, 알렉세이 쿠드린, 게르
만 그레프, 이고리 슈발로프(Igor Shuvalov) 등이 이 그룹의 대표적
인 인물이다.

　이에 비해 테크노크라트는 '전문 지식이나 능력을 가지고 현대
의 조직이나 사회의 의사 결정과 관리·운영에서 중요한 역할을 맡

고 있는 사람'이라는 사전적 의미 그대로 전문성이 높은 엘리트 집단이다. 다만 정치분석가들은 이들을 '페테류리스트(Peterjurist, 상트페테르부르크 출신의 법률가)'라고 더 자주 부른다. 페테르자유주의자처럼 상트페테르부르크 출신이라는 공통점이 있지만, 페테르자유주의자가 경제인들이라는 점에 방점이 있다면, 페테류리스트는 주로 법률가라는 데 차이가 있다. 정치적으로 권위주의 체제보다는 자유롭고 민주적이며 법치주의에 근거한 러시아를 건설해야 한다는 주장을 편다. 메드베데프가 테크노크라트 그룹의 리더로 불리며, 여기에는 드미트리 코자크, 알렉산드르 코노발로프(Alexandr Konovalov) 등도 포함된다.

러시아에서는 이들 두 그룹의 출신과 성향이 비슷하기 때문에 아예 페테르의 현지 발음인 '피테르'에 주안점을 둬 '피테리스키예(Piteriskye, 상트페테르부르크 출신의 파워엘리트)'로 단일화해 쓰는 경우가 잦다. 피테리스키예라는 용어가 널리 사용되기 시작한 것은 정치평론가 바딤 네스비지스키(Vadim Nesvizhskiy)가 일간지 〈시보드냐〉 2000년 1월 19일 자에서 이 표현을 사용하면서부터다. 소련 공산주의 시절부터 러시아의 정치구도에서 중심축은 수도 모스크바였으나, 2000년 대통령 권한대행이 된 푸틴이 출신지 상트페테르부르크에서 인재 풀(pool)을 모스크바로 끌어올려 파워 집단으로 구축하고 이들 인재가 급속히 세를 불려가기 시작한 사실을 주목한 것이었다. 특히 2003년 유코스 사태를 전후해 권력기관 출신으로 구성된 실로비키가 푸틴을 떠받치는 최대 그룹으로 부상하자 실로비키의 대항마 개념으로 더욱 광범위하게 사용됐다.

다만 여기서도 주의할 점이 있다. 미하일 프랏코프(Mikhail Fradkov), 세르게이 라브로프(Sergey Lavrov), 세르게이 프리홋코(Sergey Prikhodko)는 모두 외교관 출신이다. 기본적으로 전문지식을 보유한 엘리트라는 점에서 테크노크라트로 분류되는 게 일반적이라고 할 수 있다. 하지만 분류하는 정치분석가나 학자마다 제각각이다. 프랏코프는 대통령 직속 정보기관인 해외정보국(SVR) 국장을 역임했다는 점에서 실로비키로 편입하는 이가 있는가 하면, 라브로프는 같은 국가기관이라 하더라도 보안·사법·군부 등처럼 권력기관의 성격이 약한 외무부에 몸담았기 때문에 실로비키보다는 테크노크라트로 분류하는 사람이 많다. 대통령 행정실 외교보좌관인 프리홋코는 정보기관 근무 경력이 없지만 최고권력기구인 대통령 행정실에 몸담고 있다는 점에서 어떤 평론가는 실로비키로, 다른 이는 테크노크라트로 편입해 혼선을 초래한다. 아울러 KGB에 몸담았지만 상트페테르부르크 출신에다 자유주의 성향이 강한 나리슈킨은 페테르자유주의자에 포함하는 분석가도 많다. 또한 푸틴의 책사 수르코프는 옐친계 인사지만 러시아 사회의 발전에 관한 그의 인식 때문에 테크노크라트로 구분해야 한다는 의견도 적지 않다.

아무튼 페테르자유주의자·테크노크라트 그룹이 지향하는 가치는 실로비키와 적지 않은 차이를 나타낸다. 전체적으로는 시민권, 경제와 외교 정책 면에서 실로비키보다 훨씬 자유로운 성향이다.

첫째, 페테르자유주의자·테크노크라트는 경제적으로 완전한 형태의 자유주의를 추구한다. 무엇보다 국유화를 비문명적인 행태로 보고, 이를 국가가 배제해야 한다고 믿는다. 바꾸어 말해 국민의 사유권을 확실히 보장해야 한다는 것이다. 러시아 경제의 현대화를 위해 외국인 투자 유치를 늘려야 하고, 국가 경쟁력 강화를 위한 인프라를 확충해야 하며, 다양한 형태의 경쟁을 보장해야 한다고 주장한다. 또한 자본주의의 발전이라는 측면을 감안할 때 소련 경제를 멍들게 한 원인이었던 소비자에 대한 여러 형태의 보조금을 모두 폐지해야 한다고 말한다. 아울러 러시아 경제의 세계화를 위해 러시아의 세계무역기구(WTO) 가입을 지지한다. 그래야만 가즈프롬과 루코일 같은 거대 에너지 회사들의 수출선 확보가 용이해진다고 보기 때문이다.

둘째, 정치적으로는 러시아의 민주주의 발전을 위해 건전한 시민사회 단체를 육성하고 이들의 역할을 장려해야 한다고 인식한다. 국가 발전을 위해 시민권이 일부 제한될 수 있음을 인정하지만 이는 최소한에 그쳐야 한다고 믿는다. 또한 권위주의적 요소를 타파해 나가야 하며 민주적인 절차가 우선해야 한다는 점을 표방한다.

셋째, 법원의 투명성 확보를 사법 개혁의 최우선 과제로 보며 사법 체계를 일반에 공개해야 한다고 본다. 사법기관의 독립성 확보를 위해 정치권과 재계의 간섭을 배제한다. 또한 보안기관도 더 이상 사법권이 미치지 않는 무풍지대가 아니라고 간주한다.

넷째, 외교·군사적으로는 서방과의 대결이 아닌 협력 체제 구축을 옹호한다. 국가 수호와 영토 보전을 위해 군사력 강화는 필수

불가결하지만 서방과의 불필요한 군비 경쟁을 자제하고 갈등을 최소화해야 한다는 입장이다.

그렇다고 해서 페테르자유주의자·테크노크라트가 현재 진행 중인 강한 국가나 권위주의 국가에 대해 완전히 반대하는 것은 아니다. 이 때문에 실로비키와 페테르자유주의자·테크노크라트 그룹 사이에 근본적인 차이가 있다고 보는 것은 무리라는 주장도 나온다. 실제로 페테르자유주의자·테크노크라트나 실로비키나 러시아 국민이 아직 민주 개혁에 대한 준비가 돼 있지 않고 다른 대안을 찾을 수 없어 위에서부터의 개혁 도입이 바람직하다는 점에는 대체로 공감한다. 러시아 전문가인 덴마크국제문제연구소(DIIS)의 요르겐 스타운(Jorgen Staun) 박사는 〈DIIS 리포트〉 2007년 9월호에서 페테르자유주의자··테크노크라트 그룹에 등장하는 '자유주의'라는 개념은 상대적인 것이라고 주장한다. 실로비키에 비해 좀 더 자유주의적일 뿐이라는 설명이다. 페테르자유주의자·테크노크라트가 실로비키보다 완화된 정치체제를 주장하고는 있지만, 근본적으로는 전제주의적 관점을 내재하고 있다는 것이다. 강력하고 중앙집권적인 체제를 옹호하는 대신 경제 발전에 관한 전망에서만 실로비키와 차이를 보일 뿐이라는 분석이다. 예를 들어 페테르자유주의자·테크노크라트는 실로비키가 주장하는 국가 전략 부문의 재국유화 정책에 반대한다. 하지만 이것도 전적으로 반대한다기보다는 법에 따라 시의적절하게 이뤄져야 한다는 입장이라는 뜻이다.

페테르자유주의자·테크노크라트는 실로비키와 마찬가지로 푸틴과의 친소(親疎) 관계에 따라 두 계층으로 나눌 수 있다.

〈제1그룹〉	메드베데프, 그레프, 쿠드린, 코자크, 밀레르, 슈발로프
〈제2그룹〉	줍코프, 주코프, 주라보프, 프랏코프, 그리즐로프, 소뱌닌, 마트비옌코, 이바노프(안톤)

이와 관련, 2008년 메드베데프가 러시아 대통령이 되고 글로벌 금융위기가 러시아에 영향을 미친 뒤부터 페테르자유주의자·테크노크라트는 '시빌리키(civiliki)'라는 용어로도 쓰이고 있다. 시빌리키는 실로비키라는 용어와 형태상 대비된다. 이 용어가 나온 유래는 확실하지 않다. 민법학자를 의미하는 러시아어의 '치빌리스트(tsivilist)'에서 파생한 것인지, 군대의 반대 개념인 영어 단어 시빌리스트(civilist)에 러시아어 복수형 어미 키(ki)를 붙여 만든 조어인지는 러시아 전문가들도 명쾌한 답을 하지 못한다. 일단의 정치평론가는 메드베데프 같은 민법학자를 의미하는 치빌리스트와 수르코프가 지향하는 시민사회(civil society)를 혼합해 만든 용어라고 주장하기도 한다.

시빌리키라는 용어가 등장한 시점은 2009년 7월쯤으로 추정된다. 러시아 정가의 유력한 싱크탱크인 '러시아 프로파일'은 2009년 7월 20일 자 보고서에서 "7월 10일 이탈리아 라퀼라에서 열린 미·러 정상회담에서 버락 오바마(Barack Obama) 미국 대통령과 메드베데프 대통령이 러시아의 민주주의 발전 문제를 논의한 뒤부터 시빌리키라는 개념이 나왔다"라고 설명한다. 두 정상의 논의 사항은 공개되지 않았지만 '러시아 민주주의가 더욱 확산돼야 한다'는 오바마의 요구에 대해 메드베데프가 '새로운 세대가 민주주의의 꽃을 피울 것'이라는 취지의 답변을 했다는 사실에 근거한다. 메드베데프가 언급한 새로운 세대는 글로벌 경제 위기가 러시아 경제에 영향을 미친 것을 계기로, 향후 러시아의 전면적인 재편을 꾀하려는 계층으로 해석된다. 이 계층의 중심은 메드베데프 대통령을 축으로 한 젊고 유능한 법률가와 경제인, 즉 시빌리키가 돼야 한다는 것이다. 이러한 맥락에서 시빌리키가 푸틴에 반대하는 세력은 절대 아니며, 실로비키와 명확하게 구별하기 위해 나온 용어라고 볼 수 있다.

상트페테르부르크 출신은 아니지만 영화감독 니키타 미할코프 (Nikita Mikhalkov)나 가수 알라 푸가초바(Alla Pugachova) 같은 이들이 예술계의 전문성을 바탕으로 푸틴을 떠받친다는 점에서 굳이 이들을 문화예술 분야의 테크노크라트로 분류하는 정치평론가들이 있다. 이 두 사람은 정치적 역학관계로 보지 않더라도 강한 러시아, 강력한 지도자를 지지한다는 관점에서 페테르자유주의자·테크노크라트는 물론이고 실로비키와도 강한 유대가 있다.

세미야·올리가르히

세미야(가족)는 본래 옐친 대통령을 떠받치던 친위 그룹이다. 구성원 가운데 옐친의 친척 인사들이 많이 포진해 있어 이같이 칭한다. 이 그룹에는 미하일 카시야노프(Mikhail Kasyanov)와 같은 순수 정치인 말고도, 올리가르히라고 불리는 금융재벌들이 포함돼 있다.

올리가르히는 과두제를 의미하는 그리스어 올리가르히아(oligarkhia)에서 파생했다. 단수형인 올리가르호(Oligarch)보다 복수형인 올리가르히가 널리 쓰이면서 아예 보통명사처럼 사용된다. 엄밀히 따지면 러시아 사회에서 올리가르히는 '러시아의 국영산업 민영화 과정에서 정경유착과 금융자본 독점을 통해 막대한 부를 축적해 석유와 같은 천연자원·언론·제조업 등 경제 전반을 장악하고 거대한 자본과 부를 활용해 정치적으로 막후 권력을 행사하는 과두 금융산업 집단'으로 정의된다. 올리가르히가 러시아에서 영향력을 갖게 된 배경에는 옐친의 사유화 정책이 결정적인 역할을 했다. 올리가르히는 막강한 자금력과 초창기 사유화 과정에서 정치권에 음성적으로 제공한 자금을 활용, 자신들의 경제적 이득을 영구화하고 여야를 가리지 않고 전방위 로비를 펼쳐 정치에 개입하려 했다. 실제로 베레좁스키 같은 올리가르호는 빠른 시간 내에 최고의 자리에 올라서기 위해 정부 관계자나 동료 사업가들을 협박하기도 했다.

푸틴도 2000년 대통령에 당선되기까지 옐친 대통령과 그 주변에 포진한 옐친 패밀리 그리고 이들과 밀접히 연계된 올리가르히의 지원이 필요했다. 그래서 적어도 집권 1기(2000~2004)까지는 옐친계와의 동거가 불가피했다. 푸틴은 대신 공금 횡령과 탈세 등 부패로 점철된 이들과는 관계를 단절하려 노력했다. 푸틴은 자신의 권력을 공고히 할 수 있는 대통령 권한대행이 되자 옐친 패밀리와 올리가르히가 장악한 재계의 최고 엘리트들과 가진 회동에서 보유 자산을 해외로 빼돌리지 않고 자신의 기업에 투자하며 정치에 관심을 두지 않는다는 것을 조건으로 내걸었다. 이 조건을 수용하는 인사들은 측근 그룹으로 흡수하고 반기를 든 올리가르히는 척결 대상으로 낙인찍었다.

푸틴 정권에 들어와서 측근이 됐다고는 하지만 옐친계 인사들은 '구시대의 유물'이라는 멍에를 메고 있었다. 이 때문에 수적으로 실로비키나 페테르자유주의자 · 테크노크라트 그룹보다 소수일 수밖에 없다. 불가피한 면이 있지만 이런 이유로 구성원들 간의 결속은 느슨하고 구심점도 없다. 소수의 정치인을 제외하고 나머지 대부분이 기업인으로 채워진 옐친 그룹의 '구조'도 이 특징과 무관치 않다. 실로비키, 페테르자유주의자 · 테크노크라트 그룹에서 볼 수 있는 공통된 가치나 이데올로기도 없다. 그러나 옐친 그룹은 1991년 소련 붕괴 이후 세대라는 점에서 다른 푸틴의 파워엘리트 그룹과 마찬가지로 민주주의와 시장경제의 가치는 공유한다.

옐친 그룹에서 볼 수 있는 몇 가지 특징이 있다면 크게 두 가지로 요약된다. 첫째, 정치적으로는 푸틴의 신격화까지 시도한다는 점이다. 푸틴의 브레인으로 일컬어지는 옐친계 수르코프가 2007년 푸틴을 미국의 프랭클린 루스벨트와 동격으로 상징화하는 작업을 하고, 대선을 6개월여 앞둔 2011년 7월 '푸틴은 위기의 러시아를 구원하기 위해 신이 보내준 선물'이라고 칭송한 것은 대표적인 예라 할 수 있다. '푸틴=러시아의 국부(國父)'라는 등식도 같은 맥락으로 풀이할 수 있다.

둘째, 경제적으로는 기업의 윤리를 특별히 강조한다. 기업이 벌어들인 이윤은 지역사회와 러시아 국가를 위해 환원해야 한다는 것이다. 아브라모비치가 자신의 사재를 털어 러시아에서 가장 낙후된 지역인 극동 추코트카 주의 부흥을 담당한 것이 그렇고, 데리파스카와 포타닌 같은 올리가르히는 러시아 월드컵과 올림픽 유치를 돕거나 경제난에 처한 문화재단 등을 경제적으로 후원하고 있다.

정치평론가들은 옐친 친위 그룹이 푸틴에게 잘 보이기 위해 좀 지나치다 싶을 정도의 정치·경제적 성향을 나타내는 것은 다른 핵심 측근 그룹과 비교할 때 소수일 수밖에 없는 한계에서 비롯한다고 분석한다.

파워게임의 균형추 푸틴

푸틴은 2000년 7월 8일 대통령 취임 후 첫 국정연설을 했다. 그는 이날 의미심장한 화두를 던졌다. 러시아가 당면한 여러 가지 문제를 지적하며 중앙집권화된 국가만이 경제 발전, 사회정의, 개인 자유 신장을 보장할 수 있다고 전제했다. 그러고는 "우리는 작은 권력의 섬들이 있으나 섬들을 연결하는 다리를 놓지 못해 권력투쟁에 빠진 부패한 사회를 목격하고 있다. 권한을 가진 러시아 대통령으로서 이를 바로 잡겠다"라고 말했다. 당시의 국정연설을 기억하는 연방회의와 국가두마 의원들은 푸틴이 옐친 계열, 실로비키, 페테르자유주의자·테크노크라트 등 가용한 측근 인사들을 총동원해 화합 인사를 할 것이라는 사실을 직감했다고 한다. 푸틴이 언급한 '권력의 작은 섬들'이란 각각의 엘리트 그룹을 지칭하는 것으로 읽혔고, '이들 섬이 연결되지 못해 발생한 권력투쟁을 막겠다'는 말은 자신이 가진 모든 힘을 투입해 탕평 인사로 엘리트들을 묶고 갈등을 조정하겠다는 의도로 해석됐기 때문이다. 실제로 푸틴 집권 1기를 책임진 카시야노프 내각(2000~2004)의 총리와 부총리급 총괄 타워에는 옐친계 인사를, 내무와 외교·안보에는 실로비키 출신을, 경제는 페테르자유주의자와 테크노크라트를 각각 임명했다.

푸틴은 특히 파워엘리트 그룹 간의 반목을 줄이기 위해 점진적인 변화를 중시했다는 분석이 있다. 가령 푸틴이 집권할 때 가장 먼저 자리를 잡고 있던 세미야·올리가르히 등 옐친 패밀리의 반발을 초래하지 않기 위해 1999년 실로비키 그룹의 세친과 페테르자유주의자·테크노크라트 그룹의 메드베데프만을 대통령 행정실의 부실장으로 데려왔다. 푸틴의 신흥 양대 핵심 세력을 대표하는 두 사람은 푸틴의 충실한 조력자로서 대외적으로 튀지 않게 일하는 스타일의 인사였다. 이 때문에 옐친계 세력의 커다란 반발 없이 집권 기간 내내 파워엘리트 그룹 간의 세력균형을 유지할 수 있었다는 것이다.

그러면서도 실로비키, 페테르자유주의자·테크노크라트, 옐친 진영의 세 그룹이 때로는 협력하고 때로는 경쟁하게 함으로써 견제와 균형을 유지하도록 인사관리를 했다. 대표적인 사례는 다음과 같다.

푸틴 대통령의 후계를 누가 이을 것이냐에 대해 전 세계의 시선이 러시아로 쏠려 있던 2007년 2월 15일로 돌아가보자. 이날 국영 TV 피에르브이 카날(제1채널)은 푸틴이 주재한 각료회의 장면을 내보냈다. 푸틴 대통령이 후계자 후보 중 한 명이자 실로비키의 핵심 인사인 세르게이 이바노프 국장방관을 바라보며 먼저 말을 꺼냈다. "세르게이 보리소비치(이바노프의 러시아식 호칭), 당신은 작년(2006)에 60억 달러의 군수물자 해외 수출을 달성하는 등 2001년부터 국방장관 역할을 다했습니다. 우리 목표는 경제적으로 더 강해지는 것입니다. 이제는 부총리·국방장관을 겸해선 안 되고 더 큰 일을 해야 한다고 판단해 제1부총리로 승진시킵니다. 다른 각료들에게 인사하세요." 그러자 제1부총리로 승진한 이바노프가 푸틴을 보며 인사말을 했다. "존경하는 블라디미르 블라디미로비치 푸틴 대통령 각하, 많은 분들이 도와줘 국방장관 역할을 문제없이 수행할 수 있었습니다. 지난 6년간 그래 왔던 것처럼 앞으로 더 열심히 일하겠습니다."

이 장면은 푸틴이 마치 이바노프를 후계자로 점찍은 것처럼 보이게 했다. 또 한 명의 후보이자 페테르자유주의자·테크노크라트 그룹의 리더인 메드베데프는 이보다 2년 앞선 2005년부터 제1부총리를 맡고 있었다. 그렇지만 이바노프의 승진 발표에 대해 말을 아낄 수밖에 없는 처지였다. 결국 승진 인사를 통해 푸틴은 이바노프를 메드베데프와 동등한 조건에서 경쟁하도록 한 것이다. 실로비키 이바노프는 군수 경제와 민간 경제 일부를 관장하고, 자유주의자 메드베데프는 보건·교육·주택 등 민생 과제를 맡게 됐다. 푸틴은 이날 인사를 하면서 '오직 대선 후보 한 명만이 있을 것'이라는 부연 설명도 곁들였다. 정확히 10개월 뒤 두 후보의 경쟁에서 메드베데프가 승리했고, 메드베데프는 2008년 5월 푸틴의 뒤를 이어 대통령이 됐다. 경쟁을 통해 승리한 페테르자유주의자·테크노크라트 그룹의 손을 푸틴이 들어준 것이나 마찬가지였다.

　푸틴은 두 번째 총리로 일하던 2009년 격월간지〈루스키 피오네르(Ruskiy Pioner, 러시아 개척자)〉6~7월호(통권 9호)에 기고한 칼럼「오 첼로베치노스티(O Chelovechnosti, 인간미에 관하여)」에서 파워엘리트 그룹 간의 갈등, 자신이 생각하는 용인술의 일단을 내비쳤다. 그는 "팀(team, 여기에선 러시아 정부) 내, 특히 거대한 팀 안에서 대립은 언제나 발생한다. 사람들 간의 이해관계는 언제나 충돌하기 마련이어서 갈등은 매분 매초 일어난다"라고 말했다. 아울러 "솔직히 2000년에서 2008년까지 대통령으로 재직하는 동안 내가 특정 형국에서 개입하지 않았더라면 러시아 정부는 이미 오래전에 붕괴됐을 것"이라고 덧붙였다. 푸틴은 이 칼럼에서 갈등의 실질적인 사례를 언급하지는 않았지만 관측통들은 푸틴이 실로비키와 페테르자유주의자 간의 갈등이 심각했고, 이 갈등을 원만히 조정해왔음을 자찬한 것으로 분석했다.

파워엘리트가 가져온 폐해

　실로비키와 페테르자유주의자·테크노크라트로 대별되는 파워엘리트의 정체성과 결속력은 업무 추진과 완수 능력을 제고해 푸틴의 안정된 통치에 많은 기여를 했다. 또한 푸틴이 나름대로 파워엘리트 그룹 간의 협력과 경쟁을 통해 상황을 무난하게 통제해왔다는 점도 국가 관리라는 관점에서 볼 때 평가받을 만하다. 하지만 저마다 자신의 세력을 더 키워 영향력을 확대하려는 엘리트 그룹들의 욕심까지 차단하지는 못했다. 이에 따라 일부 폐단이 나타났다.

이와 관련해 주목할 만한 점은 핵심 엘리트의 핵심 멤버가 푸틴의 별명과 똑같은 '회색 추기경'으로 불린다는 사실이다. 푸틴은 이미 상트페테르부르크 시 대외경제위원장 시절, 드러나지 않게 숍차크 시장을 움직일 정도로 막강한 힘을 갖고 있다고 해서 회색 추기경이라 불렸다. 하지만 러시아 정치권 인사들은 푸틴의 이 별명이 본격적으로 쓰인 시점은 1999년 총리가 된 이후라고 말한다. 이들에 따르면, 푸틴에게 처음 회색 추기경이라는 별명을 붙인 이는 옐친계 그룹의 핵심 인사이자 상트페테르부르크 출신 정치 선배인 파벨 보로딘이다. 옐친에 의해 발탁됐지만 겉으로 드러내지 않으면서도 베일 뒤에서 옐친을 조종할 정도로 영향력을 행사하는 푸틴을 직접 본 보로딘이 퍼뜨린 말이 회색 추기경이었다. 아무튼 푸틴의 파워엘리트 그룹 내 양대 축인 실로비키의 리더 세친과 페테르자유주의자·테크노크라트의 이론가인 수르코프는 푸틴의 별명과 똑같은 회색 추기경으로 통한다. 이는 두 사람이 자신의 친위 세력을 규합하고 상대방보다 더 큰 영향력을 행사하기 위해 오랫동안 막후 작업을 벌여왔음을 의미한다.

이들 파워엘리트 그룹은 주요 국영기업의 고위 임원, 특히 이사직 겸직을 영향력 제고의 수단으로 삼았다. 이러한 현상은 실로비키에서 극심하게 나타났다. 실로비키는 '국가자본주의'라는 명분 아래 국가가 전략 산업 분야를 통제해야 한다며 국영기업들을 장악했다. 하지만 실제로는 자신들의 잇속 불리기에 불과했다는 게 비판론자들의 견해다. 더욱 큰 문제는 실로비키뿐만 아니라 시장경제를 지향한다는 메드베데프와 쿠드린 등 페테르자유주의자 · 테크노크라트 그룹도 비슷한 행태를 보인다는 점이다. 푸틴이 대통령으로 재직한 2000년부터 2008년까지 러시아 내각의 장관은 평균 15명 선을 유지했는데, 이 중 절반에 해당하는 일곱 명이 주요 기업의 임원을 겸하는 것으로 나타났다.

파워엘리트 그룹의 폐단은 '족벌주의 강화'로도 나타났다. 실로비키나 페테르자유주의자 · 테크노크라트는 운신의 폭을 넓히기 위해 자녀들을 권력기관이나 거대 국영기업의 주요 직책에 앉혔다. 그런가 하면 다른 파워엘리트 자녀와의 혼인을 통해 대를 이어 권력 공고화를 시도했다. 유력 주간지 〈콤메르산트-블라스티(Kommersant-Vlasti)〉는 2007년 9월 25일 자 보도에서 "푸틴 치하의 러시아에서 엘리트 집단의 족벌주의가 만연하고 있다"라고 비판하며 35가지 사례를 제시하기도 했다.

사례 가운데는 부자 혹은 부녀의 권력 세습 경향이 가장 많다. 실로비키의 핵심 멤버인 파트루셰프의 두 아들 드미트리와 안드레

〈파워엘리트의 기업 이사진 겸직 현황〉 (2010년)

회사명	국가의 지분	내용
가즈프롬	56%	드미트리 메드베데프 알렉세이 밀레르
철도공사	100%	알렉산드르 주코프 이고리 슈발로프 블라디미르 야쿠닌
트란스네프트(송유관 회사)	100%	빅토르 흐리스텐코
로스네프트	100%	이고리 세친 세르게이 보그단치코프
알마스-안테이	100%	빅토르 이바노프
아에로플로트(국영항공사)	51%	빅토르 이바노프
트란스네프테프로둑트	100%	블라디슬라프 수르코프
탁티체스코예-로켓노예 보루제니예	100%	세르게이 프리홋코
트벨	100%	세르게이 프리홋코 세르게이 소뱌닌
소브콤플로트		이고리 슈발로프
로스테흐놀로기야		아나톨리 세르듀코프 세르게이 체메조프
힘프롬		아나톨리 세르듀코프

이는 각각 대외무역은행(VTB) 부총재와 로스네프트 이사 자문이다. 세르게이 이바노프의 두 아들인 알렉산드르와 세르게이는 각각 대외경제은행(VEB) 이사와 가즈프롬은행의 부총재다. 보그단치코프

로스네프트 사장의 아들 알렉세이는 로스네프트의 투자국장으로 재직 중이다. 또한 블라디미르 우스티노프의 아들인 드미트리는 대통령 행정실에서 근무하고, 세르게이 쇼이구의 딸 율리야는 아버지의 직장인 비상사태부 심리센터장이다. 미하일 프랏코프의 아들 표트르는 러시아 최대의 보험회사이자 가스 기업이기도 한 소가즈(Sogaz)의 이사회 의장이다.

혼인을 맺어 사돈이 되는 경우도 있었다. 이고리 세친의 딸 인가와 블라디미르 우스티노프의 아들 드미트리가 결혼해 대를 이은 실로비키의 고리를 만들 수 있게 됐다. 흐리스텐코의 딸 율리야는 보그단치코프의 아들 예브게니와 가정을 꾸렸다.

이 때문에 러시아 정치권 일각에서는 소련공산당 시대의 노멘클라투라(Nomenklatura, 본래는 '명단'이라는 뜻이었으나 스탈린의 집권 이후 소련공산당을 기반으로 체제를 유지한 특권층을 의미함), 옐친 시대의 올리가르히와 푸틴의 파워엘리트가 다를 바 없다는 비판을 제기하기도 한다.

푸틴의 장기 집권 구도가 지속되고 실로비키와 페테르자유주의자 그룹의 규모와 영향력이 점차 커짐에 따라 실로비키 내부와 자유주의자 그룹 내부에서 각각 갈등과 대립이 표면화되기도 했다.

우선 실로비키 그룹 내의 갈등은 2007년 10월 연방보안국(FSB) 출신의 빅토르 체르케소프 러시아연방 마약단속국장이 상부기관인 FSB와의 대립 양상을 폭로하는 기고문을 언론에 게재하면서 불거졌다. 체르케소프는 10월 9일 유력 일간지 〈콤메르산트〉에 기고한 글을 통해 "1990년 이후 러시아 사회를 파괴로부터 구하는 데 큰 역할을 해온 FSB가 권력을 놓고 전면전에 들어갈 위험에 처해 있다"라고 밝혔다. 또한 "FSB의 영향력이 너무 강한 상황에서 내부 권력투쟁에 휩싸인다면 나라의 운명이 매우 불안정한 상태가 될 것"이라고 말했다. 이 기고문을 실은 계기는 10월 초 FSB가 마약단속국 간부 세 명을 체포했기 때문이다. 이보다 1년 앞서 마약단속국이 FSB 요원들의 부패 연루 혐의를 폭로한 적이 있다. 따라서 FSB의 마약단속국 간부 체포는 1년 전에 발생한 사건에 대한 보복 성격이 짙었고, 궁극적으로는 두 기관의 갈등으로 확대 재생산된 것이었다. 알고 보면 FSB나 마약단속국이나 모두 KGB 출신으로 구성돼 있다. 결국 FSB 출신인 체르케소프가 친정을 떠나 마약단속국의 수장을 맡아왔는데, 파트루셰프가 지휘하는 친정 FSB가 자신의 부하들을 체포하자 이 불만을 권력투쟁 형태로 표출한 것 아니냐는 관측이 지배적이었다.

페테르자유주의자 그룹 내부의 대립 역시 만만찮은 수준이다. 2011년 9월에 일어난 메드베데프와 쿠드린의 심각한 힘겨루기가 대표적이다.

푸틴 총리와 메드베데프 대통령은 9월 24일에 열린 집권 통합러시아당(ER: Edinaya Rossiya) 전당대회에서 푸틴이 2012년 3월에 치러지는 대선의 집권 여당 후보로 나서고 여기에서 당선될 경우 메드베데프가 총리를 맡는다는 데 합의했다. 푸틴에 대한 국민의 지지율이 70퍼센트 안팎인 상황에서 푸틴의 당선은 확실시됐고 자연스레 메드베데프의 총리직도 확정적이었다. 이 소식을 쿠드린 부총리 겸 재무장관은 같은 날 주요 20개국(G20) 재무장관 회담 참석차 방문했던 미국 워싱턴에서 들었다. 쿠드린은 미국에서 기자회견을 통해 "메드베데프 (총리의) 내각에서 일할 생각은 없다"라고 말했다. 쿠드린이 미국에서 돌아온 지 이틀 뒤인 26일, 메드베데프와 쿠드린 두 사람은 '경제 현대화 및 기술발전위원회' 회의실에서 만났다. 메드베데프가 쿠드린을 쏘아보며 먼저 말을 꺼냈다. "(24일) 미국에서 장관으로서 해서는 안 될 부적절한 말을 하셨다죠? 좋습니다. 당신이 내 정책에 동의하지 않는다면 해야 할 선택은 단 한 가지, 사직서를 쓰는 것입니다"라고 했다. 회의장엔 침묵이 흘렀고 쿠드린 장관은 두 손을 모으고 눈을 감았다. 그러곤 몇 초 후 "솔직히 나는 당신 (메드베데프)과 의견이 맞지 않습니다. 사직서 쓰는 문제는 (푸틴) 총리와 상의해보고 결정하겠습니다"라고 말했다. 그러자 그런 답변을 미리 예상했다는 듯 메드베데프는 곧바로 "당신은 총리를 포함해 누구와도 상의할 수 있지만 아직은 내가 대통령이고 그런 결정(사직서)은 내 자신이 합니다"라고 했다. 쿠드린이 뭔가 말하려 했지만 이후 메드베데프는 쿠드린에게 발언권을 주지 않았다. 결국 쿠드린은 사직서를 썼고 푸틴은 다음 날 메드베데프와 협의한 뒤 쿠드린의 사직서를 수리했다.

두 사람이 다툼을 벌인 직접적인 이유는 정책상의 의견 불일치 때문이다. 2012~2014년 정부 예산을 심의하는 과정에서 메드베데프와 쿠드린은 의견 충돌을 일으켰다. 메드베데프는 국방비 지출을 현재보다 크게 늘리는 정책을 추진한 반면, 쿠드린 장관은 국방비 증액이 정부 예산뿐 아니라 국가 경제 전체에 추가적 위기를 초래할 것이라며 강하게 반대했다. 하지만 이는 표면상의 이유이고 실제로는 메드베데프와 쿠드린의 라이벌 의식이 더 크게 작용했다는 분석이 우세하다. 쿠드린과 메드베데프는 1991년 푸틴이 상트페테르부르크 시 대외관계위원장을 할 때부터 20년간 푸틴의 측근으로 자리 잡은 사람들이다. 두 사람은 민주주의와 시장경제 강화라는 지향점이 같아 2011년 9월까지 친밀한 관계를 유지했다. 하지만 초창기엔 상트페테르부르크대학교 4년 선배인 쿠드린(경제학)이 메드베데프(법학)보다 앞서 나갔다. 푸틴이 측근으로 영입할 때도 쿠드린은 시(市) 행정실 부실장이었고 메드베데프는 법률자문에 불과했다. 하지만 메드베데프가 2000년 대선에서 푸틴 캠프의 선거대책본부장을 하면서 상황은 역전됐다. 푸틴의 총애 아래 메드베데프는 2005년 제1부총리를 거쳐 2007년 푸틴의 후계자에 올랐고 2008년 대통령에 당선됐다. 반면 '푸틴의 경제 브레인'인 쿠드린은 푸틴 집권하에서 11년간이나 장관을 하고도 부총리 겸 재무장관 직책에 머물러 왔다. 더군다나 쿠드린은 사건 발생 닷새 전인 2011년 9월 19일 유력 주간지 〈이토기(Itogi, 결론)〉와의 인터뷰에서 "푸틴이 다시 대통령이 되면 총리를 포함한 어느 직책에서도 기꺼이 일할 준비가 돼 있다"라고 말했다. 최고 지도자 푸틴에 이어 2인자 자리인 총리를 차지하려는 메드베데프와 쿠드린으로서는 피할 수 없는 갈등이었던 셈이다.

2부

러시아를 움직이는
푸틴의 파워엘리트 50인

1

정계

| 대통령실(크렘린) |

:: 드미트리 메드베데프

Dmitry Medvedev

'배트맨(푸틴)의 조수인 로빈.'

러시아 주재 미국 대사관
이 2008년 말 워싱턴의 국무
부로 보낸 전문에서 메드베데
프를 이렇게 빗댄 적이 있다.
메드베데프 대통령이 푸틴 총
리보다 상급자지만 실제로는
푸틴의 조수 역할에 머무른다

▶ 배트맨의 조수 로빈, 메드베데프

는 판단에 근거한 것이다. 이 말을 뒤집어보면 그만큼 두 사람의 관
계는 떼려야 뗄 수 없을 정도로 깊다는 이야기가 된다.

2007년 12월 푸틴 대통령이 자신의 정치적 후계자로 메드베데
프 당시 부총리를 지명했을 때 푸틴은 메드베데프를 '나의 17년 지

기'라고 표현했다. 이렇듯 두 사람의 인연은 1990년대 초반으로 거슬러 올라간다.

푸틴은 자서전 『자화상』에서 "(1991년) 제가 아나톨리 숩차크 상트페테르부르크 시장 밑에서 시 대외관계위원장으로 일할 때 시정을 도와줄 보좌관이 필요했습니다. 숩차크 시장을 포함해 상트페테르부르크대학교 법대 동문들에게 도움을 청했더니, 메드베데프라는 사람을 추천해주셨지요. 그래서 메드베데프를 (보좌관으로) 쓰게 됐습니다"라고 소개한 적이 있다. 메드베데프는 푸틴의 상트페테르부르크대학교 법대 12년 후배이자 동향 사람이다. 푸틴은 상트페테르부르크대학교 법대를 1975년에, 메드베데프는 같은 대학 같은 학과를 1987년에 졸업했다.

여기서 메드베데프의 학력과 관련해 한 가지 의문이 생긴다. 학사 학위 취득 후 어떻게 3년 만에 박사를 받을 수 있었느냐는 점이다. 힌트는 소련 시절이라는 데 있다. 소련 정부는 대학의 우수 졸업생들을 대상으로 3년 만에 박사 과정을 마치게 해주고 모교에 남아 그 학부의 학과장으로 양성하는 제도를 운영했다. 메드베데프는 이 제도의 수혜자였던 셈이다. 학부에서 민법을 전공한 메드베데프는 졸업 후 검사가 되는 방안을 한때 자신의 진로로 생각했으나 결과적으로 학업을 계속하는 쪽으로 방향을 잡았다.

아무튼 메드베데프가 1990년 이 대학에서 법학 박사 학위를 받고 상트페테르부르크 시 법률자문(보좌관)이 되기 전까지는 푸틴과 한 차례밖에 만나지 못했다. 두 사람이 처음 얼굴을 맞댄 때는 1990

년이었다고, 역사학자 로이 메드베데프(Roy Medvedev)는 2008년의 저서 『드미트리 메드베데프-러시아연방 대통령(*Dmitry Medvedev-Prezident Rossiyskoy Federatsiiy*)』에서 증언했다.

메드베데프가 기억하는 푸틴과의 첫 만남은 어땠을까? 메드베데프는 대통령이 되고 난 뒤 자신의 홈페이지에서 이를 언급한 적이 있다.

"푸틴 선배와의 만남은 저의 지도교수였던 솝차크 교수님(솝차크는 1988년까지 상트페테르부르크 법대 교수를 역임함)을 매개로 이뤄졌습니다. 1990년 8월 말 박사 과정을 마친 저에게 솝차크 교수님이 전화를 걸어 '혹시 나와 함께 일할 의향이 있느냐'고 물으셨죠. 교수님은 상트페테르부르크 시 소비에트(의회) 의장으로 선출되셨거든요. 그해 가을(1990년 9월) 상트페테르부르크 시 소비에트가 있던 마린스키 궁전으로 가서 일하기로 결정했습니다. 그로부터 한 달이 흘렀을까요. 그곳에 푸틴 선배가 왔습니다. 어딘지 모르게 경험이 풍부하고, 전문적이란 느낌을 확 풍기는 인물이었습니다. 그게 우리의 첫 만남이었습니다. 이듬해 솝차크 의장님은 상트페테르부르크 시장이 됐고, 푸틴 선배도 솝차크 시장님의 뒤를 따랐습니다. 시 대외관계위원장이 된 푸틴 선배는 내게 '함께 일해보지 않겠느냐'고 물었고, 나는 '시의 법률 전문가가 돼보겠노라'는 생각에 동의했습니다. 우리의 인연은 그렇게 본격화됐습니다."

그로부터 9년 뒤인 1999년 푸틴은 러시아연방 총리가 돼 모스크바로 입성했다. 이때 상트페테르부르크에 있던 메드베데프를 모스크바로 불러 올리는 것을 잊지 않았다. 그러고는 차관급인 내각 행정실 부실장 직함을 달아줬다. 푸틴은 2000년 대선에서는 메드베데프에게 선거대책본부장, 대통령이 된 뒤에는 대통령 행정실장을, 러시아 국영 천연가스 기업인 가즈프롬의 이사회 의장과 제1부총리를 차례로 맡겼다. 메드베데프에게 무한한 신뢰를 잇달아 보인 것이다.

메드베데프는 학창 시절이나 관료 시절이나 모범생 그 자체였다. 중고교 시절 스승이었던 이리나 그리고롭스카야(Irina Grigorovskaya)는 "교수들인 부모의 영향을 받아서인지 메드베데프는 늘 공손하고 공부할 땐 집중력이 강했으며 단체 생활에도 적극 참여하는 모범생이었다"라고 회고했다. 학창 시절 소련 백과사전을 통째로 외우고 다닐 정도의 독서광이었고, 성적은 거의 모든 과목에서 A를 받는 우등생이었다. 그러면서도 소련 당국이 부르주아 음악으로 금기시하던 블랙 사바스, 레드 제플린, 딥 퍼플 같은 영국의 록 밴드 음반을 몰래 녹음해 듣는 등 자유분방한 생활을 즐겼다. 대통령이 된 뒤에도 비공식 행사 때는 정장보다 청바지와 가죽 재킷을 즐겨 입을 정도다. 다른 한편으로는 2010년 4월 러시아의 국내 언론 중 처음으로 야당 성향의 일간지 〈노바야 가제타(Novaya Gazeta, 새 신문)〉와 인터뷰를 하면서 "민주주의가 경제 발전을 위해 희생돼선 안 된다"라고 말하는 소신파이기도 하다.

KGB 시절부터 최고 지도자의 야심을 갖고 있던 푸틴이 이처럼 똑똑하면서도 다방면에서 유능한 메드베데프를 놓칠 리 없었다. 두 사람의 법대 교수였던 발레리 무신(Valrery Musin) 박사는 "1990년부터 함께 일하는 동안 메드베데프는 푸틴에게 충직함이 무엇인지를 보여 줬고, 푸틴은 메드베데프의 조언을 늘 존중했다"라고 말했다.

푸틴의 후원으로 정계에 입문한 뒤 메드베데프가 얻은 별명은 '만나야 카샤(Mannaya kasha, 오트밀)'다. 크렘린 출입 기자들에 따르면, 러시아인의 아침 식탁에 빠지지 않는 오트밀처럼 푸틴이 정국을 운영하는 데 메드베데프가 필수적 존재라는 의미에서 붙여졌다. '푸틴이 없었다면 메드베데프도 없었다'는 풀이가 가능한 대목이다.

러시아 정치권에서 회자되는 재미있는 이야기가 있다. 푸틴이 대통령 퇴임(2008년 5월)을 2년여 앞둔 2006년부터 메드베데프와 함께, KGB 시절 푸틴의 동료였던 세르게이 이바노프 부총리 겸 국방부 장관이 푸틴의 후계자로 압축됐다. 그러나 두 후보에게는 커다란 차이가 있었다. 메드베데프는 푸틴을 '대부' 혹은 '맏형'처럼 받드는데, 이바노프는 '주인님'처럼 모신다는 것이다. 정치권 인사들은 하인(이바노프)은 주인을 배신할 가능성이 높지만, 아들이나 동생(메드베데프)은 가족이기 때문에 배신의 가능성이 적다는 의미라고 설명했다. 바로 이 점이 푸틴이 메드베데프를 후계자로 낙점한 근본 이유라는 것이다. 이러한 분석이 얼마만큼의 설득력을 갖는지는 알 길이 없다.

그렇다고 이런 이유 때문에만 메드베데프가 후계자로 낙점됐다고 보기도 어렵다. 일단의 정치평론가들은 푸틴은 실적주의를 우선하기 때문에 메드베데프가 가즈프롬 이사회 의장과 제1부총리를 하면서 상당한 성과를 낸 부분을 중시했다고 분석한다. 메드베데프는 가즈프롬 이사회 의장 재임(2002~2007) 때 가즈프롬을 2000년 기준 시가총액 78억 달러의 기업에서 2007년 3000억 달러의 기업으로 변모시켰다. 또 제1부총리(2005~2007)로 일하면서는 보건·교육·주택·농업 분야의 발전 사업을 포괄하는 '국가 우선 프로젝트'를 맡아 성과를 냈다. 이러한 메드베데프의 성과를 푸틴이 면밀히 검토한 후 2007년 12월 자신의 후계자로 낙점했다는 후문이다.

푸틴은 메드베데프를 후계자로 지명하면서 이런 말을 했다. "나는 메드베데프가 훌륭한 대통령이 될 것을 확신합니다. 또한 그가 국가의 효율적인 경영자가 될 것이라는 점도 믿어 의심치 않습니다. 나는 메드베데프를 전적으로 신뢰합니다." 메드베데프는 후계자 지명 소식을 접하자마자 "푸틴 대통령이 이뤄놓은 유산을 안정적으로 유지해 나가겠다"라고 화답했다. 그러고는 3개월 후 치러질 대선의 구호로 '브메스테 포비딤(Vmeste Pobidym, 함께 승리할 것이다)'이라는 슬로건을 들고 나왔다. 푸틴과 함께 대선 승리를 낚겠다는 뜻으로, 푸틴에 대한 충성심이 어느 정도로 굳건한지를 상징적으로 보여주는 구호였다.

2008년 5월은 메드베데프와 푸틴의 위치가 뒤바뀐 시기다. 푸틴의 후계자였던 메드베데프는 대통령이 됐고, 메드베데프는 그런 푸틴을 총리로 임명했다. 5월 8일 대통령 이취임식을 마친 두 사람은 나흘 후인 5월 12일 크렘린에서 재회했다. 각료 임명 제청권을 가진 푸틴 총리가 메드베데프 대통령과 조각(組閣) 명단을 협의하기 위해서였다. 이곳에서 또 하나의 흥미로운 에피소드가 나왔다. 크렘린의 대통령 집무실에는 직사각형의 탁자를 사이에 두고 의자가 두 개 놓여 있다. 푸틴은 대통령 재임 때 예외 없이 왼쪽 의자에 앉았고, 오른쪽 의자는 외빈 혹은 대통령의 지시를 받는 관리들 자리였다. 그런데 12일 조각 협의를 위해 메드베데프 대통령을 찾은 푸틴 총리는 자리에 앉기 직전 메드베데프 대통령에게 "이제 이쪽(왼쪽)은 대통령의 것"이라고 말을 건넸다. 그러자 메드베데프 대통령은 "그게(어느 쪽 자리에 앉든) 무슨 차이가 있나요"라며 자신이 먼저 오른쪽 자리에 앉았다. 러시아 정치권 인사들은 "후배인 메드베데프가 정치 선배이자 전임자인 푸틴에게 예우를 갖추고, 선배인 푸틴은 후배를 배려하는 모습을 보이면서 러시아 정치의 새로운 풍조를 만들어냈다"라고 했다.

메드베데프가 대통령이 된 이후에도 정치적 스승이라 할 수 있는 푸틴과의 관계는 비교적 순탄했다. 일례로 대통령 메드베데프는 총리 푸틴과 만날 때 윗사람에게 사용하는 2인칭 대명사 '브이(Vy)'를 사용한다. 반면 총리 푸틴은 대통령 메드베데프에게 아랫사람을 부를 때 사용하는 2인칭 대명사 '트이(Ty)'를 쓴다고 한다. 실제로 러시아 국영 1TV를 통해 방영되는 메드베데프 대통령과 푸틴 총리의 환담 장면에서도 이런 호칭을 사용하고 있음을 그리 어렵지 않게 볼 수 있다. 메드베데프와 푸틴이 워낙 친밀하게 정치를 합작 운영하게 되면서 나온 표현이 바로 러시아어로 탄뎀(Tandem)이라 불리는 '쌍두정치' 혹은 '양두정치'다.

하지만 후반으로 갈수록 메드베데프와 푸틴 사이에 균열이 생김을 암시하는 듯한 움직임도 종종 나타났다. 2011년 4월 말, 푸틴 총리가 리비아의 무아마르 카다피(Muammar Gaddafi) 정권에 대한 서방의 공습을 십자군 원정에 비유하자 메드베데프 대통령이 "문명 간 충돌로 이어질 수 있는 십자군 원정 같은 표현을 사용해서는 안 된다"라고 직접적으로 비판한 것이다. 또 5월에는 푸틴이 "국가의 미래를 위해 집권 통합러시아당을 중심으로 노조, 청년·여성 단체, 퇴역 군인 단체 등이 참여하는 국민전선을 설립하자"라고 하자, 메드베데프는 "국민전선 설립이 적법하긴 하나 (12월 총선에서 이기기 위한) 선거 기술 차원"이라고 했다. 이 때문에 대부분의 서방 언론들은 "푸틴과 메드베데프의 쌍두 체제에 균열 조짐이 나타나고 있다"라고 대서특필했다. 또 러시아 국내의 일부 정치 분석가들도 2012년 3월 대통령 선거를 1년여 앞두고 메드베데프가 푸틴과 대립각을 세워 연임을 노리는 것 아니냐고 분석했다. 하지만 러시아 정가 내부에서는 '강한 러시아를 만든다는 데 의견을 같이하는 두 사람이 사전에 짜놓은 각본에 따라 말만 달리한다고 봐야 한다'는 의견이 압도적으로 우세했다. 러시아를 민주주의가 없고 팽창 야욕만 있다고 보는 서방에 맞서 메드베데프는 민주주의 지지와 서방에 유화적인 제스처를 보이고, 푸틴은 러시아의 영향력 확대를 주장하면서 이른바 '짜고 치는 고스톱'을 하고 있다는 분석이었다.

실제로 푸틴과 메드베데프가 2012년 대선에서 총리와 대통령을 맞교대하기로 발표한 2011년 9월 24일, 메드베데프 대통령은 "사실 푸틴 총리와 나 사이에 동지적 동맹 관계가 만들어졌을 때부

터 우리는 이러한 상황 전개를 논의했다"라고 했고, 푸틴 총리도 "이
미 수년 전에 누가 어떤 직책을 맡을지에 대해 합의했다"라고 말했
다. 2008년 대선을 통해 푸틴이 총리로 물러앉고 메드베데프가 대
통령이 됐을 때부터 이미 맞교대에 합의했음을 시사한 것이다. 그러
나 이날 전까지만 해도 두 사람은 "2012년 대선에 누가 나갈지 결정
한 바 없다. 두 사람이 합의해서 결정해 발표할 것"이라고 연막 작전
을 펴며 서방 언론과 전문가들을 혼란에 빠뜨렸다.

드미트리 메드베데프

1965 9월 14일 상트페테르부르크 출생
1987 상트페테르부르크대학교 법대 졸업
1990 상트페테르부르크대학교 법학 박사
1991 상트페테르부르크 시 법률자문
1999 내각 행정실 부실장
2000 푸틴 대통령선거대책본부장
2002 가즈프롬 이사회 의장
2003 대통령 행정실장
2005 제1부총리
2007 푸틴 대통령의 후계자로 지명, 통합러시아당 대선 후보
2008 제5대 러시아 대통령
2011 총리 지명

:: 세르게이 나리슈킨

Sergey Naryshkin

▶ 러시아 황족 출신, 나리슈킨

나리슈킨은 푸틴의 파워엘리트 가운데 유일하게 러시아 황족 출신으로 알려져 있다. 그의 가문인 나리슈킨가(家)는 17세기 말 표트르 대제가 러시아의 영웅으로 떠오르면서 상트페테르부르크라는 도시를 거점으로 하여 황족으로 부상했다. 표트르 대제의 어머니인 나탈리야 나리슈키나(Natalya Naryshkina)와 그 일가가 외척이 되면서부터였다. 러시아 정가 인사들은 세르게이 역시 '나리슈킨 패밀리'의 후손이라고 확신한다. 하지만 정작 본인은 이에 대해 아무런 언급을 하지 않는다.

황족 집안 출신이지만 푸틴과의 인연은 KGB에서 이뤄졌다. 1978년 상트페테르부르크기계공학대학교를 졸업하고 이 학교에서 부교수로 근무하던 나리슈킨은 1982년 갑자기 같은 지역의 KGB로 전출됐다. 소련 공산주의 시절이었기 때문에 KGB가 된다는 것은 대학의 부교수보다 훨씬 나은 길이었다고 한다. 이곳에서 푸틴과 함께 요원으로 활약했고 KGB 고위 과정에서는 푸틴과 동료 학생으로 공부하기도 했다. 푸틴은 1985년 동독의 드레스덴으로 파견돼 해외에서 요원 생활을 했고, 나리슈킨은 벨기에 주재 소련 대사관에서 근무했다. 이때 맺은 인연은 계속 이어졌다. 푸틴이 KGB에서 나와 1990년 상트페테르부르크 시로 직장을 옮기면서 나리슈킨도 시청의 경제개발부장으로 이직했다.

러시아 정치권에서 나리슈킨은 상대적으로 뒤늦게 주목받은 인사에 속한다. 비록 푸틴과 절친한 관계였다고 해도 2004년에 와서야 중앙 정치무대에 발을 디뎠다. 그전까지는 일관되게 상트페테르부르크 시의 경제 업무만을 담당했다. 기계공학도 출신의 나리슈킨은 이곳에서 주로 외국인 투자 유치, 특히 유럽인의 러시아 투자를 끌어들이는 일을 관장했다. 경제 문제에 박식한 데다 벨기에에서 근무한 덕분에 영어와 프랑스어를 자유롭게 구사해 대외 교섭 창구 역할을 했다. 10년 이상 러시아-프랑스 경제무역위원회 위원장으로 선임된 것이나, 2000년대 초반 상트페테르부르크의 외국인 투자 유치 규모가 수도 모스크바의 투자 유치 규모를 넘어선 데는 나리슈킨의 공로를 빼놓을 수 없다는 지적이 있을 정도다. 푸틴은 이러한 나리슈킨의 능력을 높이 사 자신의 3대 유치 업적(2012년 블라디보스토크 APEC 정상회의, 2014년 소치 동계 올림픽, 2018년 FIFA 월드컵) 가운데 하나인 2012년 블라디보스토크 아시아태평양경제협력체(APEC) 정상회의 개최 준비를 나리슈킨에게 일임했다.

푸틴이 나리슈킨을 중용한 데는 경제 실력 말고도 그의 중립적인 성향을 높게 평가했다는 지적이 있다. 상트페테르부르크라는 배경을 갖고 있지만 페테르자유주의자와 실로비키 간의 대립을 적절히 중재할 줄 아는 능력을 고려했다는 것이다. 구체적인 예를 찾아내기는 쉽지 않지만 푸틴의 '브레인' 혹은 '책사'로 불리는 블라디슬라프 수르코프도 이 점만큼은 인정한다. 수르코프는 2007년 나리슈킨이 부총리가 되자 비공개 기자간담회를 갖고 "나리슈킨은 러시아의 정치와 경제가 어느 한쪽으로 치우치지 않게 만들 적임자"라며 "언론들도 나리슈킨이 (부총리로서) 자리를 잡을 때까지 지나친 비판을 삼가 달라"라고 말했다. 이러한 맥락에서 푸틴이 자신의 대통령 재임(2000~2008) 시절 행정실에서 근무했던 나리슈킨을 2008년 총리로 내려앉은 뒤 메드베데프 대통령의 행정실로 발령 낸 것은 대통령과 총리(푸틴)의 원활한 업무 조정을 기하기 위한 차원이었다는 분석이다.

나리슈킨은 마초 혹은 강성 이미지로 점철된 푸틴 정부의 성향을 완화하는 첨병이기도 했다. 2008년 하반기와 2009년 초 각각 유럽 국가들을 두려움에 떨게 했던 조지아(그루지야)와의 전쟁, 우크라이나와의 가스 분쟁 등으로 러시아는 주변 약소국들을 괴롭힌다는 국제적 비난에 맞닥뜨렸다. 이러한 부정적인 이미지 개선을 위해 러시아 정부는 2009년 5월 정부 고위 각료들이 참석하는 '역사진실위원회'를 만들었는데, 초대 위원장에 나리슈킨을 낙점했다. 명칭은 역사진실위원회로서 과거의 소련이나 현재의 러시아가 자행한 것처럼 비쳐지는 악행에 대한 진실을 규명하겠다는 것이지만, 실제로는 러시아의 이미지 개선을 위한 것이었다. 나리슈킨은 첫 회의에서 "러시아는 서방 국가들처럼 국익을 추구할 뿐인데도 이웃 국가들을 괴롭히고 팽창주의적이며 소련과 비슷한 이미지로 국제사회에 비치는 것은 부당하다"라면서 "이러한 이미지는 외부의 적대 세력이나 악의를 가진 자들에 의해 심하게 왜곡되고 있다"라고 말했다.

나리슈킨의 영향력은 점차 높아지는 추세다. 러시아가 국제정치의 '다보스포럼' 격으로 육성코자 하는 '야로슬라블포럼'에서 2010년과 2011년 푸틴이 잇달아 불참하고 나리슈킨이 등장하자 러시아 정치권의 고위 인사들은 "나리슈킨은 푸틴의 대리인 자격으로 참석했다고 보면 정확하다"라고 입을 모았다. 푸틴이 중요한 대외 행사에서 나리슈킨을 대리로 내세울 만큼 신임이 두텁다는 이야기다.

세르게이 나리슈킨

1954 10월 27일 상트페테르부르크 출생
1978 상트페테르부르크기계공학대학교 엔지니어링학부 졸업
1982 상트페테르부르크기계공학대학교 부교수
1982 KGB 전직, 벨기에 주재 소련 대사관 근무
1992 상트페테르부르크 시 경제재정위원장
1995 프롬스트로이은행 대외투자청장
1997 레닌그라드 주 대외투자위원장
2004 대통령 행정실 부실장(경제 담당)
2004 내각 행정실 부실장, 실장
2007 부총리
2008 대통령 행정실장
2009 대통령 직속 역사진실위원장

:: 블라디슬라프 수르코프

Vladislav Surkov

수르코프는 공식적으로 높은
직책을 보유하고 있지는 않지
만 푸틴의 최고 두뇌이자 이론
가다. 푸틴의 정치철학 기초를
만든 브레인 혹은 책사로 일컬
어진다. 이론뿐 아니라 푸틴
대통령 연임 → 메드베데프에
게 권력 이양 및 푸틴 총리 재
직(양두체제) → 푸틴 대통령

▶ 러시아판 마키아벨리, 수르코프

복귀라는 실제 푸틴의 집권 시나리오를 설계한 최고 실세다. 수르코
프는 2008년과 2012년의 푸틴-메드베데프 양두체제가 도덕적으로
문제가 있다는 서방의 비판이 나오면 미국의 정치체제와 차이가 없
다고 설명한다. 가령 오바마 대통령과 힐러리 클린턴(Hillary
Clinton) 국무부 장관이 미 민주당 대선 후보 경선에서 경쟁했으나
결국 2008년 대선에서는 한 팀을 이뤄 당선된 것과 푸틴-메드베데
프 체제는 다르지 않다는 논리다.

수르코프는 1990년대 석유 재벌 미하일 호도르콥스키 등 푸틴

의 '적(敵)'과도 친분이 깊은, '특이한' 이력의 소유자다. 그는 1980
년대 말부터 호도르콥스키의 광고 담당자로 일했고, 또 다른 재벌
미하일 프리드만(Mikhail Fridman) 소유의 알파은행에서도 1990년
후반 근무했다. 이러한 경력은 올리가르히에 대한 푸틴의 부정적 인
식과 수르코프가 관련성이 있다고 보는 근거가 되고 있다.

수르코프의 별명은 '회색 추기경'이다. 푸틴의 별명과 같다. 막
후에서 엄청난 영향력을 발휘하는 실력자라는 차원에서 붙여졌다.
푸틴의 이너서클 내에서 수르코프의 위상을 잘 드러내는 말이다. 미
국에서 조지 W. 부시 대통령이 집권하던 2007년, 러시아 정가에서
는 '백악관에 칼 로브(Karl Rove)가 있다면, 크렘린에는 수르코프가
있다'는 말이 나돌았다. 칼 로브는 미국 역사상 가장 뛰어난 킹메이
커라고 불린 사람으로, 부시 대통령의 정치자문 겸 백악관 비서실
부실장이었다. 이 같은 로브의 위상에 필적할 정도로, 푸틴 정권의
이미지 메이킹에서 이념 정립, 인사권 행사까지 모든 것을 좌지우지
해온 정치자문으로서 수르코프를 정의한 것이다. 수르코프는 당시
크렘린 행정실 부실장이었다.

수르코프를 '21세기의 미하일 수슬로프(Mikhail Suslov)' 혹은
'러시아판 마키아벨리(Niccolo Machiavelli)'라고 부르는 이도 많다.
수슬로프는 이오시프 스탈린(Joseph Stalin)에서 레오니트 브레즈네
프(Leonid Brezhnev) 시대에 걸친 소련공산당의 이론가였다. 1947
년 당 중앙위원회 서기로 발탁된 후 1982년에 사망하기까지 소련공
산당 기관지 〈프라우다(Pravda, 진실)〉 편집장과 마르크스-레닌주의

연구소장을 역임하면서 당내 민주주의 이론 정립 등에 공헌한 인물이다. 『군주론』으로 잘 알려진 정치사상가 마키아벨리처럼 수르코프는 푸틴 집권의 정당성을 정리하기도 한다. 이처럼 수르코프가 푸틴 시대를 이론적으로 뒷받침한다는 점에서 수슬로프나 마키아벨리에 비유한 것이다.

수르코프라는 인물이 처음 외부에 공개된 것은 2005년 6월 20일 자 독일의 시사 주간지 〈슈피겔〉과의 인터뷰를 통해서였다. 그의 나이 41세 때의 일이다. 수르코프는 이 인터뷰에서 자신의 출생과 고향 등에 대한 갖가지 소문의 진상도 공개했다. 수르코프는 북캅카스의 체첸에서 태어났다. 아버지 안다르베크 두다예프 역시 체첸인이고, 자신도 체첸의 수도 그로즈니에서 5년간 유년 시절을 보냈다고 말했다. 어릴 때 그의 이름은 이슬람베크 두다예프(Islambek Dudayev)였다. 나중에 부모가 이혼했고, 수르코프는 어머니인 지나이다 수르코바를 따라 체첸의 북쪽 리페츠크 주로 이사했다. 이때 러시아식 이름인 블라디슬라프 수르코프로 개명했다. 푸틴의 이너서클에서 체첸 출신은 사실상 수르코프가 유일하다고 할 수 있다. 수르코프의 후배 격이자 체첸의 지도자인 람잔 카디로프라는 인물이 있지만, 카디로프는 체첸에 국한된 푸틴의 심복이라고 볼 때 진정한 의미의 체첸 출신 이너서클 멤버는 수르코프밖에 없는 것이다.

이론가로서 수르코프의 가장 커다란 성과는 '주권 민주주의(sovereign democracy)'라는 독창적인 개념을 푸틴의 통치에 도입한 것이다. 이 용어를 간단히 표현하면, 민주주의는 하되 주권에 더 방점을 두는 '러시아식 민주주의'를 하겠다는 뜻이다. 수르코프는 종종 지인들을 통해 "러시아는 서방처럼 열린 사회를 만들겠지만 외부의 개입은 원치 않는다"라면서 "서방은 민주주의가 주권보다 더 중요하다고 말하지만 우리는 이를 인정할 수 없고, 우리에게는 민주주의와 주권 둘 다 필요하다"라고 말한다.

수르코프가 주권 민주주의론을 처음 제기한 시점은 중요하다. 이 용어는 2006년 2월 22일 러시아의 집권 통합러시아당 당대회 연설 과정에서 나왔다. 수르코프는 이보다 1년 정도 앞선, 2004년 11월부터 2005년 1월까지 우크라이나에서 진행된 이른바 '오렌지 혁명'의 파장을 주목했다. 그는 민주화 세력에 의해 친러시아 성향의 레오니트 쿠치마(Leonid Kuchma) 정권이 무너지는 것을 보면서 이를 서방에 의한 조종의 결과로 인식했다. 러시아 관영 언론들도 '우크라이나의 오렌지 혁명은 서방의 조종과 국민의 봉기가 야합해 성사된 정권의 전복'이라는 취지의 보도를 하고 있었다. 러시아와 국경을 맞대고 지금도 '말라야 로시야(Malaya Rossiya, 작은 러시아)'로 불리는 우크라이나의 민주화 혁명이 러시아로 파급될 경우 푸틴 정권까지도 위협할 수 있다는 신호로 간주한 것이다. 이러한 인식이 수르코프로 하여금, 서방의 간섭 없이 독자적 발전을 모색하는 주권 민주주의라는 개념을 형성하게 했다는 것이다. 푸틴은 수르코프의 이론을 자신이 대표로 있던 통합러시아당의 이념으로 수용하고, 이를 공식화했다.

주권 민주주의에 관한 수르코프의 애착과 집념은 강하다. 자신의 논리를 비판하는 이가 있으면 그가 비록 미국 정계의 거물이라 할지라도 예외 없이 반박했다. 2006년 5~6월 딕 체니(Dick Cheney) 미국 부통령은 소련의 일원이었던 리투아니아, 조지아 등을 방문했다. 그러면서 러시아를 겨냥해 "푸틴 집권하에서 러시아의 민주주의가 후퇴하고 있으며, 러시아가 우크라이나와 조지아 등의 민주주의 성과까지 뒤집으려 한다"라고 비난했다. 그러자 수르코프는 모스크바에 상주하는 내외신 기자들과 간담회를 열었다. 그는 "도대체 러시아의 민주주의가 뭐가 후퇴했다는 것이냐. (서방 지도자들의) 생각과 말은 종종 차이를 보인다. 속으로는 자국의 경제적 이익을 따지면서 말로는 민주주의를 떠든다. (체니 부통령은) 러시아를 제대로 이해하지 못하고 있다. 우리 러시아의 민주주의를 비판한 사람이 (독재국가인) 카자흐스탄을 방문해서는 카자흐스탄의 민주주의에 높은 점수를 줬다. 어느 누가 이런 행태에 동의할 수 있느냐"라고 말했다.

수르코프의 다른 성과로는 '푸틴＝루스벨트' 등식화를 꼽을 수 있다. 때는 2007년 2월 7일, 모스크바 도심에 위치한 러시아 외교아카데미 회의실에 수르코프 대통령 행정실 부실장이 나타났다. 프랭클린 루스벨트(Franklin D. Roosevelt) 전 미국 대통령 탄생 125주년을 기념한 회의에 초청 연사로 등장한 것이다. "20세기 루스벨트 미국 대통령은 우리 러시아인의 군사적 동지였지만 지금 21세기에는 우리의 이념적 동지입니다." 그가 운을 떼자 회의장은 술렁거렸다. 무슨 말을 하려는 것인지 이해하지 못했기 때문이라고 한다. 수르코프는 좀 더 구체적인 설명을 이어갔다. "대공황 시기의 초반 3년간

(1929~1931) 미국인의 소득은 절반 이하로 떨어졌습니다. 1990년대 말 러시아 인구의 약 50퍼센트가 스스로를 가난한 사람이라고 불렀던 때와 마찬가지죠. 하지만 루스벨트 대통령과 푸틴 대통령은 각각 미국과 러시아 경제를 재건하고 국부(國富)를 창출했습니다. 무슨 설명이 더 필요합니까?" 참석자들은 이 얘기를 듣고 그제야 박수로 화답했다. 그 회의에 참석했던 모스크바국립대학교의 한 교수는 "참석자들 대부분이 수르코프가 진정한 푸틴 대통령의 브레인이라는 데 공감했던 것 같다"라고 술회했다. 수르코프는 2011년 7월 10일 체첸 TV와의 인터뷰에서는 "푸틴은 어려웠던 시기의 러시아를 구원하기 위해 신이 러시아에 보내준 선물이자 지도자"라고 칭송했다.

수르코프는 또한 친푸틴 청년단체들의 대부로 일컬어진다. 그는 2005년 청년운동가 바실리 야케멘코(Vasily Yakemenko)와 함께 '나시(Nashi, 사전적으로는 '우리들'이라는 의미)'를 설립했다. 2011년 하반기 현재 회원수가 60만 명으로 추산되는 이 단체는 15~30세의 젊은이들을 묶어 푸틴을 지지하고 러시아의 주권을 보전한다는 점을 목표로 한다. 즉 러시아 민족주의를 강조한다. 마치 소련 시절의 콤소몰(Komsomol, 공산주의청년동맹)을 연상시킨다. 나시는 이보다 앞서 야키멘코가 설립한 청년단체 '이두시예 브메스테(Idushiye Vmeste, 함께 가자)'를 확대 개편했다고 볼 수 있다. 수르코프는 나시 설립 취지에서도 '주권'이라는 개념을 명시, 푸틴의 주권 민주주의론과 깊은 상관관계가 있음을 드러냈다.

다채로운 정치적, 경제적 경력 외에도 수르코프는 작사 · 작곡 등 여러 방면에서 능력을 발휘하는 것으로 소문이 자자하다. 러시아의 유명한 록그룹 '아가타 크리스티'의 곡을 쓴 적도 있다. 필력도 상당한 것으로 보인다. 그가 쓴 것으로 알려진 소설 『오콜로놀랴(Okolonolya, 수 '0' 주변)』가 2009년에 출간됐는데, 필명이 나탄 두보비츠키(Nathan Dubovitsky)로 돼 있는 이 책이 주권 민주주의 등 현대 러시아가 나아가야 할 방향 등을 담고 있기 때문이다. 두보비츠키는 수르코프의 실제 부인 이름인 나탈리야 두보비츠카야(Natalya Dubovitskaya)와도 흡사해 수르코프가 저자임을 시사하는 것으로 비쳐졌다. '수르코프 대통령 행정실 제1부실장이 이 책의 저자가 맞느냐'는 러시아 국내외 언론의 질문에 대통령 행정실 측은 '노 코멘트'로 일관해 더 큰 의혹을 불러일으켰다.

블라디슬라프 수르코프

1964 9월 21일 체첸공화국 출생
1982 모스크바철강대학교 입학
1983 소련군 복무
1985 모스크바문화대학교 청강
1990 모스크바국제대학교 경제학부 졸업
1991 메나테프은행(미하일 호도르콥스키 소유) 홍보팀장
1996 로스프롬(석유회사) 홍보팀장
1997 알파은행(미하일 프리드만 소유) 홍보팀장
1998 국영 TV 피에르브이 카날 제1보도국장
1999 대통령 행정실 부실장
2004 트란스네프테프로둑트(정유설비수송회사) 이사회 의장
2005 친푸틴 청년단체 나시 설립
2008 대통령 행정실 제1부실장

:: 세르게이 프리홋코

Sergey Prikhodko

'기획 외교의 대가(大家)'다. 프리홋코는 2006년 7월 15~16일 러시아의 영토(상트페테르부르크)에서 처음 열린 G8(주요 8개국) 정상회의 준비위원장을 맡았고, 2007년 12월 APEC 정상회의 유치위원장으로 임명돼 2012년 블라디

▶ 기획 외교의 대가, 프리홋코

보스토크 APEC 정상회의 유치 성사를 주도했다. 푸틴 대통령이 이처럼 커다란 외교 행사를 외무부가 아닌, 대통령 행정실 외교보좌관에게 맡긴다는 것은 프리홋코에 대한 강한 신임을 대변한다는 게 정치권 인사들의 중론이다.

프리홋코가 푸틴의 신뢰를 얻은 계기는 2000년 6월이었다. 프리홋코가 대통령에 취임한 지 한 달이 채 되지 않은 푸틴에게 업무 보고를 하는 자리에서였다. 이미 외무부의 업무 보고를 받은 푸틴은 '외무부의 업무 보고 내용이 부실하다'며 질책했는데, 프리홋코는 "외무부가 다양한 정보를 취합하지 못했기 때문에 그런 것입니다.

대통령 행정실 외교부좌관실에서 충분히 자료를 검토해 보고하겠습니다"라고 말했다. 이후에도 외무부의 부실한 보고 행태는 좀처럼 개선되지 않은 반면, 동일한 사안에 대해 프리홋코의 정보 보고는 외무부보다 훨씬 다양하고 풍부한 자료를 바탕으로 만들어져 푸틴이 마음에 들어했다는 것이다. 자연히 푸틴이 프리홋코에게 중책을 맡길 수밖에 없었다는 이야기다. 지금도 러시아 외교가 일각에서는 프리홋코 외교보좌관의 영향력이 세르게이 라브로프 외무장관보다 더 세고, 심지어 외교보좌관실이 외무부를 통제하고 있다는 말까지 나오는 실정이다. 하지만 정치권에서는 '러시아의 외교는 프리홋코 보좌관과 라브로프 장관이 분담하는 체제'라는 게 더 적절한 표현'이라고 반박한다. 프리홋코는 대통령의 해외 순방 일정 외에는 외부와 접촉하는 상황이 많지 않아 '그림자 외교관'으로 불린다.

다만 2011년 9월 "알렉산드르 루카셴코(Alexandr Lukashenko) 벨라루스 대통령을 쿠데타에서 보호하기 위해 집단안보조약기구(CSTO)의 신속대응군을 사용할 수 있다"라고 밝혀 논란이 되기도 했다. 1994년부터 러시아 인근의 벨라루스를 통치해온 독재자 루카셴코는 '유럽의 마지막 독재자'로 불리며 국민들의 저항에 부딪히고 있었다. CSTO는 소련의 일원이던 러시아와 카자흐스탄 · 우즈베키스탄 · 벨라루스 · 타지키스탄 · 키르기스스탄 · 아르메니아가 2002년에 설립한 군조직이지만 실질적으로는 러시아군이 주도한다. 프리홋코의 언급은 CSTO의 신속대응군을 루카셴코의 독재에 반대하는 벨라루스의 민주화 세력에 대해 사용할 수 있다는 것으로 해석돼 푸틴의 지지를 등에 업은 프리홋코의 월권이 아니냐는 지적이 많았다.

프리홋코는 1980년 모스크바국제관계대학교를 졸업하고 정통 외교관으로 출발했지만, 그가 1997년 옐친 대통령 시절에 처음 행정실의 보좌관으로 들어왔을 때는 공보 담당이었다. 옐친이 외교를 제외한 프리홋코의 또 다른 능력(언론을 상대하는 공보 능력)을 알아봤기 때문이라고 한다. 하지만 프리홋코의 잠재력은 외교와 공보에만 머물지 않았다. 그는 경제에도 해박한 지식이 있었다. 푸틴은 이런 프리홋코에게 2003년 국영 군수회사 '탁티체스코예-로켓노예 보루제니예(Tacticheskoye-roketnoye vooruzheniye, 전술미사일무기)'의 이사회 의장을 맡겼다. 같은 해 9월에는 전투기를 만드는 수호이(Sukhoi)의 이사로, 2004년 10월에는 우라늄 생산 회사인 트벨(TVEL)의 이사로 임명했다. 푸틴의 파워엘리트 가운데 프리홋코처럼 겸직 이사를 많이 가진 사람이 없을 정도였다. 이런 배경에 대해 프리홋코는 훗날 러시아 언론인들에게 "1970년대 후반 외무부 산하 모스크바국제관계대학교에 다니는 동안 체코 프라하고등경제대학교에서 잠시 경제학 공부를 한 게 큰 도움이 됐다"라고 밝혔다. 이처럼 경제에도 밝은 프리홋코는 푸틴으로부터 또 다른 임무를 받았다. 외교보좌관으로 일하면서 러시아 무기와 천연가스의 해외 수출 문제도 일부 관장하라고 푸틴이 권한을 준 것이다.

2008년 대통령이 푸틴에서 메드베데프로 바뀌었지만 프리홋코는 메드베데프의 신임도 받았다. 그래서 러시아 대통령 행정실의 보좌관 여섯 명 가운데 프리홋코의 파워가 가장 강력하다는 말까지 생졌다. 현역 보좌관 중 옐친에서 푸틴, 메드베데프에 이르기까지 세 명의 대통령과 함께 일한 보좌관은 프리홋코가 사실상 유일하기 때문이다. 비슷한 맥락에서 프리홋코는 단순한 외교보좌관이 아닌, '크렘린(메드베데프 대통령)과 벨리 돔(Bely dom, 본래는 러시아 정부 청사를 가리키는 말인데 여기서는 푸틴 총리를 의미함)의 가교 역할을 하는 정무보좌관'이라는 이야기가 정설처럼 나돈다.

세르게이 프리홋코

1957 1월 12일 모스크바 출생
1980 모스크바국제관계대학교 국제경제학부 졸업
1980 체코 대사관 서기관
1985 외무부 유럽국 부과장
1986 외무부 동유럽국 과장
1987 체코 대사관 1등 서기관
1993 외무부 유럽국장
1997 대통령 행정실 보좌관
1998 대통령 행정실 부실장
2004 대통령 행정실 외교보좌관
2004 우라늄 생산기업 트벨 이사
2008 대통령 행정실 외교보좌관

:: 이고리 슈발로프

Igor Shuvalov

▶ 푸틴의 젊은 이방인, 슈발로프

슈발로프는 '푸틴의 젊은 이방인'이라는 다소 튀는 별명을 갖고 있다. 푸틴의 다른 이너서클 멤버들과는 전혀 다른 배경을 가졌는데도 푸틴가(家)의 핵심 인사로 확실한 자리매김을 했기 때문이다.

우선 슈발로프는 극동의 추코트카 주에서 태어났다. 추코트카는 러시아 정치권에서는 그다지 주목받지 못한, 오지 중의 오지다. 그는 모스크바국립대학교를 졸업해 상트페테르부르크와의 인연도 없다. 그뿐만 아니라 다른 이너서클 멤버들이 서방 국가들 중에서는 푸틴의 제2의 고향으로 생각하는 독일(푸틴은 독일 드레스덴에서 KGB 지부장을 역임했다)을 선호하는 데 반해 슈발로프는 영국을 선호한다. 영국은 전통적으로 러시아에 적대적인 정책을 많이 취해 러시아인이 가장 싫어하는 나라 중 하나로 각인돼 있다. 또 한 가지, 아무리 소련 공산주의가 붕괴했다고는 하지만 '상사보다 더 좋은 차를 타서는 안 된다'는 러시아인의 금기 사항을 슈발로프는 아무 망설임 없이 깰 정도로 당찬 구석이 있다. 변호사를 그만두고 1998년 재무부 산하 연방재산관리위원회의 간부로 첫 출근을 하던 날, 그는 자신의 메르세데스 벤츠 승용차를 몰고 와 재무부의 고위 관리들을 당혹게 했다고 한다. 법대 출신이지만 '러시아 경제 현대화의 차르(Czar)'로 불릴 정도로 경제에 워낙 밝은 것도 슈발로프를 규정하는 하나의 잣대다. 그만큼 푸틴의 다른 핵심 인사들과는 전혀 다른 배경에, 독특한 행동을 하기 때문에 정치분석가들은 슈발로프를 이방인이라고 부르는 것이다.

비록 이방인으로 불리지만 슈발로프에 대한 푸틴의 신임은 두텁기만 하다. 푸틴은 대통령이 된 직후인 2000년 5월 18일 슈발로프를 장관급인 내각 사무총장에 임명했다. 슈발로프의 나이 불과 33세 때의 일이다. 이때 슈발로프는 러시아 내각의 역대 최연소 장관이라는 기록도 함께 얻었다. 3년 후 슈발로프는 대통령 경제보좌관, 대통령 행정실 부실장으로 승진하더니 푸틴이 총리가 된 2008년 5월에는 제1부총리로 격상됐다. 빅토르 줍코프와 함께 제1부총리지만 슈발로프는 넘버 1인 메드베데프 대통령, 넘버 2인 푸틴 총리에게 유고가 생길 경우 권한을 대행할 수 있는 러시아 정부의 넘버 3다. 슈발로프의 넘버 3 지위 부여는 푸틴 총리의 직접 지시에 따른 것이다.

푸틴이 이처럼 슈발로프를 발탁한 배경은 1998~2000년 러시아 연방자산관리위원회에서 근무할 때의 경험을 중시했기 때문이라고 한다. 1998년은 러시아가 디폴트를 선언한 고난의 시기였다. 크렘린 측근들에 따르면 연방자산관리위원회는 금융기관 부실 채권의 인수와 정리, 기업의 구조조정 업무를 담당했다. 슈발로프는 디폴트 상황임에도 러시아의 국부 유출을 차단함으로써 푸틴의 눈을 사로잡았다는 것이다. 그래서 2000년대 초반 슈발로프를 대통령 행정실 부실장에 임명하면서 경제 개혁은 물론 행정 개혁과 대통령 연설문 작성 등 중요한 임무를 모두 떠안겼다. 2008년 제1부총리 때는 외국과의 경제 협력, 자산관리와 반독점 정책, 자유경제무역지대 확대, 러시아의 세계무역기구(WTO) 가입, 지적 재산권 보호, 중소기업의 강화, 관세정책 통괄, 러시아 기업들의 글로벌 경쟁력 확보 등을 임무로 부여했다. 러시아 경제 현대화의 차르라는 별명이 전혀 어색하지 않을 정도의 업무다.

2011년 3월 러시아 정가에서는 일대 파란이 일었다. 그 핵심에는 슈발로프가 있었다. 사연은 이렇다. 3월 31일 메드베데프 대통령은 러시아 국영기업 이사진을 장악하고 있던 내각의 일부 각료들에게 이사진에서 물러날 것을 지시했다. 이에 따라 이고리 세친 부총리는 국영 석유회사 로스네프트 이사회 의장에서 사퇴했다. 또 알렉세이 쿠드린 부총리 겸 재무부 장관은 대외무역은행 이사회 의장에서, 이고리 레비틴(Igor Levitin) 교통부 장관은 국영 항공회사 아에로플로트 이사회 의장에서 각각 물러났다. 메드베데프 대통령이 이 같은 지시를 내린 이유는 첫째, 국영기업의 핵심 위치를 정치인들이 차지함으로써 국영기업의 경영 효율성을 떨어뜨리는 폐단과 둘째, 이사들인 정치인들의 개입으로 국영기업이 다른 민간기업과의 경쟁에서 특혜를 받았던 관행 등을 철폐하기 위해서라는 것이었다. 이 정치적 파란의 주인공 역할은 메드베데프였으나, 각본과 감독은 슈발로프였다는 게 정설이다(물론 안톤 이바노프도 이 작업에 간여했으나, 이 부분은 뒤에서 설명하기로 한다). 슈발로프는 메드베데프 대통령의 조치가 있기 약 2년 전인 2008년 6월 제1부총리에 오른 직후 이런 말을 했다. "요즘과 같은 혁신적 사회에서 정부 인사가 광범위하게 시장에 퍼져 있는 것은 위험합니다. 국영기업들의 이사회 안에 있는 정부 인사의 비율을 줄여야 합니다." 사실상 슈발로프가 국영기업의 회생을 위해 2년간 준비해온 계획을 메드베데프의 힘과 푸틴의 묵인을 빌려 실행에 옮긴 셈이었다.

　　푸틴은 슈발로프를 경제의 구원투수로도 적절히 활용했다. 푸틴은 2007년 리먼 사태가 몰고 온 글로벌 금융위기로 인해 러시아에 들어와 있던 해외자본이 유출되자 2010년쯤 지지율이 가파르게 떨어졌던 경험을 갖고 있다. 그 때문에 푸틴은 같은 해 10월 18일 외국기업들을 대상으로 "러시아 정부는 외국인 투자를 위한 복잡한 절차를 축소하고 인적 쇄신을 단행하고 있다"라며 자본 유출 자제를 호소했다. 그러면서 변호사 출신의 슈발로프 제1부총리를 투자감독원장으로 임명했다는 사실도 공개했다. 이에 긴급 투입된 슈발로프는 영국 석유회사 BP(British Petroleum)의 로버트 더들리(Robert Dudley)와 언스트앤드영(Ernst & Young)의 제임스 털(James Turle)과 같은 CEO에게 접촉, 이들의 러시아 투자 지속을 약속받았다.

이런 슈발로프에게 푸틴은 중책을 맡겼다. 러시아 국민의 염원이던 2018년 월드컵 유치를 이끌어내라는 것이었다. 나중에 밝혀진 사실이지만, 푸틴은 2008년 5월 슈발로프를 제1부총리에 임명하면서 동시에 월드컵 유치위원장도 맡겼다. 이때는 2014년 소치 동계 올림픽을 유치한 직후다. 2012년 블라디보스토크 APEC 정상회의, 2014년 소치 동계 올림픽, 2018년 러시아 월드컵의 '빅 3' 행사를 유치하려던 푸틴의 야심 중 마지막 하나(소치 올림픽 유치)만 남은 상황이었다. 슈발로프는 유치위원장에 취임한 후 한 주도 거르지 않고 월드컵 유치 상황을 점검하는 등 각고의 노력 끝에 2010년 12월 2일 스위스 취리히에서 열린 발표식에서 마침내 월드컵 유치라는 러

이고리 슈발로프

1967 1월 4일 추코트카주 빌리비노 출생
1992 모스크바국립대학교 법대 졸업, 외무부 법률자문
1993 법률자문회사 ALM 회장 겸 대표 변호사
1998 연방자산관리위원장
1999 연방자산기금 의장
2000 내각 사무총장
2003 대통령 경제보좌관, 행정실 부실장
2004 대통령 행정실 부실장(경제 · 행정 개혁, 연설문 담당)
2005 G8 정상회의 기획단장
2008 제1부총리, 2018 러시아 월드컵 유치위원장
2010 제1부총리 겸 러시아 투자감독원장
2011 제1부총리(재무 담당 부총리 겸임)

시아와 푸틴의 꿈을 현실로 만들었다.

2011년 9월 메드베데프 대통령과 쿠드린 부총리 겸 재무장관의 충돌로 생긴 재무부의 업무 공백을 메우는 것도 슈발로프의 몫이었다. 푸틴 총리가 쿠드린 장관의 후임 인사 성격으로 안톤 실루아노프(Anton Siluanov) 재무차관을 장관 대행으로 임명했지만, 재무부의 총괄 컨트롤타워를 슈발로프에게 맡기고 아예 내각의 업무도 조정해버린 것이다.

:: 빅토르 줍코프

Viktor Zubkov

여러 방면에서 다재다능한 능
력을 발휘한다고 해 줍코프의
별명은 러시아어로 '프세모구
시(Vsemogushchiy, 만능)'다.
그의 이력을 보면 한눈에 이유
를 파악할 수 있다. 줍코프는
청소년기를 러시아 서북부 무
르만스크의 광산에서 일하며

▶ 만능, 줍코프

보냈고 기계공으로도 일했다. 1967년 군 제대 후에는 상트페테르부
르크의 콜호스(Kolkhoz, 집단농장)에서 농장 대표로 농업에 종사했
다. 1985년에는 레닌그라드 주(상트페테르부르크를 감싸고 있는 러시
아연방 83개 구성체의 하나)의 소련공산당 간부로서 조직을 통솔했고,
1990년대 초반에는 상트페테르부르크 시청에서 푸틴을 도와 시정
을 책임졌다. 푸틴과의 첫 만남이기도 했다. 1993년부터 1998년까
지는 상트페테르부르크 시 국세감독국 국장을 맡아 탈세와 연금 문
제를 총괄했고, 2001년에는 재무부 제1차관과 재정감독국장으로 예
산 문제를 다뤘다. 또한 2007년 총리로 발탁돼 국정은 물론이고 그

해 말 치러진 총선과 이듬해 3월의 대선을 관리 감독했다. 2008년에는 대통령으로 자리를 옮긴 메드베데프의 뒤를 이어 세계 최대 천연가스 기업 가즈프롬의 이사회 의장을 겸임하면서 가스와 석유산업을 통제했다. 이처럼 다방면에서 줍코프는 능력을 과시했다. 그러면서도 러시아 정가에서는 '줍코프는 흰색의 웨딩드레스처럼 깨끗하다'는 말을 어렵지 않게 듣는다. 어떠한 상황에서도 흔들림 없이 원칙을 강조하는 성품을 비유한 말이다. 푸틴은 이러한 줍코프를 매년 자신의 생일 파티에 초대하는 20여 명의 이너서클 멤버에 포함할 정도로 각별히 신임했다.

줍코프는 다른 한편으로 2007년 9월 총리 취임 전까지 전임 (2004~2007)자였던 미하일 프랏코프와 함께 푸틴의 '관리자'로 통한다. 러시아 권력구조 내 여러 세력 간의 투쟁과 갈등을 조율하는 역할을 했다는 차원에서다. 푸틴이 그만큼 줍코프의 관리 능력을 높이 샀다는 의미로 풀이할 수도 있다. 그뿐만 아니라 줍코프는 프랏코프만큼이나 훌륭한 인품을 갖췄다는 평가를 받는다. 국가두마는 9월 14일 줍코프 총리 지명자에 대한 표결에서 찬성 381표, 반대 47표의 압도적 지지로 총리 지명을 승인했다. 반대표를 던진 이들은 '줍코프는 푸틴의 꼭두각시'라고 주장한 공산당원들뿐이었다. 381표의 찬성표는 전임자인 프랏코프가 2004년에 얻었던 356표보다 많은 것이었다.

푸틴 대통령은 줍코프를 총리에 임명한 직후 자신의 뒤를 이을 대통령 후보자로 염두에 뒀다. 푸틴은 2007년 9월 14일 줍코프 총리 지명 표결이 끝난 뒤 외신 기자 간담회에서 "현재 내년(2008) 대선 후보에 나설 만한 후보는 최소한 다섯 명이 있다. 줍코프 총리도 다른 러시아 국민과 마찬가지로 대선에 나설 수 있다. 줍코프는 훌륭한 행정가이자 진짜 전문가다. 게다가 강력하고 끈질기며 헌신적이고 정직하다"라고 치켜세웠다. 헌법상 규정된 3선 제한 규정에 따라 2008년 대선에 출마하지 못하는 푸틴의 진의가 어디에 있든, 대중의 주목을 끌 만한 정치적인 행보나 직책을 맡은 적이 없는 줍코프에게 '뒷일'을 부탁할 수 있음을 암시한 것이었다. 물론 푸틴이 결과적으로는 메드베데프에게 후계를 넘겼지만 줍코프에 대한 무한한 신뢰는 이후에도 변치 않았다. 2008년 5월 푸틴이 대통령에서 물러나 총리가 됐을 때 줍코프를 제1부총리로 임명했기 때문이다. 이를 계기로 정치평론가들은 줍코프를 '푸틴의 가신 그룹 일원'이라고 부르기 시작했다.

줍코프는 러시아 정가에서 부자(父子)가 푸틴 내각의 고위 관료로 일한 첫 사례의 주인공이다. 세르듀코프 국방장관이 줍코프의 사위다. 2007년부터 2008년까지 장인 줍코프는 총리로, 사위 세르듀코프는 국방장관으로 내각 회의 때마다 만났고 2008년부터는 장인은 제1부총리로, 사위는 장관을 계속하며 얼굴을 마주했다. 마치 푸틴 정권에서 부부 장관으로 유명한 '빅토르 흐리스텐코-타티야나 골리코바 커플'에 비유되는 가족사다. 사위인 세르듀코프가 장인과의 관계 때문에 푸틴 대통령에게 사의를 제출했으나 푸틴은 '두 사람 모두 능력이 출중하고 가족 관계보다는 나라의 일이 먼저'라며 이를 반려했다. 줍코프는 내각에서 자신의 전문 분야라 할 수 있는 농업 분야를 주로 담당한다.

빅토르 줍코프

1941 9월 15일 스베르들로프스크 주 출생
1965 상트페테르부르크농업대학교 졸업
1967 레닌그라드 주 콜호스 대표
1985 레닌그라드 주 공산당 제1서기
1992 상트페테르부르크 시 대외관계위원회 부위원장
1993 상트페테르부르크 시 국세감독국장
1999 러시아연방 북서지구 국세국장
2001 재무부 제1차관
2004 재정감독국장
2007 총리
2008 제1부총리
2008 가즈프롬 이사회 의장

:: 세르게이 이바노프

Sergey Ivanov

푸틴의 판박이라고 불러도 무방할 만큼, 푸틴과 세르게이 이바노프는 출신과 이력 등 여러 면에서 '닮은꼴'이다. 두 사람 모두 상트페테르부르크에서 태어났다. 러시아력(曆)을 기준으로 하면 3개월 차이밖에 나지 않는, 사실상 동갑이

▶ 푸틴의 판박이, 이바노프

다. 또한 같은 학교(상트페테르부르크대학교)를 졸업했다. 두 사람 간의 작은 차이가 있다면 대학 입학 전 슈콜라에서 푸틴은 화학에, 이바노프는 영어에 두각을 나타냈다는 정도다. 물론 같은 대학을 다녔지만 대학 시절에는 서로 알지 못했다고 이바노프는 회고한 적이 있다. 그가 1976년 KGB에서 근무하던 시절 푸틴을 처음 만났고, 1990년대 말 푸틴이 FSB(연방보안국) 국장으로 재직할 때는 이바노프가 핵심 참모였다. 요컨대 이바노프는 푸틴과 무려 40년 가까이 막역한 사이로 지내는 인물이다.

이바노프에 대한 푸틴의 평가를 들어보자. 푸틴은 2000년대 초

반 출간한 자서전 『자화상』에서 '누구를 제일 신뢰하느냐'는 기자들의 질문에 이렇게 답했다.

"세르게이 이바노프 국가안보회의 서기(푸틴이 인터뷰를 하던 당시 이바노프의 직책으로, 1999~2001년 재임)를 제일 믿습니다. KGB 상트페테르부르크 지부에서 같이 일한 적도 있고 그를 안 지 오래됐습니다. 이바노프와 나는 동고동락했다고 보면 됩니다. 그는 오랫동안 해외 근무를 한 사람입니다. 이바노프의 친구들이 대부분 내 친구들이기도 합니다. 이바노프에 대해서는 여러 사람에게 들었는데 대체로 긍정적인 평가였습니다. 게다가 그는 영어 · 스웨덴어 · 핀란드어를 구사할 줄 압니다. 국가안보회의 서기라는 적재적소에 기용됐다고 봐야 할 것입니다. 무엇보다 이바노프는 능력 있는 사람이라고 생각합니다."

어쩌면 이바노프 입장에서는 푸틴과 공통점이 많기 때문에 손해 보는 점도 많았다. 결정적인 게 바로 2008년 대선을 앞둔 때의 후계자 지명 문제였다. 이바노프가 2001년 국방부 장관에 임명됐을 때부터 러시아 정가 안팎에서는 이바노프가 푸틴의 성향에 가장 맞는 후계자감이라는 말이 회자됐다. 최대 권력집단이자 보안기관인 FSB와 군 장악력이 높은 이바노프를 후계자로 지명하면 누구보다 러시아의 권부를 잘 요리하면서 안정적으로 후계 구도를 이끌어 나갈 수 있을 것이라 믿었기 때문이다. 푸틴이 2007년 이바노프와 같은 격(格)의 메드베데프를 후계자로 점찍기 전까지만 해도 이바노프의 후계 가능성을 의심하는 이는 그리 많지 않았다. 동급의 부총리였지만 이바노프가 과학·기술, 군사·군수산업 등을 담당하는 부총리여서 메드베데프보다 권력 핵심에 더 가까이 있었기 때문이다. 또한 2007년 11월까지만 해도 레바다센터 등 각종 여론조사기관의 조사 결과 푸틴의 후계자로 이바노프가 경쟁자인 메드베데프를 최소 2퍼센트 포인트에서 최대 5퍼센트 포인트 정도 앞서 나갔다. 이바노프에게 유일한 약점으로 지적되는 부분이 있다면 푸틴에 이어 동갑에다 상트페테르부르크·KGB 출신이 다시 집권하는 것에 대한 반감이 컸다는 점이었다.

아무튼 이바노프는 러시아 역사상 '최초의 문민 국방장관'을 역임했다. 당초 어릴 적 그의 꿈은 외교관이었다고 한다. 그래서 슈콜라를 졸업한 뒤 선택한 대학·학부도 상트페테르부르크대학교 번역학부였다. 이곳에서 이바노프는 영어와 스웨덴어를 배웠다. 1970년대 초반 영국의 템스밸리대학교에서 인턴을 하며 실전 영어를 익혔다고 한다. 하지만 나중에 졸업은 철학부에서 했다. 대학 졸업 후 직장을 외무부가 아닌, KGB에서 잡은 것도 외교관이라는 꿈의 실현과 밀접한 관계가 있다. 소련 공산주의 시절 대외 업무는 외무부보다 KGB가 더 많았다. 해외에 있는 소련 대사관에 실제 근무하던 인력의 상당수는 KGB 요원이었다. 이와 같은 실정을 감안해 이바노프는 KGB의 해외 담당 부서인 해외정보국(제1총국, 1991년 이후 대통령 직속 기관으로 독립)으로 첫 직장을 선택한 것이다. 이바노프는 영국·핀란드·케냐 주재 소련 대사관에서 무늬는 외교관(서기관)으로, 실제는 KGB 요원으로 근무했다.

이바노프는 KGB에 들어간 직후인 1976년 KGB 상트페테르부르크 지부에서 근무했다. 이때 푸틴을 처음 만나 2년간 동료로 지냈다. 1981년부터 3년간 런던 주재 소련 대사관에서 근무할 때 영국 정부가 그를 스파이 혐의로 추방했다는 설이 있었는데, 이바노프가 권력의 핵심부로 진입한 뒤 영국 정부는 이 얘기가 사실이 아니라고 부인했다. 반면 러시아 정치권 인사들은 '이바노프가 소련 정권에 충성심이 높았던 점을 감안할 때 개연성이 높은 이야기'라고 입을 모은다. 이바노프는 1998년 FSB의 유럽 담당 부국장으로 승진할 때까지 KGB에서 20여 년을 보냈다. 푸틴이 1999년 대통령 권한대행으로 본격적인 대권 행보에 박차를 가하는 동안 이바노프는 FSB 부국장을 거쳐 국가안보회의 서기에 임명됐다. 2000년 4월 이바노프의 주도로 국가안보회의는 러시아의 '국가안보 독트린'을 제정했다. 1990년대의 독트린과 뚜렷한 차이를 보인 새로운 독트린의 골자는 NATO의 동진(東進) 등 서방이 러시아의 안보에 잠재적이고 명백한 위협이 될 수 있다는 점을 거론하고 핵무기를 안보 확보의 핵심 수단으로 정한 것이었다.

서방은 온화한 이미지 때문에 이바노프가 정치적으로는 합리적이고 경제 면에서도 푸틴 등 KGB 출신의 다른 지도자보다 훨씬 자유로운 방향을 추구할 것으로 기대했다. 진심이었는지는 확인할 수 없지만 심지어 푸틴도 이바노프를 2001년 국방장관에 임명하면서 민간인 출신의 국방장관에게 거는 기대를 표명했다. 푸틴은 "이바노프 장관은 분명 러시아인의 일상생활에서 군이 차지했던 부분을 완화하는 중요한 계기를 마련해주리라 믿습니다"라고 했다. 하지만 이바노프는 KGB와 국방장관을 지낸 인사답게 강성이었고, 특히 국방 정책에 관해서는 위협적 발언을 주저하지 않았다. 2006년 BBC와 한 인터뷰에서 이바노프는 "만일 러시아의 국익이 걸려 있다면 세계 어느 곳에서든 선제 군사 공격 가능성을 배제하지 않겠다"라고 했다. 또한 군비 축소를 지향하는 세계적 추세와 달리 이바노프는 "보다 많은 학생의 군 입대를 추진해야 한다"고도 했다. 아울러 북캅카스 문제에 대해서도 푸틴과 크게 다르지 않은 인식을 표출했다. 이바노프는 "북캅카스에서의 테러리즘 문제는 국제 테러와 밀접하게 연계돼 있다. 이는 러시아뿐 아니라 세계의 안정을 위협하는 요소다. 그런데도 서방은 오히려 러시아와 세계를 불안정하게 만드는 북캅카스 테러를 부추기는 경향이 있다"라고 비판했다.

세르게이 이바노프

1953 1월 31일 상트페테르부르크 출생
1975 상트페테르부르크대학교 철학부 졸업
1976 KGB 상트페테르부르크 지부 근무
1981 KGB 고위 과정 졸업,
        헬싱키 주재 소련 대사관 2등 서기관
1998 FSB 유럽 담당 부국장
1999 국가안보회의 서기
2000 CIS(독립국가연합) 국방장관협의회 의장
2001 국방부 장관
2007 제1부총리(군수산업 담당)

:: 이고리 세친

Igor Sechin

▶ 크렘린의 리슐리외, 세친

이고리 세친은 러시아 최고의 권력 집단이라는 실로비키의 대표라 할 수 있다. 이에 대해 러시아 안팎에서 이론(異論)은 거의 없는 데도 정작 세친 본인은 강하게 부인한다. 그는 실로비키의 핵심 인사라는 평가에 대해 영국 〈파이낸셜 타임스〉와의 2010년 6월 21일 자 인터뷰에서 "실로비키라는 용어 자체가 사실보다는 신화(myth)에 가깝다"라고 주장했다. 그러면서 종종 미국 공화당 상원 의원이자 2008년 미국 대선 공화당 후보였던 존 매케인(John McCain)과 비교한다. 세친은 "미국의 정치인 매케인도 (권력이 있기 때문에) 실로비키라고 할 수 있는 것 아니냐. 그렇다고 해서 우리가 매케인이라는 사람을 다른 사람과 달리 취급하느냐"라고 말한다.

세친은 흔히 '현대 크렘린의 리슐리외'로 불린다. 아르망 리슐리외(Armand Richelieu)는 프랑스 루이 13세 때의 재상으로, 루이 13세의 절대주의 확립에 기초를 마련한 사람으로 평가되는 인물이다. 이러한 맥락에서 정치평론가들 중에는 푸틴 정치의 기초를 이론적으로는 블라디슬라프 수르코프가 세웠고, 실질적으로는 세친이 확립했다고 보는 이가 적지 않다.

세친과 푸틴의 첫 만남은 1990년 브라질에서다. 푸틴은 당시 상트페테르부르크 시 대외관계위원장 자격으로 브라질을 방문했고, 이 방문길에 세친은 통역으로 동행했다. 세친은 포르투갈어와 프랑스어, 스페인어에 능통했다. 브라질에서 만나기 전까지 일면식이 없었던 세친이 어찌나 마음에 들었는지 푸틴은 브라질에서 만난 이후 세친을 단 한 차례도 자신의 곁에서 떠나보낸 적이 없었다.

1984년 상트페테르부르크대학교를 졸업한 뒤 세친은 아프리카 모잠비크 주재 소련 무역대표부에서 군사 통역관으로 일했다. 과거 프랑스 식민지가 대부분인 아프리카 나라들에서는 프랑스어가 공용어였고, 그런 프랑스어를 세친이 유창하게 구사했기 때문이다. 1987년 앙골라 내전 때 세친과 함께 일했던 소련 국방부 해외 주재관은 세친을 "비록 내성적이고 뚱한 성격이었지만 외국어에 능통하고 정직하며 믿을 만한 아주 괜찮은 사람"이라고 묘사했다.

세친은 이때부터 해외 공관의 KGB 상주(常駐) 스파이라는 의혹을 받고 있었다. 미국의 군사안보 전문 싱크탱크인 스트랫포(Stratfor)는 2008년 9월 15일 자 리포트에서 "세친은 러시아제 무기를 중동과 아프리카, 라틴아메리카 등지에 밀매하는 척후병이었다"라면서 "세친은 빅토르 부트(Viktor Bout)와도 함께 일했던 것으로 보인다"라고 분석했다. 여기서 잠시 부트에 대해 언급할 필요가 있다. 부트는 니컬러스 케이지 주연의 영화 〈로드 오브 워(Lord of War)〉 (2005)의 실제 주인공이다. 1967년 1월 소련의 타지키스탄에서 태어나 KGB 요원과 공군 장교를 거친 그는 1991년 소련 붕괴 직후 러시아 전역에 방치된 군용 수송기와 실업자가 된 승무원들을 긁어모았다. 그러곤 정국 혼란으로 통제 불능 상태였던 동유럽과 중앙아시아의 무기창고에서 탄약과 총기류를 싹쓸이해 사업을 시작했다. 주요 고객은 아프가니스탄·앙골라·라이베리아·시에라리온·케냐·콩고민주공화국 등 제3세계의 분쟁 국가였다. 부트는 AK-47소총에서 장갑차와 헬리콥터에 이르기까지 거의 모든 무기를 취급했고, 대량의 무기를 세계 어디로든 배달했다. 그래서 '죽음의 상인'이라 불렸다. 비록 2008년에 태국 방콕에서 잡히긴 했지만, 러시아 정부의 허가를 받지 않고는 그만한 무기를 내돌릴 수 없다는 맥락에서 제3세계 언어에 능통하고 근무도 했던 세친과 상당한 연계가 있었을 것이라는 추론이 나오는 것이다.

아무튼 세친은 브라질에서 푸틴과 함께 돌아온 직후인 1991년부터 푸틴의 상트페테르부르크 시 대외관계위원장 사무실에서 함께 일했다. 푸틴은 그때 이후 세친과 길을 함께하게 된 과정을 자서전 『자화상』에서 다음과 같이 회고했다. "내가 상트페테르부르크 시에서 근무하는 동안 채용 문제로 많은 사람을 봤는데, 세친이 아주 마음에 들었습니다. 그래서 함께 일하자고 제안했지요. 내가 모스크바로 가게 됐을 때(1996년 8월 대통령 행정실 부실장으로 임명됐을 때를 의미함) 세친이 나와 함께 일하고 싶다고 했습니다. 당연히 받아들였습니다."

푸틴은 2004년 7월 세친을 국영 석유회사 로스네프트 이사회 의장에 앉혔다. 이때 러시아 관측통들 사이에서는 '이상한 인사(人事)'라는 말이 나돌았다. 그전까지 석유회사 근무 경력이 전무한 세친이었으니 이런 말이 나올 법도 했다. 특히 로스네프트는 푸틴이 가장 싫어했던 석유 재벌 호도르콥스키가 최대 주주였던 유코스의 지분을 인수한 기업이었다. 푸틴은 세친을 로스네프트에 심어놓은 것 보다 2년 앞서서는 메드베데프를 국영 가스회사 가즈프롬의 이사회 의장으로 임명했다. 이 때문에 푸틴이 자신을 떠받치는 페테르 자유주의자 그룹의 대표인 메드베데프와 실로비키의 대표 세친을 각각 전 세계 매장량 각각 1위와 2위인 천연가스와 석유 기업의 최고 자리에 앉혀 국가 경제를 좌지우지하려는 것 아니냐는 분석이 나왔다. 로스네프트 이사회 의장 때만 해도 조용히 러시아의 석유산업을 통제하던 세친은 2008년 에너지 담당 부총리가 되면서 영국의

이고리 세친

1960 9월 7일 상트페테르부르크 출생
1984 상트페테르부르크대학교 로마어학과 졸업
1985 모잠비크 주재 소련 무역대표부 통역
1991 상트페테르부르크 시 대외관계위원회 근무
1996 대통령 행정실 자산관리부장
1997 대통령 행정실 국장
1999 내각 총리실 비서실장
2000 대통령 행정실 부실장
2004 로스네프트 이사회 의장
2008 부총리(에너지 담당)

BP를 비롯한 글로벌 석유회사들과의 거래 전면에 등장했다.

　세친은 슬하에 딸 인가 세치나를 두었는데, 자신과 마찬가지로 푸틴의 이너서클 멤버이면서 검찰총장을 지낸 블라디미르 우스티노프의 아들 드미트리 우스티노프를 사위로 맞아 차세대 푸틴 이너서클을 형성했다.

:: 알렉세이 쿠드린

Alexey Kudrin

푸틴 정권의 경제 정책 입안자로, 명실상부한 푸틴의 경제 브레인이다. 러시아 경제 현대화의 기초를 닦았다. 페테르자유주의자 · 테크노크라트 그룹의 리더 가운데 한 명인 쿠드린에게는 '푸틴을 떠받치는 상트페테르부르크 군단의 재무관'이라는 별명이 있다.

▶ 상트페테르부르크 군단의 재무관, 쿠드린

푸틴과는 숍차크 전 상트페테르부르크 시장을 매개로 하여 만났다. 1990년 숍차크가 시장으로 있을 때 상트페테르부르크 시 행정실에서 근무하고 있었는데 숍차크 시장을 면담하러 온 푸틴과 조우했기 때문이다. 푸틴은 훗날 쿠드린에 대해 '믿음직한 사람'이라면서 '성품도 곧고 업무 추진력도 뛰어나다'고 평가했다. 20년 가까이 축적된 푸틴의 신임 때문인지 쿠드린은 실로비키의 견제 속에서도 '외국인 투자를 러시아에 유치하기 위해서는 정치 개혁이 필요하다', '정치체제의 경직성이 러시아 경제 발전에 장애가 된다'는 등 푸틴에게 직언을 하는 몇 안 되는 인사로 꼽힌다. 비록 2011년 9월 같은 페테르자유주의자 그룹의 일원이자 상트페테르부르크대학교 4년 후배인 메드베데프 대통령과의 불화로 부총리 겸 재무장관 직에서 물러났지만 그는 여전히 러시아 경제에서 막강한 영향력을 발휘한다.

쿠드린은 게르만 그레프, 미하일 주라보프(Mikhail Zurabov)와 함께 푸틴 정권을 떠받치는 '3대 자유주의적 개혁주의자'로 묘사돼 왔다. 그중에서도 쿠드린은 푸틴과 함께한 역대 최장수 장관 기록 (11년 5개월)을 보유했다. 2000년 푸틴이 세 명을 함께 장관으로 입각시켰으나 그레프와 주라보프가 각각 2005년에 낙마한 것과 달리, 쿠드린은 재무장관에 취임한 뒤 2011년까지 단 한 차례도 교체 대상에 오르지 않았다.

최고의 경제 전문가에다 직언을 주저하지 않는 성격이다 보니 쿠드린에게는 여러 차례 위기가 찾아왔다. 재무장관 초창기 그는 의료 서비스와 교통 등 소련 시대부터 무료나 다름없던 서비스 제도를 개혁, 유상 서비스로 전환했다. 푸틴 대통령조차 '재무장관이 좀 성급했다'고 꾸짖었다. 국가두마 의원들은 유상 서비스 계획에 반대한다며 단식 투쟁에 돌입하는 한편, 쿠드린 장관의 경질을 푸틴 대통령에게 요구했다. 무상 서비스의 수혜자였던 노년층을 중심으로 러시아 전역에서 쿠드린 장관 규탄 시위도 일어났다. 하지만 푸틴은 "쿠드린 장관이 급하게 정책을 추진했던 것이지, 잘못한 것은 아니다"라며 교체하지 않았다. 쿠드린에게 나라의 살림을 맡긴 푸틴의 믿음이 얼마나 두터운지를 보여주는 단면이다.

푸틴 시대 러시아 경제의 든든한 버팀목으로 평가받는 안정화기금이 바로 쿠드린의 아이디어다. 안정화기금은 오일머니로 들어온 수입금을 국제 유가 하락에 대비해 기금 형태로 조성한 것이다. 2004년부터 안정화기금을 조성해온 쿠드린은 2008년 2월 이 기금을 적립준비금과 국부펀드로 이원화했다. 적립준비금은 비축 기금으로, 국부펀드는 차세대 기금으로 나눠 운용하겠다는 것이었다. 적립준비금으로는 국채 등 안전 자산 위주의 포트폴리오를 구성하고, 국부펀드로는 해외 증시 투자에 나서겠다는 게 쿠드린의 생각이었다. 결과적으로 2007년 하반기부터 전 세계를 강타한 글로벌 금융위기에도 러시아 경제가 버틸 수 있었고 서구 경제 전문가들의 예상보다 훨씬 빠른 2009년에 금융위기의 터널을 탈출할 수 있었던 것은 바로 이러한 쿠드린의 아이디어가 힘을 발휘한 덕분이라는 평가가 지배적이다.

2005년 쿠드린에게 또 한 번 위기가 찾아왔다. 부가가치세를 당시 18퍼센트에서 13퍼센트로 인하하는 문제를 놓고 미하일 프랏코프 총리와 충돌한 것이다. 프랏코프는 매년 축적되는 안정화기금을 방치하지 말고 부가가치세를 인하함으로써 인프라 건설, 낙후 산업 지원 등에 사용할 것을 요구했다. 하지만 쿠드린은 '감세 정책은 인플레이션을 더 부채질할 것'이라며 반대했다. 쿠드린은 "안정화기금을 조성했지만 2004년 10퍼센트, 2005년 8.5퍼센트 수준으로 물가를 안정시키겠다는 정부의 목표는 아직 달성하지 못했다"라며 정책의 최우선순위는 부가가치세의 인하가 아닌, 인플레이션을 잡는 것에 둬야 한다고 주장했다. 이때도 푸틴 대통령은 권력 서열 2위인 프랏코프 총리 대신, 쿠드린의 손을 들어줬다. 푸틴은 이에 머물지 않고 2007년 쿠드린 재무장관을 다시 부총리로 승격시켰다. 이로써 쿠드린은 푸틴의 후계자 후보 그룹이자 당시 부총리들이었던 메드베데프, 세르게이 이바노프와 같은 반열에 오르게 된다.

쿠드린에 대한 평가는 러시아 국내에서도 좋은 편이지만 유럽에서 특히 높다. 그는 2005년 유럽은행연합이 선정한 '올해의 재무장관', 2006년 IMF(국제통화기금)와 세계은행이 선정한 '개발도상국의 최우수 재무장관', 2010년 유로머니가 뽑은 '올해의 재무장관' 등 화려한 수상 경력을 자랑한다. 특히 유럽 금융가에서는 '쿠드린이 없었다면 러시아의 뿌리 깊은 관료주의의 폐해를 조금도 도려내지 못했을 것'이라고 본다. 또한 러시아가 소련 시절부터 서방 선진 채권국 모임인 '파리 클럽'에 진 부채 237억 달러를 2006년 8월에 조기 상환하는 등 재정 건전화라는 숙제를 해결하는 데 가장 커다란 공로를 세운 인물로 쿠드린을 지목하는 데 주저하지 않는다. 최근 러시아의 금융인들도 쿠드린이 1983년 상트페테르부르크대학교 경제학부를 졸업한 이후 1990년 시 행정실에 들어가기 전까지 '경쟁'과 '반(反)독점' 등 소련 공산주의 경제체제에서는 찾아볼 수 없는 개념들을 갖고 경제학 박사 학위를 취득한 점에 주목하며 '러시아 자본주의 경제의 실질적 디자이너는 바로 쿠드린'이라고 찬사를 보낸다.

비록 쿠드린이 2011년 9월 메드베데프 대통령과의 갈등으로 부총리 겸 재무장관 등 모든 공직에서 물러났지만 푸틴의 신임은 변함

없기 때문에, 경제개발통상부 장관에서 물러나 스베르반크 회장으로 취임한 게르만 그레프처럼 쿠드린도 앞으로 정부 외곽에서 푸틴의 경제정책 운용을 돕는 역할을 맡게 될 것이라는 전망이 많다.

알렉세이 쿠드린

1960 10월 12일 라트비아공화국 도벨레 출생
1983 상트페테르부르크대학교 경제학부 졸업
1988 소련 과학아카데미 경제연구소 박사
1990 상트페테르부르크 시 행정실 부실장
1993 상트페테르부르크 시 부시장
1996 대통령 행정실 부실장(무역 · 경제 · 과학기술협력 담당)
1997 재무부 제1차관
2000 재무부 장관
2007 부총리 겸 재무장관
2007 알로사(국영 다이아몬드 생산 회사) 이사회 의장
2011 부총리 겸 재무장관 해임

:: 알렉산드르 주코프

Alexandr Zhukov

▶ 엘리트 정치인, 주코프

주코프의 대표적인 별명은 '엘리트 정치인'이다. 러시아 관리들 가운데 유일하게 미국, 그중에서도 최고 명문으로 꼽히는 하버드대학교에서 MBA를 취득했다는 학력이 주코프의 이미지를 한순간에 엘리트로 규정해버렸다. 푸틴 정권에서 2004~2007년 총리를 지낸 프랏코프가 일찍이 발탁한 인물로, 푸틴과 고향이나 대학 등 개인적 인연은 없지만 푸틴의 신임이 무척 높은 편이다.

주코프는 별명이 많은 정치인에 속한다. '엘리트 정치인' 외에도 '러시아 정가의 아르샤빈', '체스 마스터', '스포츠광' 등이 있다. 안드레이 아르샤빈(Andrei Arshavin)은 러시아 축구를 대표하는 세계적인 미드필더 겸 스트라이커로, 축구선수로는 비교적 단신(172센티미터)임에도 2002~2008년 러시아 국가대표를 지낸 뒤 잉글랜드 프리미어리그의 아스널에서 뛰고 있는 선수다. 주코프는 국가두마 의원 시절 미드필더로 그라운드를 종횡무진 누볐다고 해서 '러시아 정가의 아르샤빈'이란 이름이 생겼다. TV의 축구 중계방송 때는 명쾌한 해설을 할 만큼의 실력도 겸비했다. 주코프는 또 체스 강국인 러시아에서도 체스 실력이 뛰어나다는 점을 인정받아 2003년 이후 러시아 체스 연맹 회장을 맡아왔다. 이외에도 아이스하키 · 사이클 등 만능 스포츠맨이다.

주코프는 1994년 국가두마 선거에서 당선되면서 비로소 유명세를 타게 됐다. 그전까지는 별로 주목받지 못한 정치인에 머물러 있었다. 주코프는 선거 당시 '나는 이미 많은 돈을 벌었다. (남들처럼) 도둑질하러 국가두마에 들어가지는 않겠다'는 구호를 내세워 유권자들과 언론의 시선을 사로잡았다. 러시아 언론은 주코프가 마침내 당선되자 "주코프가 트랙터를 몰면서 국가두마 안으로 들어왔다"라고 재미있게 표현했다. 모스크바국립대학교 경제학부를 우수한 성적으로 졸업한 주코프는 1991~1993년 트랙터를 제조 · 수출하는 외국 합작 회사 압토트락토르엑스포르트의 부사장을 맡아 트랙터를 주변 국가로 수출하는 업무를 열정적으로 해냈다고 한다. 통화 · 세금 · 관세 전문가이면서도 농업기계를 수출하는 일에 종사했던 그가 마침내 국가두마에 입성한 것을 언론이 재미있게 비유한 것이다. 역설적이기는 하지만 이 트랙터는 향후 주코프의 출세에 커다란 기반이 된다. 압토트락토르엑스포르트 부사상 시절 프랏코프와 연을 맺었기 때문이다. 프랏코프는 대외경제관계부 차관이었고 대외경제 분야의 한 사업체 부책임자인 주코프와 얼굴을 대하는 시간이 많았다. 이때 프랏코프는 주코프의 일처리를 눈여겨봤고, 훗날 주코프를 '믿을 만한 사람'이라며 푸틴에게 천거했다.

푸틴은 프랏코프의 추천에 따라 2004년 주코프를 부총리에 임명했다. 초기에는 내각의 모든 경제 문제를 다루는 '그저 그런' 업무였다. 하지만 3년간 주코프의 실력을 지켜본 푸틴은 2007년 보건과 교육, 주택 및 농업 분야의 발전 사업을 포괄하는 국가 우선 프로젝트 담당 부총리를 맡겼다. 이는 푸틴이 역점 사업으로 추진하던 것으로, 주코프 직전까지 메드베데프 부총리(2005~2007)가 담당하던 업무였다.

주코프는 러시아 산업의 다각화를 위한 노력을 게을리 하지 않는다. 부총리가 된 이후 그가 대내외 행사에서 밝힌 소신은 '러시아는 더 이상 에너지 자원 수출에만 의존하지 말아야 한다. 이제 제조업에 투자하는 것을 절대로 꺼려선 안 된다'는 것이다. 국가 우선 프로젝트가 성공리에 추진돼 민생이 안정되자, 푸틴은 2009년 주코프에게 또 한 번 중책을 맡겼다. 자신의 최대 역점 사업 중 하나이자 총예산만 110억 달러가 소요되는 2014년 소치 동계 올림픽 준비를 총괄하라고 부총리의 업무를 변경해준 것이다. 이와 동시에 주코프는 러시아올림픽위원회(ROC)의 위원장직도 겸하게 됐다.

푸틴의 두터운 신임을 보여주는 사례가 있다. 주코프가 부총리로 있던 2007년, 그의 외아들 표트르는 영국 런던에서 열린 한 파티에서 술에 취해 투자 은행가들과 패싸움을 하는 등 물의를 일으켰다. 이는 러시아 국내 언론에도 대서특필됐다. 보통의 다른 고위 관리들 같으면 파면감이었다. 하지만 푸틴은 '공과 사는 분명히 구분해야 한다'며 주코프를 두둔하고 부총리에 계속 남겨뒀다.

알렉산드르 주코프

1956 6월 1일 모스크바 출생
1978 모스크바국립대학교 경제학부 졸업
1980 소련 재무부 통화위원
1986 모스크바 바우만구 인민대표대회 부의장
1991 미국 하버드대학교 MBA 취득
1991 압토트락토르엑스포르트 부사장
1994 국가두마 의원
2004 부총리
2009 부총리(2014년 소치 동계 올림픽 총괄 담당) 겸 러시아올림픽위원회 위원장

:: 드미트리 코자크

Dmitry Kozak

▶ 코자크의 체, 코자크

초창기 러시아의 사법 개혁에 관한 한 푸틴이 제일 믿고 의지했던 사람이 바로 코자크다. 푸틴의 상트페테르부르크대학교 법내 10년 후배이자, 메드베데프의 2년 선배다. 나이는 푸틴보다 여섯 살이 적지만 상트페테르부르크대학교 법대에 들어가기 전 우크라이나의 비니츠키 공대를 다녔기 때문에 법대에 '지각' 입학했다. 대체로 평탄대로를 달려온 푸틴의 다른 측근과는 달리, 나락에 떨어졌다가 재기한 경험을 갖고 있는 인물이다.

코자크는 한때 촉망받는 검사였다. 푸틴과 만난 이후 여러 지역과 기관에서 검사로 활동하는 동안 얻은 별명이 '레셰토 코자카(Resheto Kozaka)'였다. 이 말은 '코자크의 체(가루와 물 등을 거르는 데 쓰는 부엌 도구)'라는 뜻이다. 코자크 검사가 체(수사망)를 흔들면 범죄 혐의가 있는 어느 누구도 체의 망을 빠져나갈 수 없을 정도로, 예리한 검사였다는 이야기다. 1990년 푸틴의 스승인 솝차크가 상트페테르부르크 시장으로 일할 때 그는 새로운 러시아 사법 체계의 근간을 흔드는 마피아와 조직범죄 카르텔을 뿌리 뽑는 업무를 맡았다. 공식 직책은 상트페테르부르크 시 법률위원장. 코자크는 이때부터 5년간 법률위원장 겸 시 검찰청의 검사로 일하며 마피아의 대부분을 잡아들이거나 기소함으로써 소탕 작전에 혁혁한 공을 세웠고, 이때 붙은 별명이 '레셰토 코자카'였던 것이다. 코자크는 푸틴(1994~1996 부시장)의 후임으로 1998년 상트페테르부르크 시 부시장에까지 올랐으나 공직을 떠나 '유스트'라는 법률회사를 세운다. 하지만 러시아가 디폴트를 선언함으로써 경제사범이 급증하고, 이들이 사법 체계를 유린하는 등 근간이 흔들리자 1년 후 옐친 대통령과 푸틴 총리는 코자크에게 '러브콜'을 했다. 상트페테르부르크라는 한 도시를 넘어, 러시아 사회의 사법 개혁을 맡아달라고 요청한 것이다.

1990년대 초반 푸틴이 코자크를 중용하겠다고 점찍었을 때, 푸틴은 그의 진면목을 알고 나서 상당히 많이 놀랐다고 한다. 푸틴의 스승이었던 상트페테르부르크대학교 교수들은 푸틴이 '후배 코자크는 어떤 사람이냐'고 묻자 '엄청나게 똑똑하고 국가에 대한 충성심이 높은 학생'이라고 답했다. 교수들의 말에 주저함이라고는 찾아볼 수 없었다. 이때 푸틴은 당시까지만 해도 잘 몰랐던 12년 후배 드미트리 메드베데프와 코자크를 비교해서도 물었다. 교수들의 답은 '실력으로만 보면 메드베데프보다는 코자크가 더 낫다'는 것이었다. 똑똑하다는 교수들의 평가처럼 코자크는 실제로도 1985년 상트페테르부르크대학교 법학부를 최우등 성적으로 졸업했다. 이 때문에 대학 졸업 후 곧바로 상트페테르부르크 지방검찰청 검사로 임용됐다.

코자크는 푸틴의 상트페테르부르크 출신 이너서클 멤버들 사이에서도 자신의 사생활을 거의 공개하지 않는 것으로 정평이 났다. 이를 드러내주는 일화가 있다. 코자크는 1990년 본격적으로 정치에 입문할 때 이력서에 군 경력을 '낙하산 부대원으로 근무'라고 써넣었다. 푸틴의 이너서클 멤버 어느 누구도 이를 의심치 않았다. 하지만 이는 사실과 달랐다. 정치에 입문한 지 15년이 지나서야, 실제로는 소련의 해외정보국 요원이었다는 것이 밝혀졌다. 코자크의 선배이자 국방장관이었던 세르게이 이바노프가 우연히 비공개 석상에서 코자크의 이야기를 털어놓은 게 계기였다. 이바노프의 언급이 없었다면 영원히 비밀에 부쳐질 뻔했다고 한다.

코자크는 푸틴이 대통령이 된 뒤 대통령 행정실 부실장을 거치면서 승승장구했다. 푸틴이 물러난 뒤 푸틴의 후계자가 될 것이라는 말이 떠돌 만큼 코자크의 영향력은 커져갔다. 그러던 중 돌발변수가 튀어나왔다. 2003년 몰도바 영토 안에 있는 '트란스드네스트르(Transdnestr, 면적 4613제곱킬로미터)' 처리 문제가 그의 발목을 잡은 것이다. 러시아계가 다수인 트란스드네스트르는 1990년 몰도바로부터 독립을 선언한 지역이다. 독립 선언을 했지만 이는 어디까지나 일방적인 것이었다. 자연히 몰도바와 우크라이나, 루마니아 등 관련 당사국들은 독립 선언을 인정치 않아 10여 년간 영유권을 놓고 대립했다. 2003년 몰도바 정부는 트란스드네스트르의 독립을 인정할 수 없으며 이곳에 남아 있던 러시아군은 철수하라고 요구했다. 푸틴은 트란스드네스트르 분쟁을 해결하기 위해 코자크는 특사로 파견했다. 코자크는 몰도바 정부에 '러시아와 몰도바 두 나라가 해결하되, 러시아는 몰도바에 경제적 · 외교적 협력을 제공할 수 있다'는 제안을 했다. 몰도바는 '트란스드네스트르는 엄연한 몰도바의 주권이 미치는 영토'라며 코자크의 제안을 거절했고, 우크라이나와 루마니아도 러시아의 제안은 영토적 야심을 드러낸 것이라며 반발했다. 불을 끄러간 코자크는 사태 해결은커녕, 우크라이나와 루마니아의 적극적인 개입이라는 외교적 부담까지 안게 됐다. 그러자 러시아 국내에서도 코자크 특사의 역할에 대한 비판이 쏟아졌다. 이 사건으로 코자크는 특사 직책을 박탈당했다.

이듬해 푸틴은 코자크를 남부 지역 대통령 전권대표로 임명했다. 재기의 기회를 준 것이다. 남부 지역 대통령 전권대표는 푸틴의 골칫거리인 체첸공화국 등 캅카스 지역의 분리 · 독립 운동 문제를 해결해야 하는 부담스러운 직책이었다. 체첸공화국과 다게스탄공화국의 이슬람 분리주의 세력은 푸틴 정권에 반대하며 모스크바와 러시아 각지에서 테러를 일으키고 있었다. 마침 2004년 9월 1일 러시아 서남부의 체첸공화국 접경인 북오세티야 베슬란에서 '베슬란 공립학교 인질 참사'가 발생했다. 체첸 무장 세력이 이 학교에 난입해 1000여 명을 인질로 잡고 러시아 특수부대와 대치하다가 이틀 만인 9월 3일 특수부대의 작전으로 진압된 최악의 인질극이었다. 이 사건이 발생하자 푸틴이 '소방수' 코자크를 투입한 것이었다. 코자크는 1년 전 트란스드네스트르 사건 때와는 달리 이번에는 신중하게 접근

했다. 그는 현지의 상황을 종합적으로 검토한 후 캅카스의 테러나 분리·독립 투쟁이 상당 부분 빈곤에서 비롯되고 있다는 결론을 내렸다. 그래서 일자리 창출 등을 우선하면 시간이 걸리겠지만 테러와 분리주의 운동이 자취를 감출 것이라고 확신했다. 실제로 러시아에 대한 테러는 차츰 감소하기 시작했다. 2004년 대선 때 푸틴 대통령 선거대책본부에서 잠깐 일한 것을 제외하고 코자크는 2007년까지 남부 지역 대통령 전권대표 임무를 충실히 수행했다. 푸틴의 기대대로 3년 만에 재기에 성공한 것이다.

　푸틴은 그런 코자크를 2007년 지역개발부 장관으로 임명해 다시 중앙 정치무대로 끌어올렸다. 2008년에는 부총리로 승격시키고 알렉산드르 주코프 부총리와 함께 2014년 소치 동계 올림픽을 책임지는 '투톱'의 한 축을 맡겼다.

드미트리 코자크

1958 11월 7일 우크라이나공화국 키로보그라드 주 본두로보 출생
1985 상트페테르부르크대학교 법대 졸업
1985 상트페테르부르크 지방검찰청 검사
1989 모놀릿-키로브스트로이(건설회사) 법률자문 및 무역항연합회 법률자문
1998 상트페테르부르크 시 부시장
1999 대통령 행정실 법률자문
2000 대통령 행정실 부실장
2004 푸틴 대통령 선거대책본부장
2004 러시아 남부 지역 대통령 전권대표
2007 지역개발부 장관
2008 부총리(2014년 소치 동계 올림픽 인프라 건설 담당)

:: 뱌체슬라프 볼로딘

Vyacheslav Volodin

러시아 정치권에서 '마가린 올리가르흐(margarine oligarch)'라는 재미있는 별명이 붙은 정치인이다. 볼로딘은 '솔네치니예 프로둑티 홀딩(Solnechniye Produkty Holding)'이라는 회사의 소유주다. 이 회사가 볼로딘의 고향인 사라토프와 모스크바에 설립한 식물성 기름 공장에

▶ 마가린 올리가르흐, 볼로딘

서 마가린과 마요네즈 등을 주로 생산하기 때문에 마가린 올리가르흐란 별명이 생겼다. 2006년 러시아의 경제 주간지 〈피난스(Finans, 금융)〉는 볼로딘의 자산을 9500만 달러로 추산, 러시아 갑부 랭킹 351위에 올려놓았다. 그는 500대(大) 러시아 갑부 순위권에 매년 빠지지 않고 등장한다.

볼로딘과 푸틴의 인연은 2000년대 초반으로 거슬러 올라간다. 애초 볼로딘이란 인물은 1990년대 말 푸틴의 정적이자 '조국당' 대표였던 유리 루시코프(Yury Luzhkov, 전 모스크바 시장) 측 인사였다. 소신대로 밀어붙이고 고향 사라토프를 발전시킨 주역으로 주민들에

게 각인된 볼로딘은 늘 정당 지지율의 두 배를 넘는 80퍼센트 안팎의 지지율로 선거에서 압승을 거두곤 했다. 루시코프는 지방의 기대주인 볼로딘을 조국당으로 끌어들였고, 1999년 지방 선거가 아닌 국가두마 선거에서 당선시켰다. 중앙 무대로 진출을 터준 것이다. 볼로딘을 주목한 것은 루시코프뿐 아니라 푸틴도 마찬가지였다. 푸틴은 자신의 책사인 수르코프와 절친했던 볼로딘을 수하에 둬야겠다고 마음먹고 2000년 볼로딘을 영입했다. 싱크탱크인 '러시아 프로파일'의 분석(2007. 3. 19.)에 따르면, 집권 통합러시아당 내 의원들은 볼로딘을 초선이지만 젊고 담력이 있으며 가장 카리스마가 있는 정치인으로 평가했다. 다른 국가두마 의원들도 "볼로딘의 카리스마는 푸틴만큼은 아니지만, 상당히 닮은 구석이 있다"라고 말했다. 볼로딘의 영입으로 푸틴은 국가두마 내에서 보리스 그리즐로프(Boris Gryzlov) 의장-볼로딘 부의장이라는 친정(親政) 보좌 벨트를 만들어 안정적 통치 기반을 마련했다.

모스크바 카네기센터의 정치평론가 릴리야 셰브초바(Lilia Shev-tsova)는 2005년에 펴낸 『푸틴의 러시아(Putin's Russia)』라는 저서에서 '볼로딘은 충성스럽고 잘 훈련된 푸틴 클랜(Putin clan)의 한 사람'이라고 평가한다. 푸틴에 대한 볼로딘의 충성심은 2010년 8월 푸틴 총리가 승인했던 모스크바 서북쪽 힘키(Khimki) 자연보호림 지역 관통 고속도로 건설 계획을 메드베데프 대통령이 중단하라고 지시했을 때 내놓은 반응에서 잘 나타난다. 메드베데프 대통령과 러시아 정계 일각에서는 '이 고속도로 건설은 환경 보호를 생각지 않은 채

경제적 이익에만 급급한 것이고 정치적 파장도 고려치 않은 것'이라며 푸틴 총리의 실책이라고 지적했다. 이때 통합러시아당 사무총장이던 볼로딘은 "경제적 이익과 정치적 이해에서 벗어나 문제를 더 검토한 뒤에 최종 결정을 내리는 것이 바람직하다"라며 푸틴을 두둔했다.

그렇다고 여당 사무총장인 볼로딘이 메드베데프와 적대적인 것은 아니었다. 그는 어느 누구보다 메드베데프와 관계가 긴밀하다. 볼로딘이 '마당발'인 이유이기도 하다. 볼로딘은 정치 경력이 그다지 길지 않고 상트페테르부르크 출신도 아니다. 더군다나 KGB 혹은 FSB와 관련이 없는데도 진짜 마당발로 통한다. 소신은 분명하지만 한번 사람을 사귀면 대부분 자기편으로 끌어들이는 수완이 좋기 때문이다. 이런 점에서 볼 때 2010년 10월 볼로딘이 부총리 겸 대통령 직속 국가 현대화 및 기술발전위원회 부위원장으로 임명됐을 때 정가와 언론에서 '푸틴이 장악한 내각과 메드베데프 대통령 행정실의 유기적 협력을 위한 인사', '2011년 12월의 총선과 2012년 3월 대선을 앞두고 크렘린과 내각, 정부와 여당의 공조를 담당하는 조율사(볼로딘)의 역할이 커졌다'라고 평가한 것은 당연해 보인다. 또한 푸틴 총리가 대선을 10개월 정도 앞둔 2011년 5월 여당인 통합러시아당을 중심으로 노조, 청년·여성 단체, 퇴역 군인 단체 등을 망라한 '전(全) 러시아 국민전선' 설립을 제안했으나 메드베데프 대통령이 여의치 않을 것이라는 입장을 밝히자 국민전선의 대표에 볼로딘을 임명한 것도 마찬가지 맥락으로 해석할 수 있다. 마당발과 조율사인 볼로딘을 앞세워 혹시 발생할지 모를 갈등을 사전에 차단하려 했다는 이야기다. 전 러시아 국민전선은 '새로운 사고, 새로운 제안, 새로운 얼굴'이라는 모토로 출발한 푸틴 지지 단체로, 출범 4개월 만에 150만 명 이상이 가입했다.

뱌체슬라프 볼로딘

1964 2월 4일 사라토프 주 알렉세예프카 출생
1986 사라토프농업기계대학교 졸업
1990 사라토프 시의회 의원
1992 사라토프 행정 부시장
1995 대통령 직속 공무원아카데미 법학 박사
1996 사라토프 부지사
1999 국가두마 의원
2003 국가두마 부의장
2005 통합러시아당 사무총장
2007 통합러시아당 부대표
2010 부총리 겸 총리실 비서실장, 대통령 직속 국가 현대화 및 기술발전위원회 부위원장
2011 전 러시아 국민전선 대표

:: 빅토르 흐리스텐코

Viktor Khristenko

러시아 정가에서 통하는 흐리
스텐코의 별명은 '생존자'다.
옐친 대통령(1~2대), 푸틴(3~
4대), 메드베데프(5대) 대통령
으로 이어지는 정권 교체 흐름
속에서도 꾸준히 살아남았기
때문이다. 그것도 총리(권한대
행) 1회, 제1부총리 1회, 부총

▶ 생존자, 흐리스텐코

리 1회, 장관 2회 등 고위 관료만 두루 거치면서 말이다.

　엄밀히 말하면 흐리스텐코는 옐친의 가신 그룹을 뜻하는 '세미
야'에 속한다. 1996년 고향인 첼랴빈스크 지역에서 옐친 대통령 선
거대책본부장을 맡았다. 그런 흐리스텐코를 푸틴은 2000년 대통령
이 되면서 중용했다. 명백한 이유가 있었다. 첫째, 비록 푸틴이 옐친
의 뒤를 이어 정권을 장악했다고는 하지만 이때만 해도 페테르자유
주의자·실로비키 등 푸틴의 지지 그룹이 자리를 온전히 잡지는 못
한 상황이었다. 그 때문에 푸틴은 막강한 영향력을 갖고 있던 세미
야 세력의 일부를 껴안아야 했다. 제1부총리였던 흐리스텐코는 테

크노크라트 성향이 강해 최적의 인사였다. 둘째, 당시의 러시아는 경제적으로도 불안한 상황이었다. 특히 러시아 경제의 핵인 에너지 분야가 그랬다. 그래서 푸틴에게는 옐친 시절 경제와 에너지 담당 최고위급 관료였던 흐리스텐코의 도움이 절실했다. 푸틴의 계산은 어긋나지 않았다. 흐리스텐코는 푸틴의 기대에 부응해 정치적 도움을 주었고 에너지 분야도 장악했다. 그뿐만 아니라 극동과 북극에 있는 석유와 천연가스 매장지를 개발하는 데도 커다란 역할을 함으로써 푸틴의 '에너지 브레인'이라는 별명까지 갖게 됐다. 2004년 2월 푸틴 대통령이 '우리나라의 새로운 노선을 정하기 위해서'라는 명분으로 옐친계 인사였던 미하일 카시야노프 총리를 전격 경질하면서도, 부총리였던 흐리스텐코는 직책을 유지케 했을 뿐 아니라 오히려 총리 권한대행으로 승격시켰다. 이러한 사실만 봐도 흐리스텐코에 대한 푸틴의 믿음을 짐작할 수 있다.

흐리스텐코는 집안 대대로 소련공산당에 맞선 가문 출신이다. 흐리스텐코의 할아버지는 흐리스텐코가 태어나기 전 소련공산당의 핍박을 이기지 못해 추방됐고, 다른 숙부들도 강제노동수용소에서 오랜 기간 형기를 마쳤다. 어린 시절부터 핍박의 가족사를 직접 눈으로 목격한 흐리스텐코는 대학에 입학하던 1970년대 중반 소련공산당에 입당하지 않았다. 이때만 하더라도 소련공산당의 위세는 대단해 거의 예외 없이 학생은 공산당에 입당하지 않으면 불이익을 받을 때였다. 하지만 흐리스텐코의 고집을 꺾을 수는 없었다. 그는 소련공산당의 계획경제 대신 자본주의 경제학 공부에 매진했다. 정치에 입문하기 전 그는 첼랴빈스크 지역 텔레비전 방송국의 경제 프로그램을 맡아 시청자들에게 자본주의 금융의 개념을 소개하는 일도 했다. 그의 특기인 경제 분야의 화려한 언변도 이 시기에 체득한 것이다. 이 때문에 '공산주의 냄새가 전혀 나지 않는 경제인', '포스트-소비에트를 준비한 경제인'이라는 수식어가 늘 그를 따라다녔다.

앞서 언급했듯이 흐리스텐코의 전문 분야는 에너지다. 그런데 이 전문성이 하루아침에 생긴 것은 아니었다. 불과 15세에 흐리스텐코는 석유 파이프라인 건설자였던 아버지를 도와 거의 매일 아침 작업장에 나갔다. 첼랴빈스크기계공학대학교(현재 남우랄대학교)에서의 전공도 에너지 분야였다. 1990년 첼랴빈스크 시 위원회 위원이 되면서 시 개발과 정치 개혁을 담당했고, 이것이 성과를 내면서 옐친 대통령에게 발탁됐다. 푸틴도 대통령이 된 후 흐리스텐코의 전문성을 중시해 부총리→총리→산업통상장관→산업장관으로 계속 내각에 남겨뒀다.

흐리스텐코는 푸틴 정부가 2003년에 수립한 '에너지 전략 2020'의 입안자이기도 하다. 이 전략의 목표는 국내 에너지 사업에 대한 국가 통제권을 강화해 2020년까지 에너지를 통한 러시아의 국제적 영향력을 극대화한다는 것이다. 이 전략에 따라 국영 석유회사 로스네프트가 최대 민영 석유회사 유코스를 인수하고, 국영 천연가스 회사 가즈프롬이 또 다른 식유·가스회사 시브네프트를 인수함으로써 국유화 체제를 갖췄다. 그 실질적 주역이 바로 흐리스텐코다.

흐리스텐코를 이야기할 때 빼놓을 수 없는 인물이 하나 있다.

그의 아내 타티야나 골리코바다. 그녀 역시 푸틴이 아끼는 여성 관료다. 1987년 플레하노프공대를 졸업한 재원으로 수학을 워낙 잘해 '수학의 신'으로 불렸고, 1990년 재무부에서 관료 생활을 시작한 이후 똑 부러지게 예산 업무를 소화해내 '미스 예산'을 의미하는 '미스 부제트(Miss Budget)'라는 별명도 갖고 있다. 2003년 이혼 상태였던 흐리스텐코와 결혼한 골리코바를 2007년 9월 푸틴 대통령은 보건복지부 장관에 앉혔다. 이로써 흐리스텐코 부부는 러시아 정계에서 전무후무한 부부 장관 기록을 보유하게 됐다.

또 한 가지, 흐리스텐코는 러시아 석유업계 1위 회사인 국영 로스네프트의 사장 세르게이 보그단치코프와 사돈지간이다. 2004년 흐리스텐코의 딸 율리야 흐리스텐코가 보그단치코프 사장의 아들 예브게니와 결혼했기 때문이다. 세르게이 보그단치코프 역시 푸틴을 옹위하는 실로비키 그룹의 일원이다. 이로써 흐리스텐코 본인과 부인 골리코바 그리고 사돈에 이르기까지 흐리스텐코의 가족 전체

빅토르 흐리스텐코

1957 8월 28일 첼랴빈스크 주 출생
1979 첼랴빈스크기계공학대학교 졸업
1983 모스크바경영대학원 경제학 박사
1990 첼랴빈스크 시 위원회 위원
1996 첼랴빈스크 주 부지사
1997 첼랴빈스크 주 대통령 전권대표
1997 부총리
1999 제1부총리
2004 총리(권한대행)
2004 산업통상부 장관
2007 산업부 장관

가 푸틴과 두터운 인맥을 형성하게 됐다.

:: 엘비라 나비울리나

Elvira Nabiullina

나비울리나는 푸틴이 아끼는
여성 경제 관료 가운데 한 명
이다. 서방의 일부 관측통들은
나비울리나를 '메드베데프의
사람'이라고 간주하지만, 이는
오해라는 것이 러시아 정치권
의 평가다. 나비울리나는 오래

▶ 러시아의 우먼 파워, 나비울리나

전부터 '뼛속 깊이' 푸틴의 사
람이다.

　푸틴은 2004년 5월 26일 국가두마에서 국정 연설을 했다. 요지
는 다음과 같았다. "우리의 목표는 분명합니다. 우리는 높은 생활수
준과 안전하고 쾌적한 생활을 원합니다. 또한 성숙한 민주주의와 시
민사회 발전을 원합니다. 우리는 세계에서 러시아의 위상을 높여야
합니다. 민족의 번영도 중요합니다. 지난 10년간 해왔듯이, 우리는
기존의 경제체제를 해체하고 앞으로 시장경제에 장애가 되는 요소
들을 제거할 것입니다. 우리는 새로운 형태의 경제, 즉 우리에게 맞
는 시장경제를 발전시켜야 합니다. 그래야 경제도 현대화할 수 있습

니다." 러시아 경제의 야심 찬 전망을 담은 이 연설문을 만든 이는 누구였을까? 정답은 당시 전략문제연구소 소장이었던 나비울리나다. 전략문제연구소는 러시아 경제의 모든 틀을 짜는 사실상의 정부 기관이었다. 이 국정 연설 이후 푸틴 대통령은 연설문을 작성하는 데 기여했던 일곱 명의 인사들에게 특별한 감사를 보냈는데, 나비울리나도 그 대상자였다. 푸틴은 "자유주의 시장경제를 강조했던 엘비라 사히프자도브나 나비울리나(나비울리나를 러시아식으로 부르는 표현)에게 감사를 표한다"라고 말했다. 나비울리나는 2003년부터 2007년까지 전략문제연구소장으로 근무하면서 푸틴의 연설문 작성을 여러 차례 직접 거들었다고 한다.

나비울리나의 능력을 간파한 푸틴은 2007년 9월 그녀를 경제개발통상부 장관으로 임명했다. 푸틴은 임명식에서 "나비울리나 장관이 내각에 새로운 바람을 불어넣어줄 것이며, 러시아 경제의 현대화를 위해 누구보다 훌륭한 성과를 낼 것으로 기대한다"라고 말했다. 이때 러시아의 정치평론가들은 나비울리나의 장관 임명을 '러시아 정치의 분수령'이라고 묘사했다. 그동안 푸틴 1기 내각을 포함해 러시아의 역대 내각 장관에 여성을 임명한다는 것은 흔히 볼 수 없는 장면이었기 때문이다. 이 때문에 나비울리나는 러시아 '우먼 파워'의 대명사처럼 자리매김하기 시작했다.

푸틴 측 사정에 밝은 국가두마 의원에 따르면, 다음과 같은 일도 있었다. 글로벌 금융위기가 도래한 뒤 푸틴 총리가 나비울리나 장관을 사무실로 불러 '위기가 닥쳤는데 어떻게 풀어야 하느냐'고 물었다. 나비울리나 장관의 대답은 이랬다. "러시아 경제의 목표는 분명합니다. 혁신과 시장경제의 경쟁력 강화에 더욱 힘써야 합니다. 위기가 왔기 때문에 오히려 우리는 더더욱 우리의 계획과 목표를 중단해서는 안 됩니다." 푸틴은 애초 글로벌 금융위기의 그림자가 러시아에 드리우는 것을 차단하기 위해 시장경제적 요소의 축소를 생각했는데, 나비울리나의 공격적 답변에 흠칫 놀랐다고 한다. 결과를 놓고 본다면 나비울리나의 생각이 맞아떨어졌고, 푸틴은 다시 한 번 나비울리나에 대한 믿음을 키웠다는 것이다.

사실 푸틴이 나비울리나를 발탁하게 된 데는 그녀의 오랜 상사였던 게르만 그레프의 역할이 컸다. 그레프는 경제개발부 장관으로 있는 동안 나비울리나를 승진시켜 데려왔고, 자신이 전략문제연구소를 떠나면서는 후임에 나비울리나를 앉혔다. 그레프는 "나는 러시아에서 가장 유능한 관리자 중의 한 명이 바로 나비울리나라고 생각한다. 정직하고 투명하며 워커홀릭이다. 시장경제의 원칙을 누구보나 잘 알고 있기에 어떻게 하면 일을 잘할 수 있는지 이해하는 인물이 바로 나비울리나"라고 회고했다.

나비울리나는 그레프의 말처럼 일중독자였다. 그 싹은 어릴 때부터 일찌감치 나타났다. 슈콜라 시절부터 반에서 1등을 놓친 적이 없는 모범생이었다. 빅토르 흐리스텐코의 부인 골리코바처럼 특히 수학 과목에서 발군의 실력을 보여 '수학 귀신'이라는 별명이 늘 따라다녔다고 한다. 성적만 좋은 게 아니라, 도덕군자처럼 행동하지 않는 털털한 성격으로 인기 최고였다는 것이 동급생들의 전언이다.

예컨대 시험공부를 위해 학급의 다른 아이들이 나비울리나에게 노트를 빌려달라고 하면, 흔쾌히 자신의 노트를 복사해서 나머지 급우들에게도 돌릴 정도였다. 현재 나비울리나의 남편은 대학 시절 그녀의 은사였던 야로슬라프 쿠즈미노프(Yaroslav Kuzminov) 러시아고등경제대학교 총장이다. 쿠즈미노프는 제자인 나비울리나가 대학을 졸업하자마자 청혼했다. 남들이 채가기 전에 제일 먼저 나비울리나를 차지하려 한 것이라는 후문이 러시아 정가에 넓게 퍼져 있다.

엘비라 나비울리나

1963 10월 29일 바시코르토스탄공화국 우파 출생
1986 모스크바국립대학교 경제학부 졸업
1991 러시아산업기업가협회 근무
1994 경제개발통상부 국장
1997 경제개발통상부 차관
2000 경제개발통상부 제1차관
2003 전략문제연구소 소장
2007 경제개발부 장관

:: 세르게이 쇼이구

Sergey Shoygu

▶ 카발리에르, 쇼이구

쇼이구의 별명은 '카발리에르 (Cavaliere, 기사)'다. 이 별명은 한때 정당의 대표까지 역임했지만 푸틴 정권 아래서 사실상 정치를 접고 비상사태부 장관으로 일하면서 자연재해나 테러 같은 불상사가 생기면 언제든 인명과 재산을 구조하기 위해 달려가는 무사와 같다는 의미에서 유래했다. 쇼이구와 관련된 재미있는 이름이 하나 더 있다. '네이쌘'이다. 쇼이구는 클래식 음악을 즐겨 듣는 것으로 유명한데, 그가 가장 좋아하는 음악이 바이올리니스트 바네사 메이의 연주곡이라 해서 이렇게 명명됐다.

쇼이구는 사실 처음부터 '푸틴 사단'의 사람은 아니었다. 푸틴 이전의 옐친가(家) 핵심 멤버였다. 또한 푸틴 사단 멤버들이 흔히 갖고 있는 지연, 학연도 없다. 쇼이구는 시베리아 투바공화국 출신으로 상트페테르부르크 인사들과 거리가 있다. 물론 대학도 시베리아의 크라스노야르스크공대를 졸업했다. 이처럼 개인적인 인연은 없지만 쇼이구의 '우직함'을 높이 산 푸틴이 지속적으로 기용함으로써 푸틴 정권에서도 확고한 위치를 점유했다. 쇼이구는 다른 인사들보다 이른, 1988년 33세 때 정치에 입문했다. 그때까지 구조부대를 이끌던 쇼이구는 소련의 붕괴가 가시화된 1991년 8월 소련공산당 쿠데타를 맞아 옐친 쪽을 지지하면서 옐친 대통령의 신임을 얻었다. 곧바로 남오세티야와 압하즈, 잉구셰티야 등 러시아에서 분리 독립 운동을 하던 지역들을 러시아의 영향력 아래로 끌어들이면서 능력을 검증받았다. 1996년 대선에서는 옐친 캠프에서 활동했고, 2000년 대선에서는 옐친의 후계자인 푸틴을 지지하면서 푸틴과 관계를 맺었다. 사실 쇼이구는 1999년 러시아 단합당의 대표로, 상당한 조직을 좌지우지할 수 있는 막강한 정치적 위치에 있었다. 이런 인사가 우군(友軍)으로 자연스럽게 영입됐기 때문에 푸틴으로서는 쇼이구를 아낄 수밖에 없었다. 쇼이구 대표는 아예 1999년 제3대 국가두마 선거를 앞두고 자신이 이끄는 단합당을 '푸틴의 정당'이라고 공식화했다. 이에 대한 보답인지는 확실하지 않으나 푸틴은 쇼이구에게 군 장성의 칭호를 부여했다. 이런 이유로 쇼이구를 비록 출신은 세미야지만 실로비키로 봐야 한다는 견해가 많다.

  푸틴과 쇼이구의 인연을 거론할 때 빼놓을 수 없는 존재가 있다. 지금도 푸틴이 아끼는 애견 '코니'다. 코니는 1999년 쇼이구 비상사태부 장관이 푸틴 총리에게 선물한 개다. 러시아 정가 소식통들의 말에 따르면 코니라는 이름은 미국의 전 국무장관 콘돌리자 라이스(Condoleezza Rice)의 애칭 '콘디'를 본떠 지었다. 아무튼 쇼이구가 선물한 코니는 훗날 푸틴에게는 없어서는 안 될 존재가 됐다. 심지어 푸틴이 대통령(2000~2008)으로 재직할 때나 대통령에서 물러나 총리가 됐을 때도 외국 정상과의 회담이나 만찬장에 반드시 동행하는 귀한 인사가 됐다. 2005년에는 푸틴에 반대하는 반정부 단체 '드루가야 로시야(다른 러시아)'가 나서서 푸틴이 아닌, 코니를 대통령으로 뽑아야 한다는 조롱 섞인 말을 한 적도 있다. 당시 80퍼센트 이상의 지지율을 나타내던 푸틴이 대통령으로서 임기를 마치는 2008년 대선에서 코니를 후계자로 선택해 후보자로 내세워도 득표율 40퍼센트는 너끈하다는 논리에서였다. 그럴 정도로 푸틴은 코니를 사랑스러워했고 그 인연을 만들어준 이가 바로 쇼이구였던 것이다.

거슬러 올라가 보면 쇼이구가 비상사태부 장관이 된 사연은 흥미롭다. 1977년 쇼이구는 시베리아의 크라스노야르스크공대를 졸업하고 곧바로 시베리아의 목재 회사들에서 11년간 건설 엔지니어로 일했다. 초창기 벌채 감독으로 성실함을 인정받아 운영이사로 승진했다. 이 기간 목재 회사와 인근 지방들에서는 산불을 포함한 자연재해가 흔히 있었는데 그때마다 쇼이구는 자원봉사 팀을 조직해 구조 활동을 벌였다. 1988년 정치 입문 뒤 이러한 소문을 들은 옐친이 구조부대장으로 임명했고, 이는 푸틴 집권 이후에도 지속됐다. 여론조사 기관 레바다센터에 따르면, 쇼이구는 러시아 정치인 가운데 가장 청렴한 이미지를 가진 정치인 중 한 명이며, 1994년부터 20년 가까이 비상사태부 장관으로만 계속 기용될 정도로 근성 있는 인물이다. 이 기록은 1991년 소련이 붕괴되고 러시아가 탄생한 이후

역대 최장수 장관 기록으로 남아 있다. 그의 딸 율리야 쇼이구도 2002년부터 비상대책부의 심리분석관으로 들어가 아버지를 곁에서 보좌하고 있다.

세르게이 쇼이구

1955 5월 21일 투바공화국 차단 출생
1977 크라스노야르스크공대 졸업
1978 시베리아 건설회사 기술자
1988 소련공산당 아바칸 지부장
1990 소연방 건설위원회 부위원장
1991 소련 구조부대장
1994 비상사태부 장관
1996 옐친 대선 대책본부장
1999 단합당 대표
2000 푸틴 대선 캠프 자문
2009 국립지리학회 회장

:: 세르게이 라브로프

Sergey Lavrov

정통 외교관인 라브로프는 '자야들리 쿠릴시크(zayadliy kurilshchik, 골초)'라는 독특한 별명의 소유자다. 이 별명이 나온 유래가 있다. 2003년 9월 1일 그는 뉴욕 주재 유엔 대표부의 러시아 대사 신분이었는데 골초였다. 코피 아난(Kofi

▶ 미스터 니예트, 라브로프

Anan) 유엔 사무총장은 9월 1일부터 유엔 빌딩 내에서 모든 외교관의 금연 조치를 강행했다. 이 방침에 가장 반발한 이가 라브로프였다. 라브로프는 "아난 사무총장은 외교관들의 흡연을 막을 만한 법적 정당성을 갖고 있지 않다. 마이클 블룸버그(Michael Bloomberg) 뉴욕 시장을 기쁘게 하는 아난 총장의 조치일 뿐이다. 유엔 빌딩은 유엔 회원국들의 소유권이 미치는 지역이고, 유엔 사무총장은 회원국들이 고용한 관리자일 뿐이다. 적어도 금연 조치 시행을 위해서는 사전에 이를 고지하고 외교관들의 양해를 구했어야 한다"라고 말했다. 아난 총장의 금연 강제 시행 방침에 불만이 있었으나 겉으로 이를 표현하지 못하던 각국 외교관들은 라브로프의 정연한 논리 전개에 박수를 보냈다. 이 일로 유엔 주재 모든 외교관들 사이에서는 '골초 라브로프가 원칙론으로 뉴욕을 놀라게 했다'는 말이 퍼졌다.

라브로프는 전형적인 테크노크라트지만 때로는 실로비키로도 분류된다. 테크노크라트는 푸틴과 지연·학연 등은 없지만 2004년부터 오랫동안 외무장관으로 재임 중이라는 측면에서, 실로비키는 라브로프가 외교안보부 출신이라는 점에서 그렇다. 하지만 분명한 것은 모스크바국제관계대학교 출신의 정통 외교관으로 외무부 내에서 가장 커다란 영향력을 갖고 있고, 푸틴의 신뢰가 상당하다는 점이다. 푸틴도 외교 정책 수립이나 집행에 관한 라브로프의 제안을 대부분 수용한다고 푸틴 주변의 인사들은 증언한다. 2006년 11월 런던에서 전 러시아 FSB 요원 리트비넨코가 독살된 사건과 관련, 이 사건의 용의자인 안드레이 루고보이(Andrey Lugovoy, 현재 국가두마 자유민주당 의원) 전 KGB 요원을 인도해달라는 영국 측의 요구를 거부하고 2008년 1월부터 영국 문화원 지방 지부를 폐쇄한 것은 라브로프의 결정이었다. 푸틴은 이를 '라브로프 외무장관의 적절한 조치'라고 치하했다. 일부 서방의 관측통들과 러시아 외교가에서는 "러시아의 외교 정책은 크렘린의 프리홋코 외교보좌관이 대부분 결정하고 라브로프 외무장관은 단순히 집행만 하기 때문에 라브로프는 실실석인 힘이 없다"라고 말하지만, 러시아 정치권은 이런 관측이 틀렸다고 주장한다. 미국과 러시아가 체결한 새 전략무기감축협상(START) 과정에서 보인 라브로프의 유연한 태도를 칭찬하는 서방

측 인사들이 적지 않다는 것이 이러한 주장의 논거가 되고 있다. 실제로 라브로프가 외무장관으로 재임하는 동안 그의 미국 측 카운터파트였던 콘돌리자 라이스나 힐러리 클린턴 등 역대 국무장관들은 라브로프를 '신뢰할 만한(reliable) 외교관'으로 꼽았다.

라브로프의 또 다른 재미있는 별명은 '유엔맨(UN man)', '미스터 니예트(Mr. Nyet)'다. 니예트는 '아니오'라는 뜻의 러시아어다. 라브로프는 유엔에서만 19년을 보낸 유엔통이다. 1981년부터 1988년까지 소련의 유엔 자문 역, 1994년부터 2004년까지 유엔 대표부 대사를 역임했다. 이런 점에서 소련 시절 유명한 '미스터 니예트' 외교관이었던 안드레이 그로미코(Andrei Gromyko)와 많이 닮았다는 이야기를 한다. 그로미코는 1946~1948년 유엔 대표부 대사, 1957~1985년 소련 외무장관을 하면서 유엔에서 의견 개진이나 표결을 할 경우 대부분 서방과는 다른 반대 입장에 섰다. 라브로프도 마찬가지다. 라브로프는 미국의 걸프전, NATO의 이라크 공습, 유엔 안전보

세르게이 라브로프

1949 10월 7일 모스크바 출생
1972 모스크바국제관계대학교 졸업, 외무부 입부
1973 스리랑카 대사관 서기관
1976 외무부 국제기구국 참사관
1981 유엔 소련 대표부 자문 역(1등 서기관)
1988 외무부 국제경제관계국 부국장
1990 외무부 국제기구국장
1992 외무부 차관
1994 유엔 대표부 대사
2004 외무부 장관

장이사회의 북한과 이란 핵 문제에 대한 제재 등 관련 사안이 있을 때마다 미국 등 서방의 찬성 입장에 맞서 반대한다는 의미의 '니예트'라는 말을 되풀이해야만 했다. 또한 서방을 러시아를 붕괴시키려는 집단으로 보고, NATO의 동쪽 팽창 정책에 대한 우려로 강경한 입장을 취한 것 등 두 사람의 공통점이 많다는 것이다. 이 때문에 외교가에서는 "소련 시절 그로미코의 '미스터 니예트'를 러시아에 와서는 라브로프가 이어받았다"라고 말한다.

:: 안드레이 푸르센코

Andrei Fursenko

안드레이 푸르센코는 푸틴 정
권의 교육 아이디어를 고안,
집행해낸 측근이다. 본래 교육
자가 아닌 엔지니어 출신이자
기업가였는데 1991년 소련 붕
괴 이후 갈수록 수준이 하락하
는 교육을 살리기 위해 푸틴이
2004년 교육부 장관에 기용하

▶ 푸틴의 교육 아이디어, 푸르센코

면서 본격적인 교육 개혁을 밀어붙였다.

　푸르센코가 푸틴의 엘리트 집단으로 진입하는 과정은 뒤에서
설명하게 될 유리 코발추크(Yury Kovalchuk)와 유사한 면이 많다.
나이는 코발추크보다 두 살 위지만 푸르센코는 코발추크와 친구 사
이다. 두 사람 모두 1990년대 초반 상트페테르부르크 시 인근 이바
노보 콤소몰스코예 호수 지역에 다차(dacha, 러시아식 별장)를 가진
덕분에 푸틴과 안면을 트고 지냈다. 푸르센코는 비슷한 상황에 있던
이들을 묶어 1996년 커뮤니티 '오제로(Ozero, 호수)'를 결성하고 창
립 멤버로 활약했다. 이 지역에는 푸틴과 푸르센코, 코발추크, 블라

디미르 야쿠닌 등의 다차가 밀집해 있었다. 공식적으로 푸르센코가 푸틴을 처음 만난 시기는 이보다 앞선 1993년이다. 그는 당시 코발추크와 함께 1991년 소련 붕괴로 파산 직전이 되어버린 은행 '반크 로시야(Bank Rossiya)'의 회생을 위해 사업을 하고 있었고 상트페테르부르크 시 과학기술발전재단이라는 회사도 소유하고 있었다. 이들 회사를 시(市) 대외관계위원회에 등록하는 과정에서 푸틴과 알고 지낼 수밖에 없었다. 상트페테르부르크 시 대외관계위원장이 푸틴이었기 때문이다. 푸틴은 푸르센코의 사업 수완과 부지런함을 상당히 높이 평가했다고 주변 인사들은 전한다. 푸르센코가 코발추크와 닮은 또 한 가지 점은 형제가 푸틴의 측근이라는 사실이다. 푸르센코의 5년 터울 동생 세르게이 푸르센코(Sergey Fursenko)는 상트페테르부르크 시를 연고로 하는 유명 프로축구단 제니트(Zenit)의 구단주이자 친푸틴 텔레비전 프로듀서다.

푸르센코가 2004년 교육부 장관으로 임명된 이후 실시한 교육개혁의 방향은 세 가지였다. 첫 번째는 고등교육의 수준을 선진 유럽과 비슷하게 만드는 것이었다. 이를 위해 푸르센코는 볼로냐 협약(Bologna Process)의 충실한 이행을 최우선 사안으로 선정했다. 볼로냐 협약이란 국가 간 학위 인증 체제 구축, 학위 과정 일원화, 학생·교수·연구자 교류 확산 촉진 등을 골자로 해 1999년 유럽 29개국이 서명한 조약이다. 러시아는 2003년 말에 가입했다. 푸르센코는 학부 4년과 석사 2년으로 된 미국·유럽의 학제처럼 러시아의 학제를 개편해야 한다는 소신을 갖고 있었다. 하지만 학부 과정만

하더라도 종합대학의 경우 5년, 단과대학의 경우 3~6년인 러시아 대학들의 반응은 싸늘했다. 특히 러시아 최고의 대학인 모스크바국립대학교의 빅토르 사도브니치(Viktor Sadovnichy) 총장 같은 사람은 러시아가 볼로냐 협약을 준수할 경우 러시아 대학들의 강점인 자연과학과 기술학이 좌초할 것이라며 결사반대한다는 성명을 냈다. 사도브니치 총장은 러시아 교육계를 대표하는 인물로, 푸르센코 장관만큼 강한 영향력을 지니고 있어 사도브니치를 따르는 교육계 일선의 학자들이 많았다. 하지만 푸틴은 2007년 미국·유럽 학제로의 개편을 골자로 한 러시아 교육전환 법안에 서명, 푸르센코의 손을 들어줬다.

두 번째 방향은 우리나라의 수능이나 미국의 SAT처럼 대학 입학시험을 단일화하는 것이었다. 명분은 각 대학의 입학 자격 요건이 제각각이고, 신입생을 선발하는 방식이 서로 달라 이른바 우수하지만 가난한 학생들의 입학을 가로막기 때문에 중장기적으로 러시아 사회의 발전을 해친다는 것이었다. 이에 대해서도 사도브니치 총장 같은 일선 교육자들이 강력 반대했다. 대학의 자율성을 침해한다는 이유였다. 그러나 2006년 러시아 정부와 국가두마는 푸르센코가 제안한 '단일국가시험(YeGE)'을 관철하는 데 성공했다.

푸르센코가 주력한 세 번째 개혁은 종교 교육이었다. 푸르센코는 일선 학교에서 지나치게 러시아정교회 교육이 많아 다른 실무 교육이 소홀하다고 봤다. 이에 따라 정교회 교육을 폐지하는 대신 이를 역사와 문화 교육에 흡수해야 한다는 입장을 피력했다. 이에 대해선 러시아정교회 총대주교인 알렉시 2세가 '러시아의 정체성을 파괴하는 행위'라며 푸르센코에 반기를 들었다. 하지만 푸르센코는 이 분야에서도 자신의 뜻을 관철했다.

안드레이 푸르센코

1949 7월 17일 상트페테르부르크 출생
1971 상트페테르부르크대학교 수학·기계공학부 졸업
1971 이오페물리학연구소 연구원
1987 이오페물리학연구소 부소장
1990 상트페테르부르크대학교 물리학 박사
1992 상트페테르부르크 시 과학기술발전재단 대표
1994 러시아·독일 합작 투자회사 ICC 최고경영자
2000 상트페테르부르크 주재 필리핀 명예영사
2001 산업부 차관
2003 산업과학기술부 장관
2004 교육부 장관

:: 세르게이 슈맛코

Sergey Shmatko

슈맛코는 러시아 정가 최고의 '우다치니크(udachinik, 풍운아)'로 꼽힌다. 문자 그대로 '좋은 때'를 타고났다는 맥락에서다. 러시아 내 민간 핵시설을 총괄하는 국영 로스에네르고아톰 부사장 시절 세친과 연을 맺으면서 푸틴과도 연결

▶ 아톰맨, 슈맛코

됐고, 이 때문에 고속 승진했다고 보는 견해가 있다. 다른 한편으로는 슈맛코가 지독한 일중독인데도 그동안 눈에 띄지 않은 게 오히려 이상하다는 지적도 있다. 슈맛코의 경력 대부분은 원자력과 관련돼 있어 '아톰맨(atom man)'이라 불리기도 한다.

슈맛코는 1983년 우랄국립대학교 기계공학 및 수학부를 다니던 1985년 북해함대의 핵잠수함부대 장교로 군에 입대했다. 이는 그의 원자력 관련 경력의 출발점이 됐다. 공군 비행기 조종사였던 아버지 이반 슈맛코를 따라 어린 시절부터 러시아의 각 지역과 독일 등에서 거주했고, 이 과정에서 자연스럽게 익힌 언어와 해외 감각까

지 덧붙여지자 슈맛코는 자신의 전문성을 살려 나가기로 계획한다. 그는 전역한 후 전공을 기계공학에서 정치경제학으로 바꿔 우랄대학교 정치경제학부에 편입했다. 이곳에서 그는 최우수 학생과 국비 유학생으로 선발돼 슈콜라 시절 2년을 보냈던 독일로 1991년에 유학을 떠났다. 독일 마르부르크대학교에서 1년 만에 석사학위를 취득하면서 한때 프랑크푸르트에서 러시아 투자 관련 사업을 하는 회사를 설립하기도 했다. 1990년대 초반 해외의 러시아 투자라는 것은 에너지와 금융 관련이 대부분이었다. 독일 유학 시절의 경험은 훗날 슈맛코의 에너지부 장관 발탁에 결정적 배경이 된다.

슈맛코는 러시아로 돌아온 뒤 1997년 러시아 내 원자력발전소의 운용을 담당하는 로스에네르고아톰 부사장을 시작으로, 1999년 전 러시아 원자력발전소 운영연구소 소장, 2002년부터는 러시아 군산복합체의 민영화를 담당하는 국가전환펀드 의장, 2005년 원자력발전소의 수출을 담당하는 회사 아톰스트로이엑스포르트(Atomstroyexport)의 부사장으로 초고속 승진했다. 아톰스트로이엑스포르트는 러시아 원자력발전소(원전) 건설 시장의 100퍼센트, 전세계 원자력발전소 건설 시장의 20퍼센트를 점유하는 공룡기업이었다. 슈맛코는 중국·인도는 물론 핵개발 의혹을 받고 있던 이란에까지 러시아 원전의 수출을 담당하는 협상을 책임졌다. 그뿐만 아니라 서방의 서대 원전 수출 회사인 미국의 제너럴일렉트릭, 프랑스의 아레바와 기술 제휴를 맺는 등 수완을 발휘했다. 이 때문에 CNN 방송을 비롯한 서방 매체들은 '슈맛코가 세계 원전 수요를 먹어치우는 크렘린의 주요 빨대'라고 표현했다.

2008년 초 러시아 정부는 내각의 산업에너지부를 산업부와 에너지부로 나누기로 결정했다. 하나의 부서가 두 개의 부서로 나뉠 때, 다시 말해 한 명의 장관이 두 명으로 늘 때 러시아와 서방 언론이 보인 초미의 관심사는 신설되는 에너지부 장관이 누가 될 것인가 하는 것이었다. 에너지는 러시아의 대표적인 산업이기 때문이었다. 하지만 당시 러시아 정가 안팎에서 슈맛코라는 이름은 장관 예상 후보자 명단에 올라있지 않았다. 대부분은 정치권 인사가 에너지부 장관을 맡을 것으로 예측했다. 이 때문에 푸틴이 슈맛코를 에너지부 장관으로 임명하자 언론도 놀랐고, 심지어 슈맛코 본인도 "지금까지의 내 인생 중 가장 놀라운 일"이라고 말했을 정도였다. 슈맛코 대신 에너지부 장관 후보로 거명되던 세르게이 키리엔코 원자력청장은 한 인터뷰에서 "슈맛코의 에너지부 장관 임명은 러시아에 이제 원자력 르네상스가 도래하는 계기가 될 것"이라고 말한 바 있다. 나중에 밝혀진 사실이지만, 슈맛코를 에너지부 장관에 추천한 이는 푸틴의 오랜 조력자인 세친 당시 부총리였다. 세친은 "하루에 서너 시간밖에 자지 않고 자신의 업무에 충실한 슈맛코 같은 인재가 러시아에는 필요하다"라고 추천 사유를 밝혔다.

에너지부 장관으로서 슈맛코가 주목한 또 하나의 분야는 바로 천연가스였다. 그는 2000년대 중반부터 나오기 시작한 '천연가스 오펙(OPEC)' 아이디어를 실행에 옮긴 주인공이다. 천연가스 오펙이란 석유수출국기구(OPEC)처럼 천연가스 부문에서도 일종의 카르텔을 형성하려는 구상이다. 그는 에너지부 장관이 된 그해 12월 모스크바로 천연가스 수출국 장관들을 초청, 가스수출국포럼(GECF)을 만들고 천연가스 매장 및 수출량 1위인 러시아의 입지를 강화하는 합의문을 도출했다.

세르게이 슈맛코

1966 9월 26일 스타브로폴 출생
1991 우랄국립대학교 졸업
1992 독일 마르부르크대학교 석사
1997 로스에네르고아톰 부사장
2002 국가전환펀드 의장
2005 아톰스트로이엑스포르트 부사장 겸 가즈프롬은행 이사회 의장 자문
2005 아톰스트로이엑스포르트 사장
2008 에너지부 장관

:: 드미트리 페스코프

Dmitry Peskov

드미트리 페스코프는 푸틴의
'입'이자 브레인이다. 주파키
스탄 대사였던 아버지의 길을
따라 외교관인 된 그는 1989
년부터 시작된 공직 생활 중
외무부 본부와 두 차례의 주터
키 대사관 근무 등 11년간 외
교관 생활을 했다. 이를 제외

▶ 푸틴의 입, 페스코프

하고 나머지 이력 전부는 푸틴 곁에서 함께하고 있다. 외교관, 그것
도 경력 11년의 하급 외교관을 어떻게 푸틴이 공보비서관으로 발탁
했는지는 분명치 않다. 러시아 정치권의 이야기로는, 2000년 대통령
공보 담당 비서관실에서 터키를 잘 아는 인물이 필요해 페스코프를
선발했다가 푸틴 대통령의 눈에 띄어 승승장구했다는 설이 가장 설
득력 있다. 국가두마의 한 의원은 "페스코프가 비록 외교관 출신이
지만, 레토릭(rhetoric, 외교적 수사)을 거의 사용치 않고 직설적인 용
어를 사용한다는 점에서 푸틴과 비슷한 데가 참 많다"라고 말했다.

페스코프는 푸틴의 공보비서관이 된 이후 푸틴의 의중을 가장 정확하게 꿰뚫는 인사로 통한다. 이를 보여주는 몇 가지 사례가 있다. 지난 2007년 9월의 일이다. 이때까지만 해도 서방 언론들은 2000년부터 연임 중이던 푸틴 대통령이 헌법을 고쳐 3선 대통령이 될 것이라는 가능성을 높게 점쳤고, 만일 후계자에게 물려준다면 줍코프 제1부총리나 세르게이 이바노프 부총리가 유력할 것이라는 전망을 했다. 궁금증만 꼬리를 물던 시기에 페스코프의 생각은 분명했다. 그는 외신기자들과의 비공개 간담회에서 이런 말을 했다. "줍코프는 국정의 효율적인 관리자 역할을 잘 수행하고 있지만, 차기 대통령으로서 푸틴의 선택은 아닙니다. 지금 러시아의 대통령은 푸틴입니다. 그는 국민의 지지가 절정에 이를 때 자리(대통령직)에서 떠나고자 합니다. 현재 대통령 지지율이 70퍼센트를 넘고 있지요. 푸틴의 다음 선택이 무엇이냐고요? 푸틴은 분명히 국정 운영의 풍부한 경험을 살리고 싶어 하지만 2008년 5월(푸틴 대통령의 임기 만료 시기)엔 더 이상 대통령 신분이 아닐 것입니다."

페스코프 비서관이 한 말의 속뜻을 풀어보면, 답은 세 가지였다. 첫째, 헌법을 어겨가면서까지 3선에 도전하지 않을 것이고, 둘째, 줍코프는 차기 대통령 후보가 아니며, 셋째, 푸틴은 대통령이 아니라 국정경험을 필요로 하는 다른 직책을 찾고 있다는 점이었다. 페스코프의 예측은 놀라우리만큼 정확했다. 2007년 12월 푸틴은 대통령에서 물러나기로 했다고 발표했고, 자신의 후계자로 메드베데프 부총리를 지명했으며, 2008년 5월 자신은 총리로 내려앉는 '파격적'인 행보를 보였기 때문이다. '페스코프가 푸틴의 A부터 Z까지

꿰고 있다'는 말이 나돈 계기였다.

또한 2011년 9월 메드베데프 대통령과 쿠드린 부총리 겸 재무장관의 갈등 때도 페스코프의 입에 이목이 쏠렸다. 페스코프는 9월 24일 오후 기자회견에서 '쿠드린 부총리는 차기 메드베데프 내각에서 일하지 않을 것이며, 쿠드린이 앞으로 러시아 정부에서 어떤 역할을 맡게 될 것인가는 푸틴이 결정할 것'이라고 말했다. 24일은 푸틴과 메드베데프가 2012년부터 총리와 대통령의 자리를 맞바꾸기로 합의하고 이에 대해 쿠드린이 메드베데프 내각에서는 일할 생각이 없다고 말한 날이다. 이틀 후인 26일 메드베데프는 쿠드린에게 사직서를 쓰라고 종용했고, 쿠드린은 결국 부총리 겸 재무장관에서 물러났다. 이 상황을 되짚어보면 페스코프는 이틀 뒤 쿠드린이 사직서를 쓰게 될 것이라는 점을 미리 알았다는 말이 된다. 푸틴도 결국 26일 쿠드린의 사직서를 수리했기 때문에 페스코프가 이틀가량 앞서 푸틴의 생각을 미리 들었거나 읽었다는 이야기가 된다. 페스코프가 푸틴과 얼마만큼 가까운 사이인지를 입증하는 사례다.

드미트리 페스코프

1967 10월 17일 모스크바 출생
1989 모스크바국립대학교 아시아아프리카학부 졸업
1990 터키 대사관 3등 서기관
1994 외무부 본부 근무
1996 터키 대사관 1등 서기관
2000 대통령 행정실 공보비서관
2004 대통령 대변인
2008 총리 대변인

페스코프는 푸틴에 대한 서방 언론들의 반감을 줄이고 푸틴의 이미지 메이킹을 위해 지난 2006년 미국에 본사를 둔 PR 회사 케첨과 홍보계약을 체결했다. 페스코프는 계약 체결 때 "러시아에 대해 세계가 가진 오해를 풀 수 있기를 바란다"라고 말했다. 모스크바 주재 외국 특파원들 사이에서 페스코프는 붉은색 말버러 담배만을 고집하고 서방 기자들에겐 강경한 표현을 즐겨 사용하는 인사로 정평이 나 있다. 이런 맥락에서 '말렌키(malenkiy, 작은) 푸틴'이라고 불리기도 한다.

:: 발렌티나 마트비엔코

Valentina Matvienko

마트비엔코의 별명은 '기록 제조기'다. 2003년 여성 최초로 상트페테르부르크 시장에 당선된 이후 2011년까지 러시아의 83개 지방 행정단위에서 '유일한' 여성 수장으로 자리매김해왔다. 또한 2011년 9월에는 러시아 사상 최초의 여성

▶ 러시아의 마거릿 대처, 마트비엔코

상원 의장에 선출됐다. 상원 의장은 러시아 헌법상 대통령, 총리에 이은 서열 3위의 직책이다. 러시아 정치권에서는 18세기의 예카테리나 2세 이후 마트비엔코가 여성으로서는 최고위 공직에 오른 인물이라고 말한다. 강인한 이미지 때문에 종종 '러시아의 마거릿 대

처(Margaret Thatcher, 전 영국 총리)' 혹은 '러시아의 앙겔라 메르켈 (Angela Merkel, 독일 총리)'이라고 불린다.

마트비엔코가 푸틴보다 세 살 위여서 두 사람 사이에 특별한 인연을 찾기는 어렵지만, 주요 활동 무대가 러시아 제2의 도시 상트페테르부르크라는 확실한 공약수가 자리 잡고 있다. 마트비엔코는 2000년 러시아 대선에서 이 지역 책임자로서 푸틴의 당선을 도우면서 그의 신임을 얻었다. 러시아의 CNN으로 일컬어지는 '러시아 투데이'는 "마트비엔코가 푸틴의 대선 캠프에서 현인(賢人) 그룹을 이끌면서 푸틴의 측근으로 떠올랐다"라고 전한다. 상트페테르부르크 시민들은 2000년 대선에서 고향 출신인 푸틴 후보에게 압도적인 지지를 보여줬고, 푸틴의 당선 후 3년 만인 2003년에 실시된 상트페테르부르크 시장 선거에서는 푸틴을 도왔던 마트비엔코에게 지지율 63퍼센트라는 득표율을 안겨줬다. 마트비엔코의 고향이 상트페테르부르크가 아닌, 소련 시절의 우크라이나였음에도 상트페테르부르크 시민들이 표를 몰아준 것이다.

러시아에서 가장 영향력 있는 여성 정치인이라는 평판이 따라다니는 마트비엔코는 2000년에 이미 대선 후보에 오를 만큼 지명도가 높았다. 비록 2000년 2월 3일 대통령 선거 후보에 지명됐지만, 자신은 출마하지 않겠다며 오히려 상트페테르부르크 시장에 더 관심이 많다고 밝혔다. 당연히 대선에 도전하리라고 생각했던 시민들은 마트비엔코가 대선을 포기한다는 사실에 깜짝 놀랐다. 마트비엔코는 3월 10일 "상트페테르부르크 시장 선거 운동을 시작한다"라고 공표했다. 하지만 마트비엔코는 4월 5일, 시장 선거 출마 계획을 철회하면서 혼란을 자초했다. 철회 이유는 무엇이었을까?

마트비엔코가 훗날 밝힌 바에 따르면, 푸틴 대통령이 출마 계획 철회 하루 전인 4월 4일 자신을 불러 '선거에 나가지 말라'고 요청했고, 자신은 푸틴의 말대로만 한 것이라고 했다. 더 상세한 내용은 밝혀지지 않았다. 다만 푸틴으로서는 자신의 또 다른 정치 선배이자 당시 상트페테르부르크 시장이었던 블라디미르 야코블레프의 재선을 방해할 수 없었고, 다른 한편으로는 대선 때 자신을 도운 마트비엔코도 마냥 외면할 수 없었던 상황을 감안한 조치였을 것이라는 추측만 무성하다. 두 사람이 선거를 놓고 경쟁하는 것을 피하기 위해 푸틴이 직접 마트비엔코에게 양보를 요구했을 가능성이 높다는 이야기다. 아무튼 푸틴이 3년 후에 전폭적인 지지를 보내준 덕에 마트비엔코는 2003년 시장 선거에서 낙승했다.

푸틴이 마트비엔코를 지지한 데는 그럴 만한 이유가 있었던 것 같다. 표트르 대제가 러시아의 수도를 모스크바에서 상트페테르부르크로 옮긴 것처럼, 푸틴이나 마트비엔코는 이 대목에서 견해가 유사하다. 상트페테르부르크가 문화수도에 그치지 않고 사실상 행정수도여야 한다는 게 마트비엔코의 주장이고, 푸틴도 이에 동의한다.

이를 단적으로 보여주는 사례가 있다. '북방의 베네치아'로 불리는 상트페테르부르크 시는 2006년쯤 도심 정중앙에서 불과 11킬로미터 떨어진 네바 강변 오흐타 지구에 러시아 국영 가스회사 가즈프롬의 새 사옥인 '가즈프롬 시티'를 짓기로 했다. 하지만 이 계획은 격렬한 반대 여론에 부딪혔다. 최대 300미터 높이(첨탑을 포함할 경우 403미터)의 초현대식 복합 고층 건물인 가즈프롬 시티에 대해 유네스코(UNESCO)와 지역 유지들이 '상트페테르부르크는 도시 전체가 유네스코가 지정한 세계문화유산이기 때문에 이를 파괴할 신축 건물은 지을 수 없다'며 반대한 것이다. 고도 제한도 42미터로 설정돼 있다. 그런데도 마트비엔코 시장은 계획을 밀어붙였다. 논리는 "1880년대 말 파리 에펠탑을 세울 때도 이런 일이 있었는데 당시 많은 사람들이 반대했지만 지금 에펠탑은 파리의 상징 건물이 됐다. 누가 옳고 그른지는 세월이 흐르면 알게 된다. '300미터 높이의 가즈프롬 시티는 러시아의 자랑이자 유럽의 자랑이 될 것'이라는 것이었다. 푸틴 대통령도 마트비엔코 시장의 계획에 반대하지 않았다. 상트페테르부르크를 기반으로 한 두 사람의 이해가 맞아떨어진 것이다. 이 계획은 2009년 오흐타 지구에서 라흐타 교외로 장소를 옮겨 짓는 것으로 양해하고 계속 추진키로 변경됐지만, 여전히 논란의 여지를 안고 있다. 그렇지만 두 사람은 별다른 신경을 쓰지 않는 눈치다.

마트비엔코는 애초 옛 공산체제의 엘리트 충원 과정을 통해 등용된 여성 중 한 명이었다. 대학 졸업 후 소련공산당 관료로 활동했던 그녀는 1980년대 후반 상트페테르부르크 시 인민의원, 소비에트 부위원장(지금의 시의회 부위원장에 해당함), 소련 최고회의 여성문제위원회 위원장, 소련 인민위원을 역임했다. 영어와 독일어에 능통해 두 번이나 대사를 역임한 마트비엔코는 소련 붕괴 이후 변화하는 러시아의 정치 지형에 맞추어 자신의 입지를 넓혀갔다. 부총리와 선출 직 시장까지 거치면서 영향력을 행사해왔기 때문에 마트비엔코에 대한 암살 시도도 빈번했다. 대표적으로 2007년 5월 FSB는 '폭발물과 수류탄을 던져 마트비엔코 시장을 암살하려는 계획이 사전에 파악됐다'며 용의자들을 체포했다고 발표했다.

발렌티나 마트비엔코

1949 4월 7일 흐멜니츠키 주 셰페톱카(현재는 우크라이나 영토) 출생
1972 상트페테르부르크화학약학대학교 졸업
1985 소련공산당아카데미 졸업
1986 소련공산당 크라스노그바르데이스키 콤소몰(청년동맹) 제1서기
1991 소련외교아카데미 졸업
1991 몰타 대사
1997 그리스 대사
1998 부총리(복지 담당)
2000 제3대 대통령 선거 후보(입후보 포기)
2003 북서지구 대통령 전권대표
2003 상트페테르부르크 시장
2011 상원 의장

:: 보리스 그리즐로프

Boris Gryzlov

▶ 푸틴의 스핀닥터, 그리즐로프

그리즐로프의 별명은 러시아 정가의 '돈키호테'다. 고위 정치인답지 않게 이따금 사리에 맞지 않는 말로 정치판을 황당하게 만든다고 해서 붙여졌다. 예를 두 가지만 들어보자. 2005년 국가두마 의장 자격으로 그리즐로프는 "의회는 정치적 토론을 하는 장소가 아니다"라는 발언을 했다. 여야가 서로 다른 의견을 조율해야 하는 장소인 의회의 기능을 망각한 말이라는 점에서 의회가 토론 장소가 아니라는 발언은 만만찮은 후폭풍을 일으켰다. 그뿐만 아니라 2007년 총선이 끝난 뒤 총선에서 부정선거가 있었다는 야당 의원들의 발언에 "선거 위반이 있었다는 사실은 대체로 선거가 투명하게 치러졌다는 이야기이기도 하다"라고 답변해 야당 의원들을 아연실색게 했다. 이러한 해프닝이 심심찮게 있었는데도 10년 가까이 국가두마를 대표하는 의장직에 있다는 사실은 푸틴의 측근으로서 그리즐로프가 차지하는 영향력이 만만찮다는 방증이다.

그리즐로프는 본래 푸틴과 직접적으로 연계된 인물이 아니었다. 그는 정치에 입문하기 전 20여 년 이상을 전기 기술자로 지냈다. 고향도 극동의 블라디보스토크였다. 하지만 상트페테르부르크에서 대학을 다니면서 자연스럽게 상트페테르부르크 사단에 편입됐다. 그리즐로프에게서 주목할 점은 풍부한 인맥이다. 그는 1985년 상트페테르부르크에서 노동조합 대표로 활동할 때 KGB 지부장이던 파트루셰프(1999~2005년 FSB 국장)와 친한 사이였다. 그로부터 10년 후인 1998년 본격적인 정치가의 길로 들어섰다. 상트페테르부르크 의회 의원 선거에 실패해 좌절을 맛보았으나 이듬해 상트페테르부르크 주 지사 후보였던 빅토르 줍코프(2007~2008년 총리)의 선거대책본부에 들어가면서 반전의 계기를 맞았다. 애초 줍코프의 선대본부장은 그리즐로프가 아니라 코자크의 몫이었다. 하지만 코자크가 모스크바의 호출을 받고 대통령 행정실 법률자문으로 이동하면서 코자크가 그리즐로프를 추천하는 행운이 찾아온 것이다. 선거 초반 줍코프 후보의 지지율은 한 자릿수였지만 그리즐로프의 체계적인 캠페인으로 결국 줍코프는 당선됐다. 그 직후 실시된 국가두마 선거에서 그리즐로프도 의원 배지를 달게 됐다. 그런데도 그리즐로프는 여전히 상트페테르부르크의 '작은' 정치인에 불과했다. 이런 그를 모스크바라는 중앙 정치무대로 끌어올린 이는 푸틴의 최측근 인사이자 당시 크렘린의 '떠오르는 별'이었던 코자크 대통령 행정실 부실장이었다. 코자크는 그리즐로프를 푸틴에게 소개하며 '(줍코프) 선거대책본부 활동도 열심히 체계적으로 하고 국가두마 의원이어서 앞으로 국가두마에서 커다란 일을 해낼 인물'이라고 했다 한다. 푸틴의 든든한 지원 속에 그리즐로프는 통합러시아당의 전신인 '단합당'을 이끌게 됐고, 2003년부터 국가두마 의장이 됐다. 파트루셰프, 줍코프, 코자크라는 인맥이 없었다면 그리즐로프의 정치적 야심은 오래전에 물거품이 됐을지 모른다.

그리즐로프는 국가두마로 진출하면서부터 '푸틴의 스핀닥터(spin doctor)'로 불려왔다. 스핀닥터란 정부 수반이나 각료들의 측근에서 국민의 생각이나 여론을 수렴해 정책으로 구체화하거나 정부 정책을 국민에게 납득시키는 역할을 하는 정치 전문가를 뜻한다. 그리즐로프는 푸틴 집권 1년차이던 2001년 의회에서 "푸틴 대통령 아래서 러시아라는 국가는 강대국이 됐다"라고 하더니, 2007년 말 총선에서 푸틴이 이끌었던 통합러시아당이 압승하자 "총선을 통해 푸틴이 러시아의 '국부'임이 확인됐다. 러시아 국민은 푸틴의 정책과 방침을 지지한다"라고 말했다. 이 총선에서 푸틴 및 그리즐로프의 통합러시아당(315석)과 푸틴의 다른 측근 세르게이 미로노프가 이끄는 정의러시아당(57석)은 국가두마 의석 450석 중 83퍼센트인 372석을 획득했다. 사실 '푸틴=러시아의 국부'론을 처음 공론화한 이도 그리즐로프였다. 이러한 등식의 이론적 근거는 수르코프가 마련했지만, 공개적으로 처음 등장시킨 사람은 그리즐로프였던 것이다. 통합러시아당 최고위원회 의장인 그리즐로프는 또 2009년 11월 푸틴이 당 대표인 통합러시아당의 이념을 '러시아 보수주의'라고 규정했다. 그는 러시아 보수주의를 '침체와 혁명 없이 사회를 안정시키고 발전시키며 끊임없이 창조적으로 변화시키는 푸틴의 이념'이라고 설명했다.

그리즐로프는 푸틴을 위한 '굿 캅(good cop)' 역할을 자임한다. 몇 가지 예가 있다. 푸틴의 인기가 집권 내내 계속되면서 푸틴이 2008년 대선에 앞서 3선 개헌을 할 것이라는 예상이 많았던 가운데, 그리즐로프 국가두마 의장은 '대다수 의원들이 개헌에 반대하고 있다. 푸틴이 설령 개헌을 요청하더라도 개헌안이 국가두마에서 통과되기는 어려울 것'이라고 말했다. 물론 푸틴은 개헌 불가론을 외치고 있었다. 또 한 가지, 푸틴은 2012년 대선을 1년여 앞둔 2011년 5월 6일 볼고그라드의 통합러시아당 지역대표 대회에서 통합러시아당을 중심으로 노조, 청년·여성 단체, 퇴역 군인 단체 등이 참여하는 정치연합체인 '전 러시아 국민전선'을 만들자고 제안했다. 이에 대해 메드베데프 대통령은 '선거 전략 차원'이라며 부정적 견해를 표명했다. 이때 그리즐로프가 나섰다. 그리즐로프는 푸틴의 제안 후

보리스 그리즐로프

1950 12월 15일 블라디보스토크 출생
1973 상트페테르부르크전기통신대학교 졸업
1977 엘렉트론프리보르 공장 기술자
1999 단합당 상트페테르부르크 지역본부 위원장
1999 국가두마 의원
2000 국가두마 단합당 의장
2001 내무부 장관
2002 통합러시아당 의장(대표)
2003 국가두마 의장
2004 통합러시아당 최고위원장
2007 통합러시아당 의장 사퇴(후임으로 푸틴, 당 최고위원장직은 유지)

1주일 만인 12일 '벌써 100개가 넘는 단체들이 국민전선에 참여 의사를 밝혔다'고 설명하며 푸틴에게 힘을 보탰다.

| 지방자치단체 · 기타 |

:: 세르게이 소뱌닌

Sergey Sobyanin

▶ 모스크바 시장, 소뱌닌

소뱌닌이라는 성의 어근인 '소뱐(Sobyan)'이 쟁기를 끄는 사람이라는 뜻인 것처럼 세르게이 소뱌닌의 선조는 실제로 시베리아 벌판의 농부였다. 조상들만큼이나 소뱌닌 역시 시베리아의 단순 노동자에서 출발, 러시아 정계에서 막강한 영향력을 행사하는 인물로 떠오른다. 그 계기를 마련해준 이가 바로 푸틴이었다.

1958년에 태어난 소뱌닌의 고향은 서시베리아 튜멘 주에 있는 한티만시자치구다. 이곳은 러시아 석유매장량의 60퍼센트, 확인된 천연가스 매장량의 90퍼센트가량이 있어 '러시아의 사우디아라비아'라고 불리는 지역이다. 코스트로마기술대학교를 졸업한 소뱌닌은 곧바로 인근 첼랴빈스크 송유관 기술자로서 사회에 첫발을 내디뎠다. 1982년 한티만시자치구 내에 있는 코갈림 시청 근무를 계기로 공직에 첫발을 내디딘 그는 1991년 인구 4만 4300명의 코갈림 시장이 되면서 정치 이력의 한 획을 긋게 된다. 그가 시장이 됐을 때는 소련 공산주의 체제가 무너지던 시절로, 식료품점에서는 빵을 팔지 않았고 거리는 쓰레기로 넘쳐났으며 버스와 트람바이(전차) 기관사들은 파업을 계속했다. 시장 취임 전에 진행되던 시청사 건설 계획은 중단된 상태였다. 하지만 소뱌닌은 기사들과 제빵공장들을 일일이 찾아다니면서 '우리가 좀 더 참고 견디면 더 나은 삶을 누릴 수 있다'고 설득해 2년 만에 시의 모든 상황을 정상화시켰다. 이 같은 일련의 과정을 지켜본 러시아 언론들은 "코갈림이 서시베리아에서 가장 성공적인 도시 중 하나가 됐다"라고 평가했다. 소뱌닌 스스로도 코갈림 시장직 수행을 "가장 흥미로웠지만, 어려운 직책이었다"라고 말했다.

이 같은 소뱌닌의 능력을 푸틴은 주시했다. 푸틴은 코갈림 시장에서 한티만시자치구 부지사를 거쳐 주의회 의장 겸 러시아연방 상원 의원으로 승승장구하던 소뱌닌을 2000년 우랄 지구 러시아 대통령 전권 부대표 겸 튜멘 주지사로 발탁했다. 시험대에 올린 것이다. 우랄 산맥 주변을 망라하는 이 지역은 루코일과 튜멘석유(TNK) 같은 거대한 석유회사가 밀집한 유전 지대다. 인구도 326만 4840명이

나 됐다. 코갈림보다 무려 74배나 큰 지역이었다. 러시아 경제의 핵인 석유·천연가스가 풍부한 이곳의 행정과 경제를 제대로 운용할 수 있다면 그의 능력을 다시 검증할 필요가 없다는 이야기다. 결과는 어땠을까? 소뱌닌은 푸틴의 기대를 저버리지 않았다. 소뱌닌이 주지사로 근무하는 동안 이 지역의 예산은 2001년 105억 루블에서 2005년 1199억 루블로 11배나 증가했다. 이 돈은 교통 인프라 구축과 주민들의 삶의 질 향상에 주로 사용됐다. 당시 자리 잡은 그의 신조가 하나 있다. 바로 '말이 떨어지기가 무섭게'다.

푸틴은 2005년 소뱌닌에게 '나의 팀에 함께해달라'면서 '대통령 행정실 실장을 맡아줄 수 있겠느냐'고 요청했다. 소뱌닌의 긍정적인 대답이 있자마자 푸틴은 단숨에 소뱌닌을 모스크바로 끌어올렸다. 대통령 행정실장은 대통령 보좌는 물론, 크렘린의 모든 직원을 통제할 수 있는 자리다. 푸틴은 2008년 3월 정치적 후계자로 점찍은 12년 후배 메드베데프가 대통령 선거를 치를 때, 소뱌닌에게 메드베데프가 선거에서 승리할 수 있도록 도와줄 것을 지시했다. 메드베데프 선거대책본부장을 맡은 소뱌닌의 관리 능력은 이때도 빛을 발한 것으로 알려진다. 당초 50~60퍼센트에 머무를 것이라던 메드베데프의 득표율은 투표함을 연 결과 70.28퍼센트를 기록했는데, 소뱌닌의 능력 때문으로 보는 견해가 대다수다. 푸틴은 2008년 5월 대통령직을 메드베데프에게 물려주고 자신은 총리로 내려앉으면서 소뱌닌을 부총리 겸 총리 비서실장으로 임명했다. 그러고는 2년 만에 '러시아 제3의 권력자'라는 모스크바 시장에 모스크바 출신이 아닌, 소뱌닌을 임명했다.

　소뱌닌의 정치관에 대해서 모스크바 정가의 의견은 대립한다. 푸틴에게 충성하는 단순한 테크노크라트라는 관점이 있는가 하면, 반대로 막후에서 움직이는 타고난 정치인이라는 견해가 있다. 특히 소뱌닌은 정치인으로서 빨리 배우고 개혁 마인드를 가진 사람이라는 시각이 있다. 하지만 적어도 지금까지 소뱌닌이 보여준 모습은 카리스마가 부족하고 정치적 야심이 크지 않은 인사로 비쳐진다. 직설적이고 포퓰리즘적 성향이 강했던 루시코프 전 모스크바 시장과 달리, 소뱌닌은 관리자로서 자신의 목소리를 크게 내지 않는 성향을 보여 왔기 때문이다. 그는 러시아의 다른 정치인과 달리 지금까지 언론 인터뷰도 거의 하지 않았다.

세르게이 소뱌닌

1958 6월 21일 한티만시자치구 출생
1980 코스트로마기술대학교 졸업
1989 소련법률대학교 졸업(법학 박사)
1991 한티만시자치구 코갈림 시장
1994 한티만시자치구 의회 의장
2000 우랄 지구 대통령 전권 부대표 겸 튜멘 주지사
2005 대통령 행정실장
2008 부총리 겸 푸틴 총리 비서실장
2010 모스크바 시장

:: 람잔 카디로프

Ramzan Kadyrov

▶ 체첸의 왕, 카디로프

127만 명의 인구를 가진 러시아연방 내 체첸공화국의 최고지도자다. 람잔 카디로프의 별명은 당연한 듯싶지만 '체첸의 왕'이다. 별명답게 그는 중세의 전제적 폭군 같은 통치 방식을 고집한다. '체첸의 복서'라는 별명도 있는데, 그가 전세계 헤비급 챔피언인 마이크 타이슨과 교류할 정도로 복싱광이기 때문이다.

카디로프가 푸틴과 유대를 맺게 된 것은 1999년이다. 푸틴이 처음 총리로서 지휘했던 제2차 체첸 전쟁이 벌어졌을 때 카디로프는 자신의 클랜(clan, 씨족)과 측근 인사들을 이끌고 모스크바로 갔다. 카디로프 클랜은 체첸공화국의 이슬람주의자들이 추진한, 러시아로부터의 체첸 독립에 반대하던 이들이었다. 모스크바에 입성한 카디로프는 FSB에서 정보 교육 등을 받았다. 나중에 '카디로바이트 (Kadyrovite)'라고 불리게 되는 클랜 멤버들은 체첸공화국 대통령 직속 정보국 요원들로 변신했다. 이들의 임무는 독립을 꾀하는 체첸 사람이나 조직을 분쇄하는 것이었다. 당시 FSB가 FSB 국장을 거쳐 총리가 된 푸틴의 영향력 아래에 있었음은 물론이다.

푸틴과 연줄이 닿은 또 한 차례의 계기는 2004년에 찾아왔다. 2004년 5월 람잔의 아버지 아흐마드 카디로프(Akhmad Kadyrov) 체첸공화국 대통령이 제2차 세계대전 승전 기념식 행사에서 체첸 독립을 요구하는 무장 세력의 테러 공격을 받고 숨졌을 때였다. 푸틴 대통령은 이튿날 무장 헬기를 타고 체첸을 직접 방문했다. 그러고는 람잔을 포함해 아흐마드 카디로프의 유가족을 위로했다. 이때 푸틴은 람잔을 지지하겠다고 약속했고, 람잔 역시 푸틴에게 감사를 표했다. 상호 교감이 이뤄진 것이다. 그 당시 푸틴에 대한 람잔 카디로프의 인상이 어땠는지를 보여주는 러시아 언론의 인터뷰 내용이 있다. "푸틴은 아주 멋진 사람입니다. 푸틴은 러시아연방의 어떤 다른 공화국보다도 체첸을 특별히 더 생각합니다. 아버지가 돌아가셨을 때 푸틴은 직접 장례식에 와주셨습니다. 푸틴은 체첸 전쟁을 멈추게 한 사람이기도 합니다. 평생의 은인이고 우리의 대통령입니다. 푸틴과 같은 강력한 지도자와 강력한 지도자에 의한 통치가 필요합니다."

푸틴의 지지를 등에 업은 람잔은 체첸공화국의 부총리와 총리를 거쳐 마침내 2007년 대통령에 취임했다. 그의 나이 불과 31세였다. 이와 관련해 재미있는 뒷얘기가 있다. 푸틴은 람잔을 아흐마드 카디로프가 사망한 2004년에 체첸공화국의 대통령에 발탁하려 했다. 하지만 '대통령은 만 30세 이상이어야 한다'는 체첸 헌법의 조항이 걸림돌이었다. 푸틴은 상트페테르부르크 법대, 카디로프는 마하치칼린스키 법대 출신이다. 법학도 출신의 두 사람이 법에 위배되는 행동을 할 수는 없는 노릇이었다. 이 때문에 푸틴은 람잔이 만 30세가 되기만을 기다려야 했다. 또한 2007년 5월 영국의 정치문화계 저명인사 100여 명이 푸틴 대통령에게 '공포와 억압 정치의 대명사인 카디로프를 해임해달라'고 요구했으나 푸틴은 '카디로프만이 체첸의 평화와 안정을 기할 수 있다'면서 이를 정중히 거절했다. 람잔은 대통령 취임 연설에서 '러시아를 위해, 러시아와 함께, 러시아의 체첸' 등 체첸공화국이 러시아연방의 구성 국가임을 강조, 푸틴과의 유대를 끈끈하게 이어갔다. 그는 러시아 집권당인 통합러시아당 최고위원도 겸하고 있다.

푸틴에 대한 카디로프의 충성은 2008년 거리 이름 개명 논란에서도 엿볼 수 있다. 람잔 카디로프는 체첸의 수도 그로즈니의 중심가를 '프로스펙트 포비예디(Prospekt Pobyedy, 승리 거리)'에서 '프로스펙트 푸티나(Prospekt Putina, 푸틴 거리)'로 바꾸기로 했다. 러시아어의 프로스펙트는 우리의 대로(大路)에 해당한다. 이때 람잔이 내세운 명분은 '푸틴은 체첸의 구원자'라는 것으로, 그는 체첸 국민의 99퍼센트가 개명 결정을 지지할 것이라고 했다. 푸틴 대통령은 이에 대해 "내게 누구를 압박할 권한이나 기회는 없지만 이러한 일(거리 이름 개명)이 일어나지 않기를 바란다. 거리 이름을 바꾸는 것은 물론 동상을 설립하고 교과서에 사진이 실리는 것도 원치 않으므로 개명 계획을 철회해달라"라고 요구했다. 그런데도 람잔은 개명을 밀어붙였다.

람잔 카디로프는 또 2010년 8월에는 러시아연방 대통령뿐 아니라 지방공화국 수반에게도 사용되던 '대통령'이란 호칭을 앞으로는 사용하지 않겠다는 입장을 밝혔다. 이번에도 명분은 '러시아의 영원한 대통령'이라는 푸틴에 대한 존경의 표시였다. 람잔 카디로프는 2011년 3월부터 자신의 직함에서 대통령을 뜻하는 프레지던트(President)를 지우고, 대신 수반을 의미하는 글라바(Glava)로 표기했다. 람잔은 또 2010년 10월 24일 자 미국 시사 주간지 〈뉴스위크〉와의 인터뷰에서 "나의 우상인 푸틴 총리가 2012년 대통령 선거에서 당선되기를 바라며, 그가 살아 있는 내내 대통령직에 있기를 희망한다"라고 말함으로써 푸틴에 대한 최상의 충성심을 보였다.

람잔 카디로프

1976 10월 5일 체첸공화국 샬린스키 주 첸토로이 출생
1999 체첸 대통령 직속 정보국장
2004 마하치칼린스키 법정대 졸업(변호사)
2004 체첸 부총리
2006 체첸 총리
2007 체첸 대통령
2011 체첸공화국 수반(명칭 변경)

:: 미하일 주라보프

Mikhail Zurabov

▶ 소방수, 주라보프

미하일 주라보프는 그레프, 쿠드린과 함께 푸틴의 3대 자유주의적 개혁주의자 가운데 한 명이다. 푸틴 집권 초기 러시아 경제 정책의 입안자인 셈이다. 여러 실책이 있었지만 푸틴의 신임이 두터워 푸틴 대통령 집권 후반까지 경제 정책에서 손을 떼지 않았다. 다만 1990년대 초 푸틴과 인연을 맺었던 그레프·쿠드린과 달리 주라보프는 1990년대 후반 대통령 행정실에서 근무하며 푸틴과 맥이 닿았다. 세 명 가운데서는 가장 늦게 푸틴과 접촉이 이뤄진 것이다. 별명은 '소방수'다. 늘 위기 상황을 맞는 소방수처럼 주라보프에게는 늘 해결이 녹록지 않은 과제만 주어진다는 차원에서 붙여졌다.

그레프·쿠드린의 추천으로 러시아의 최대 난제 중 하나였던 연금 개혁을 주라보프에게 맡긴 푸틴은 2000년 러시아연방 연금펀드 의장이라는 중책을 부여하면서 '연금 개혁을 성공적으로 이끌어달라'고 부탁했다. 러시아에서 연금 개혁 문제는 서방 국가들과는 완전히 다른 성격의 중요한 문제다. 1991년 소련이 붕괴하기 전까지는 사실상 소련의 전체 국민이 연금 생활자였다. 소련 붕괴 이후 급격한 개방이 가져온 극심한 빈부격차로 고통받는 대다수 러시아 국민의 생계유지를 가능케 하는 유일한 버팀목이 바로 연금이었다. 이를 개혁하는 것은 체제 전환 이후 가장 큰 난제였다. 오죽하면 러시아에 1997년부터 2006년까지 '러시아 연금자당(Rossiyskaya Partiya Pensionerov)'이라는 정당이 존립할 정도였을까. 아무리 대학교에서 경제학·수학을 전공했던 주라보프라고 해도 연금 문제 해결은 결코 쉽지 않은 과제였다.

게다가 푸틴은 주라보프를 2004년 보건 및 사회보장부 장관에 임명, 원만한 의약품 공급이라는 또 하나의 과제를 보냈다. 이 부분은 설명이 좀 필요하다. 소련 붕괴 후의 러시아는 과거 무상 혜택으로 이루어진 기존의 사회보장 제도를 '현금 보상 체제'로 개혁해가고 있었다. 의료 혜택도 마찬가지였다. 의료 혜택 개혁안에 따라 러시아 국민은 기존의 무상 의료 혜택 유지, 현금 보상 방안 중에서 하나를 선택할 수 있었다. 무상 의료 혜택이 자신의 건강에 대한 일종의 보험 제도인데도, 러시아에서는 병원에 자주 가지 않아도 되는 일부 의료 급여 수급자가 극심한 생활고로 인해 현금 보상안을 선택하는 비율이 전체 수급자의 절반까지 급증했다. 이를 지원하기 위해 러시아 정부는 2005년 의약품 특별 예산을 편성했다. 그러자 국가로부터 더 많은 돈을 타내기 위해 제약회사들과 일부 의사들이 뒷거

래를 통해 더 비싸고 더 많은 양의 약품을 처방하는 행위를 자행했고, 그 결과 배정된 예산보다 여섯 배나 지출이 늘었다.

연금 개혁과 의약품 공급 문제는 서민 생활과 직결됐고, 당연히 이들 과제는 푸틴 정권에도 커다란 부담이 됐다. 마침내 2005년 국가두마는 주라보프 장관에 대한 불신임안을 제출했다. 하지만 부결됐다. 주라보프는 푸틴에게 사직을 요청했다. 그런데도 푸틴은 보란 듯 주라보프를 감쌌다. 당시 푸틴의 말이다. "(집권) 통합러시아당과 국가두마가 주라보프의 사퇴를 원하고 있습니다. 모든 사람이 떠나길 원하면 남으려 하지 않는 것이 좋다는 말이 있다는 것을 나도 압니다. 주라보프는 예비역 장교로서, 장교의 명예를 알기에 (보건 및 사회보장부 장관직에서) 떠난다고 했습니다. 하지만 누구에게(장관을 맡겨)도 연금과 사회보장 문제는 쉽지 않은 문제입니다." 이러한 푸틴의 비호 때문에 주라보프는 유임됐고, 그 이후에도 연금과 의료보장 제도에서 문제가 돌출했지만 주라보프는 2007년까지 2년을 더 장관으로 일할 수 있었다.

약 2년간 잠시 '실업자' 신세로 떨어졌지만 푸틴은 주라보프를 버리지 않았다. 오히려 그에게 중책을 맡겼다. 2009년 푸틴 총리는 메드베데프 대통령에게 주라보프를 우크라이나 주재 대사로 임명해 줄 것을 제청했다. 우크라이나어를 자유자재로 사용하는 유능한 주라보프만이 '우크라이나의 반(反)러시아 감정을 누그러뜨릴 수 있다'는 이유에서였다. 사실 러시아와 우크라이나의 관계는 푸틴 정부 들어 순탄치 못했다. 친러시아적인 레오니트 쿠치마 정권의 대선 부정 행위를 눈감아주며 우크라이나 국민의 분노를 야기한 푸틴의 실책인 측면이 있었다. 여기에 우크라이나가 2004년 쿠치마 정권의 부정부패를 딛고 '오렌지 민주화 혁명'을 성공시킨 후 친서방 지도자들인 빅토르 유셴코(Viktor Yushchenko) 대통령-율리야 티모셴코(Yulia Tymoshenko) 총리 정권이 들어선 것이 더 커다란 걸림돌이었다. 이 때문에 러시아와 우크라이나는 가스 공급 문제 등 사사건건 대립했고, 특히 2008년 러시아와 조지아 전쟁 이후 관계는 더욱 나빠졌다. 이를 해결할 적임자로 푸틴은 주라보프를 선택한 것이다. 주라보프는 2010년 6월 친러시아 성향의 빅토르 야누코비치(Viktor Yanukovych) 우크라이나 대통령에게 신임장을 제정하면서 '여러 특성의 차이가 있었지만 우크라이나와 러시아는 한 나라'라는 점을 강조했고, 우크라이나 각계와도 접촉해 반러시아 감정 해소에 기여하는 등 푸틴의 기대에 부응하는 모습을 보였다.

미하일 주라보프

1953 10월 3일 상트페테르부르크 출생
1975 모스크바경영대학교 졸업
1992 막스(MAKS 국제항공 우주쇼 회사) 사장
1998 보건부 제1차관
1998 대통령 행정실 자문
2000 러시아연방 연금펀드 의장
2004 보건 및 사회보장부 장관
2009 우크라이나 주재 대사

2

경제계

:: 아나톨리 추바이스

Anatoly Chubais

추바이스는 푸틴과 처음엔 원수가 될 뻔했던 사이다.

정치적 대부 솝차크가 1996년 상트페테르부르크 시장 재선 도전에서 떨어진 뒤 그때까지 선거대책본부장이었던 푸틴은 하루아침에 실업자 신세가 됐다. 다행히 상트페테

▶ 러시아 시장경제의 아버지, 추바이스

르부르크 출신의 선배 정치인 보로딘 당시 옐친 대통령 행정실장이 그해 8월 푸틴을 대통령 행정실 부실장으로 내정해 실업자를 면하는 듯했다. 그러나 상트페테르부르크에서 모스크바행을 준비하는 사이 푸틴은 청천벽력처럼 자신이 낙점된 행정실 부실장 자리가 갑

자기 없어지고, 행정실 공보부장으로 이동하라는 통보를 받게 된다. 행정실 부실장 직책이 사라진 것은 보로딘의 후임으로 새 대통령 행정실장이 된 추바이스가 부실장 직책을 없애라고 지시했기 때문이다. 이유야 어찌됐든 푸틴의 자리가 단칼에 날아간 것이다. 결과적으로 푸틴은 행정실 부실장이 아닌, 그보다 한 단계 낮은 공보부장에 임명됐다. 추바이스가 자신보다 나이도 두 살이나 많은 푸틴이 동향(同鄕)이라는 점을 이미 알고 있는 상황에서 의도적으로 행정실 부실장 직책을 없앤 것인지, 푸틴이 행정실 부실장보다는 공보부장에 더 적합하다고 판단해 공보부장으로 천거한 것인지, 아니면 푸틴이라는 사람이 내정된 것을 모르는 상황에서 부실장 직책을 없앤 것인지 등에 대한 여부는 지금도 확인되지 않는다. 어찌 됐든 상트페테르부르크에만 머물던 푸틴을 중앙 정치무대로 끌어올리는 데 추바이스가 어느 정도 역할을 했던 것만큼은 분명하다. 푸틴도 자서전 『자화상』에서 추바이스에게 개인적인 감정은 없다고 밝혔다. "추바이스가 (내가 맡을 직책을 정리)한 것은 기분 나쁘지 않았습니다. 의사 결정 과정에서 그에게 목표의식과 강한 추진력이 있다는 건 알고 있었습니다. 기존의 행정 조직이 업무에 부합하지 않는다고 판단했을 겁니다. 솔직히 그에게 섭섭한 마음을 갖지 않았습니다. 추바이스는 현실을 직시할 줄 알고, 쓸데없는 생각에 빠지는 사람이 아닙니다."

추바이스는 '러시아 사유화의 아버지' 혹은 '러시아 시장경제의 아버지'로 통한다. 미하일 고르바초프가 소련공산당 서기장 시절 추진했던 페레스트로이카(perestroika, 재편) 때 가장 논쟁의 대상이 된 것이 소련의 계획경제 시스템을 어떻게 재편하느냐였다. 경제학 박사였던 추바이스는 1987년 '페레스트로이카 클럽'을 만들어 개혁적 사고를 가진 이들에게 토론 장소를 제공했다. 그러고는 1991년 연방이 붕괴하는 시기와 때를 같이해 상트페테르부르크 시장인 숍차크의 경제자문이 되고 곧바로 고스코미무세스트보(Goskomimu-shchestvo, 공공재산의 사유화를 책임진 국가기관)의 의장, 예고르 가이다르(Yegor Gaidar) 총리 내각의 사유화 장관으로 수직 승진하면서 자신의 생각을 실천에 옮겼다.

추바이스는 국가 자산의 무조건 매각에는 반대했다. 대신 러시아 국민이 국영회사의 지분을 주식과 유사한 형태의 바우처(voucher)로 보유해야 한다고 생각했다. 결과적으로 보면 이런 추바이스의 생각은 올리가르히의 탄생을 가져오게 된다. 돈이 많은 올리가르히는 당시 생필품 부족에 시달리던 서민들에게서 대부분이 석유나 천연가스 혹은 광물 기업인 이들 국가 자산의 바우처를 헐값에 사들였다. 소련 해체 후 바우처는 엄청난 가치 상승을 가져왔다. 자연히 바우처를 대량으로 사들인 이들은 막대한 부를 축적해 올리가르히로 탈바꿈하고 러시아 전체 매출의 3분의 1을 차지할 정도로 세력이 커졌다. 훗날 러시아인들은 추바이스를 '러시아를 올리가르히에 팔아먹은 국민의 적'이라고 욕했다. 하지만 추바이스의 생각은 다르다. 그는 '올리가르히는 러시아 성장을 견인한 경제 엔진'이라며 "국영기업보다 올리가르히가 러시아 산업 개혁에 이바지한 공이

더 크다"라고 말했다.

이런 논란에도 추바이스는 옐친 정권 시절이던 1998년 러시아 통합전력시스템(UES) 회장에 오른 뒤 경영 능력을 인정받았다. 그리고 이어진 푸틴 정권에서도 굳건히 버텨왔다. 추바이스에게 위기가 없었던 것은 아니다. 2005년 5월 25일의 일이다. 모스크바에서 대규모 정전 사태가 발생했다. 푸틴 대통령은 이날 지방 출장을 미룬 채 추바이스에게 비판을 쏟아냈다. 푸틴은 추바이스 회장에게 직접 전화를 걸어 "UES 경영진이 충분한 관심을 기울이지 않은 것이 이번 사태의 원인이다. UES는 글로벌화하는 문제와 회사 개혁에만 힘쓸 것이 아니라 현재 국내 사업 활동에도 관심을 기울여야 한다"라고 말했다. 추바이스는 푸틴의 지적에 "UES 사장으로서 책임을 통감한다. 잘못된 것은 고치겠다"라고 사과했다. 추바이스는 러시아 전력 공급의 70퍼센트를 담당해온 공기업 UES를 민영화해 기업 간 경쟁을 유도하고 외국 투자가를 끌어들인다는 계획을 실행하다가 수도 모스크바의 정전이라는, 예상치 못한 장벽에 부딪힌 것이었다. 하지만 이런 시련을 이겨내고 추바이스는 2008년 UES 산하 73개 회사와 44개 발전소를 24개의 민영 회사로 완전히 독립시켰다. 추바이스는 '민영화에 따른 자산 매각으로 벌어들인 400억 달러(약 44조 원)는 발전소 건설과 전력망 확충에 쓰일 것'이라고 밝혔다.

푸틴은 추바이스의 이런 공로를 인정했다. 서방 언론들은 '추바이스의 개혁은 푸틴 시절 대규모로 추진된 국가 기간산업의 재(再)국유화 흐름과는 상반되는 것'이라며 푸틴과 추바이스가 대립하는 대표적인 사례로 들었지만, 이는 사실에 부합하지 않는 이야기다. 푸틴이 석유와 천연가스 같은 주요 에너지원의 재국유화를 추진한 것은 사실이지만, 그렇다고 모든 에너지원의 국유화를 시도한 것이 아니라 경쟁력 있는 산업 육성을 위해 노력했고 이러한 맥락에서 추바이스가 기여한 공이 크기 때문이다. 실제로 푸틴은 러시아 경제의 지속적 성장을 위한 새로운 동력이 필요하다고 인식해, 2008년 자본금 50억 달러를 투자해 '로스나노'를 설립하고 추바이스를 사장에 앉혔다. 이 회사는 나노 기술을 상용화하기 위한 회사다. 나노 기술 관련 연구는 소련 시절부터 핵물리학으로 유명한 쿠르차토프연구소가 주로 맡고, 로스나노는 이를 상업화하는 데 주력해왔는데 추바이스를 이 회사의 대표로 임명한 것은 추바이스가 푸틴을 떠받치는 주요 인사임을 말해주는 것이다.

아나톨리 추바이스

1955 6월 16일 벨라루스공화국 보리소프 출생
1977 상트페테르부르크경제공학대학교 졸업
1982 상트테테르부르크경제공학대학교 박사, 조교수
1987 상트페테르부르크 페레스트로이카 클럽 설립
1991 상트페테르부르크 시 자문위원
1992 고스코미무셰스트보 의장
1994 제1부총리
1998 러시아통합전력시스템 회장
2008 로스나노 사장

:: 알렉세이 밀레르

Alexey Miller

▶ 가스 황제, 밀레르

밀레르는 푸틴이 심혈을 기울여온 '가스 외교'의 수장이다. 일명 '가스 황제'로도 불린다. 10년 넘게 러시아 국영 천연가스 기업이자 '가스 제국'으로 일컬어지는 가즈프롬을 책임지고 있다. 푸틴이 2001년 밀레르에게 '경영난에 처한 가즈프롬을 살리라'는 특명을 내렸는데, 그 임무를 성공적으로 수행하면서 한순간에 러시아 가스 산업계의 스타로 부상했다. 밀레르라는 성에서 유추할 수 있듯이, 그는 독일계다. 재계 인사들은 이 때문에 같은 독일계 인사인 그레프와 밀레르를 합쳐 러시아 권력 내부의 '독일 병정들'이라고 자주 부르곤 한다.

　밀레르는 1991년부터 1996년까지 상트페테르부르크 시 대외관계위원회에서 연구원으로 근무할 때 푸틴을 처음 만났다. 대외관계위원장 푸틴은 외자 유치 등 위원회의 업무를 강력하게 밀고 나가는 밀레르의 신념을 높이 평가했다고 한다. 대통령이 된 푸틴은 2001

년 에너지부 차관이던 밀레르에게 가즈프롬 회생 특명을 부여했다. 푸틴의 명령을 받은 밀레르는 '반드시 가즈프롬의 매출과 이윤을 늘리고 가즈프롬을 세계적인 기업으로 키우겠다'고 약속했다. 그는 실제로 3년 만인 2004년 안팎의 역경을 이겨내고 가즈프롬을 시가총액 세계 5위의 기업으로 발돋움시켜 푸틴을 흐뭇하게 했다고 한다.

밀레르가 가즈프롬 사장에 앉던 초창기, 그에게는 결코 쉽지 않은 여정이 예고됐다. 회사를 총괄해오던 전임 사장 렘 뱌히레프(Rem Vyakhirev)가 경영상의 실수로 1999년 푸르가즈라는 자회사를 매각하는 등 회사의 세(勢)가 기울고 있었다. 부채 덩어리를 떠안은 채 밀레르가 사장 업무를 시작한 것이다. 게다가 밀레르 사장을 맞은 가즈프롬 이사진의 반응도 탐탁지 않았다. 이사들은 밀레르의 강한 성격을 좋아하지도 않을뿐더러, 강한 지도자가 오게 되면 자신들의 기득권이 박탈될 수 있다고 생각해 사사건건 반대했다고 한다. 밀레르는 결단력과 한번 결정하면 밀어붙이는 추진력이 강해 가즈프롬 사장 취임 전부터도 늘 주변 사람들에겐 '경계 대상 1호'였고 적이 많았다는 게 러시아 재계 인사들의 공통된 평가다. 주변에서 어느 정도로 밀레르를 경계했는지 보여주는 사례가 빅토르 체르노미르딘(Viktor Chernomyrdin) 전 총리(1992~1998) 겸 가즈프롬 사장과의 관계에서 적나라하게 드러난다. 총리와 가즈프롬 사장에서 물러난 지 4년이 넘었지만 당시(2002)까지만 해도 체르노미르딘 전 총리의 영향력은 현직 총리에 못지않았다. 가즈프롬의 이사들은 체르노미르딘 전 총리에게 압력을 넣어 '밀레르가 전횡을 한다', '가스

를 도둑질하고 있다', '곧 가즈프롬 사장에서 물러날 것'이라는 등의
헛소문을 퍼뜨리게 했다. 또한 체르노미르딘 전 총리는 직접 푸틴
대통령을 찾아가 '밀레르를 해임해야 한다'는 말까지 했던 것으로
알려졌다. 하지만 푸틴은 단호했다. '밀레르를 믿고 있으니 좀 더 지
켜보자'며 '반드시 가즈프롬을 다시 태어나게 할 것'이라고 했다 한
다. 이 사건이 있은 뒤 밀레르는 국가와 회사에 충성도가 낮은 직원
은 가차 없이 해고하고 가즈프롬을 친위 조직으로 만들었다.

밀레르가 가즈프롬을 세계적인 기업으로 키운 데는 이 같은 인
적 쇄신도 커다란 몫을 했지만, 여러 회사로 흩어져 있던 가스 수출
권을 2005년쯤부터 가즈프롬의 자회사인 가즈프롬엑스포르트
(Gazpromexport)로 일원화한 데 있다. 밀레르의 생각은 이랬다. "러
시아에서 생산돼 국경을 벗어나는 가스 수출 채널은 단일 시스템을
통해 이뤄져야 한다. 지금까지 가스 수출권이 여러 업체로 분산돼
있는 관계로 가스 공급자 간의 경쟁을 몰고 와 사실 더 많이 받을 수
있는 가격을 낮춰 받곤 했다. 이것은 러시아의 국익을 위해 바람직

알렉세이 밀레르

1962 1월 31일 상트페테르부르크 출생
1984 상트페테르부르크재정경제대학교 졸업
1990 상트페테르부르크재정경제대학교 경제학 박사
1991 상트페테르부르크 시 대외관계위원회 연구원
1996 상트페테르부르크 항(港) 투자감독처장
1999 발틱파이프라인 사장
2000 에너지부 차관
2001 가즈프롬 사장
2005 가즈프롬 사장 겸 가즈프롬 이사회 공동의장

하지 못한 것이다."

또 한 가지 요인은 그동안 서유럽에 편중됐던 수출선을 다변화한 공을 꼽을 수 있다. 밀레르는 2006년 한 회의에서 "가스를 사용하는 나라는 서유럽만이 아니다. 아시아의 중국과 일본, 한국도 있다. 가즈프롬은 이제 아시아 지역을 향해 생산을 늘리고 이윤을 추구함으로써 더욱 영향력이 있는 기업으로 발전할 것"이라고 말했다. 푸틴은 이런 밀레르의 공을 인정해 2005년 밀레르를 메드베데프와 동격인 가즈프롬 이사회 공동 의장으로 승격시켰다.

:: 블라디미르 야쿠닌

Vladimir Yakunin

러시아 국내외 언론인들 사이
에서 불리는 블라디미르 야쿠
닌의 별명은 '러시아판 원우먼
맨(one-woman man)', 말 그대
로 한 여성만을 사랑하는 남자
란 뜻이다. 이 별명이 나온 유
래를 정확하게 파악하기는 힘
들지만, 크렘린 출입 기자들에

▶ 러시아판 원우먼맨, 야쿠닌

따르면 야쿠닌이 푸틴만을 위해 충성한다는 맥락으로 이해된다.

　푸틴과는 다차가 서로 이웃에 있어 1990년대 초반부터 자연스
레 친밀해진 것으로 알려졌다. 지금도 상트페테르부르크 인근 이바
노보 콤소몰스코예 호수 지역에는 러시아 실권자들의 다차가 몰려
있는데, 이곳에는 푸틴과 야쿠닌, 푸르센코 등의 다차가 위치해 있
다. 다차에서 자주 만나 러시아의 현안을 논의하게 되면서 이 다차
소유주들은 1996년 아예 '오제로'라는 이름의 커뮤니티를 만들었
다. 물론 이들 사이에는 KGB라는 공통분모도 있었기 때문에 더욱
관계가 긴밀했던 것으로 알려진다. 러시아의 정치평론가들도 야쿠

닌이 KGB 요원이었다고 시인한다. 하지만 언제 KGB에 들어갔는지, 어떤 활동을 했는지에 대해선 '잘 모른다'는 얘기들만 한다. 러시아 여권의 소식통들은 대체로 야쿠닌이 1985년 미국 뉴욕의 유엔 대표부에 1등 서기관으로 부임하기 직전부터 KGB 요원 교육을 받았을 것이라는 추측에 무게를 싣는다. 유엔 대표부에서 근무할 경우 보통 KGB의 해외 담당 부서인 해외정보국 요원으로 활동하는 게 일반적이기 때문이다.

야쿠닌이 어느 정도로 푸틴에게 충성하기에 '원우먼맨'이란 별명이 붙었을까? 이를 보여주는 에피소드들이 있다.

그는 2001년 '폰드 안드레야 피에르브즈본노보(성 안드레아 재단)'를 설립했다. 러시아 국가의 영광을 재현하자는 뜻으로 설립한 일종의 공익재단이었다. 이는 러시아의 국교인 러시아정교회와 매우 밀접한 관계를 가졌다. 러시아정교는 러시아 국민의 90퍼센트 이상이 믿는 종교다. 정교회 신자인 푸틴도 당연히 이 재단의 이사였다. 이 재단은 2004년 러시아 대선에서 푸틴을 지지하자는 데 공감했고, 러시아정교회를 파고들어 푸틴에 대한 지지를 확산시키는 데 공헌했다. 이를 주도한 이가 바로 야쿠닌이었다는 것이다.

다른 하나는 2007년 푸틴의 대통령 퇴임 1년을 앞두고 푸틴의 후계자와 관련된 소문이 떠돌 때의 일이다. 당시 후계자 후보군에는 메드베데프, 세르게이 이바노프 등과 함께 야쿠닌이 포함됐다. 하지만 야쿠닌은 '러시아에 적대적인 세력이든, 러시아를 사랑하는 세력이든 어느 누구도 러시아가 혼란에 빠지는 것을 원하지 않을 것이다. 러시아에선 오직 푸틴만이 진정한 지도자'라며 자신의 이름을 후보군에서 빼줄 것을 정치권 출입 기자들에게 요청했다는 후문이다. 정치부 기자들은 이러한 행태가 푸틴에 대한 야쿠닌의 충성을 단적으로 보여주는 사례라고 했다. 그는 2007년 독일의 주간지 〈슈피겔〉과의 인터뷰에서도 "러시아의 정치체제는 이제 걸음마 단계이며, 푸틴 덕분에 이제 정당정치가 자리를 잡게 됐다. 더 많은 민주주의가 필요하지만 푸틴이 잘 해나가고 있다"라고 말했다.

아무튼 정치권 입문 초기부터 푸틴에게 충성심을 보였던 야쿠닌은 전 세계에서 가장 커다란 운송회사이자, 러시아에서 두 번째로 규모가 큰 회사인 철도공사(RZD)의 사장으로 오랫동안 근무했다. 러시아 철도공사는 근로자 수만 120만 명에, 관할하는 철로 길이만 8만 8000킬로미터에 달한다. 푸틴은 2003년 야쿠닌에게 이 거대한 철도공사의 운영을 맡기면서 '소련 시대 철도의 비효율성을 개선하고 고효율의 철도를 만들어달라'고 부탁했다.

블라디미르 야쿠닌

1948 6월 30일 블라디미르 주 멜렌키 출생
1972 상트페테르부르크기계공학대학교 졸업
1972 국영 상트페테르부르크화학연구소 연구원
1975 소련군 복부
1977 소브민(소련 재정부) 국제무역위원회 위원
1985 유엔 주재 소련 대표부 1등 서기관
1991 반크 로시야 이사
1997 발트우넥심반크 이사
2000 교통부 차관
2002 교통부 제1차관
2003 러시아 철도공사 사장

:: 게르만 그레프

German Gref

게르만 그레프는 쿠드린과 쌍벽
을 이루며 '푸티니즘(Putinism)'
으로 일컬어지는 푸틴의 경제
정책 초석을 입안한 또 한 명의
경제 브레인이다. 그레프는 안
정화기금을 쿠드린과 공동으로
고안했고 1991년 소련 붕괴와
1998년 디폴트 선언 이후 러시

▶ 푸티니즘 입안, 그레프

아 경제의 새로운 프레임을 짠 것으로 평가된다.

　　푸틴과는 독일과 상트페테르부르크 그리고 법학이라는 공통분
모로 엮여 있다. 게르만이라는 이름에서 알 수 있듯이, 그레프는 독
일계 후손이다. 당연히 헤르만 그레프(Herrmann Gräf)라는 독일식
이름이 있고, 독일어 역시 유창하다. 그레프는 1964년 카자흐스탄
에서 태어났다. 그의 부모는 원래 우크라이나 도네츠크에서 살았지
만 1941년 독일 침공 때 스탈린의 이주 정책에 따라 카자흐스탄으
로 이주하면서 독일계인 게르만은 고향이 카자흐스탄이 됐다.

　　독일과 관련된 일화가 하나 더 있다. 그레프는 러시아 정가에서

억세게 운이 좋은 사람으로 통하기도 한다. 1991년 상트페테르부르크 인근에 있는 인구 6만 명의 작은 도시 페트로드보레츠(1944년까지는 페테르고프) 시 경제개발·자산위원회의 법률자문으로 공직 생활을 시작한 그는 1997년에 일약 상트페테르부르크 자산관리위원회 위원장 겸 부시장으로 초고속 승진을 하게 된다. 부시장이던 미하일 마네비치(Mikhail Manevich)가 지역 마피아에게 암살됐기 때문이다. 1990년대만 해도 러시아 마피아는 정부 자산 통제권을 쥐락펴락하며 민영화를 추진하던 마네비치와 충돌했다. 마네비치는 민영화를 반대하는 마피아와 계속 부딪치던 중 총탄을 맞았다. 마네비치의 후임이 된 그레프는 암살 위협에 굴하지 않고 전임자보다 더 강경하게 민영화 정책을 밀고 나갔다. 이 때문에 그레프 역시 마피아의 영향권 아래 있던 지역 부동산업자 및 개발업자들과 사사건건 충돌했다. 마피아와 지역 개발업자들은 '과연 민영화가 제대로 되는지 두고 보자'며 계속 그레프를 위협했다. 그레프로서는 민영화가 여러 가지 혜택을 가져다주는 모범 사례가 필요했다. 그래서 손을 댄 곳이 상트페테르부르크 교외에 있는 스트렐나(Strelna) 지역이다. 인구 1만여 명에 불과한 이 지역을 재개발하기 위해 그레프는 자신의 혈통인 독일계 기업을 끌어들였다. 보슈(Bosch)와 지멘스(Siemens) 등의 기업을 이 소도시에 유치한 것이다. 일부 러시아 언론이 스트렐나를 '독일의 새로운 식민지'라고 평가절하하기도 했지만 대부분의 반응은 투자 유치에 성공한 사례였다고 지적한다. 이를 계기로 그레프는 일약 투자 유치의 스타로 발돋움했다.

상트페테르부르크와 법학도는 그레프와 푸틴을 이어주는 연결 고리다. 1982년부터 1984년까지 소련 내무부 특수부대에서 스나이퍼(저격수) 훈련을 받은 그레프는 군복무를 마치고 옴스크국립대학교에서 법학을 배웠고, 상트페테르부르크대학교에서 법학 석사 과정을 밟았다. 이때 지도교수가 푸틴의 스승이었던 숩차크였다. 숩차크는 1991년 상트페테르부르크 시장으로 자리를 옮기면서 그레프에게 법률자문을 맡길 정도로 그레프에 대한 신임이 대단했다. 그러나 이 시기까지 그레프와 푸틴은 만나지 못했다. 그레프가 상트페테르부르크에 머물지 않고 페트로드보레츠 등 그 주변 도시의 법률자문 일에 집중하느라 푸틴과 만날 시간이 거의 없었기 때문이다. 그러나 훗날 상트페테르부르크대학원 동창임이 확인되고, 여기에 스승 숩차크의 제자라는 공통점이 맞물리면서 그레프와 푸틴은 매우 가까워졌다고 한다.

순해 보이는 외모와 달리 그레프의 별명은 의외로 '싸움닭'이다. 내각의 다른 구성원과 마찰, 말싸움 등이 잦았던 탓이다. 특히 자신보다 고위직인 러시아 관료들이라도 비현실적인 경제 이야기를 하면 대통령 주재 국무회의에서조차 대든다고 해서 이런 별명이 붙었다.

2004년 8월 푸틴 대통령 주재 국무회의 석상이었다. 그레프는 러시아의 국내총생산(GDP)을 두 배로 올리는 일과 같이 양적인 지표에만 신경 쓸 것이 아니라 질적 성장을 위해 힘써야 한다는 소신을 자주 밝혀오던 터였다. 경제 정책 방향을 논의하는 이날 국무회의에서 그레프 경제개발통상부 장관이 먼저 이야기를 풀어 나갔다. 그는 "2005~2007년 러시아의 연평균 경제성장률은 6.3퍼센트가 될 것으로 예상된다"라고 보고했다. 그러자 프랏코프 총리가 "왜 이렇게 경제성장률이 낮은 것이냐. 경제 정책 입안자들이 경제 성장에 너무 비관적인 것은 아닌가. 이런 속도로 나가면 어떻게 2010년까지 두 배의 GDP를 달성하겠는가"라고 언성을 높였다. 프랏코프 총리의 발언은 이미 푸틴 대통령이 '2000년부터 10년 안에 러시아의 GDP를 두 배로 늘리겠다'며 대국민 약속을 했던 사실을 염두에 둔 것이었다. 대통령을 보좌하는 총리로서는 어쩌면 당연한 질책이었다. 하지만 그레프 장관은 "GDP를 두 배로 올리는 일에만 신경 쓸 것이 아니다"라고 평소의 소신을 그대로 밝혔다. 푸틴의 약속을 거스르는 듯한 발언으로 한순간 국무회의 장내의 분위기는 싸늘해졌지만 그레프는 개의치 않았다.

이듬해 6월에도 비슷한 일이 벌어졌다. 프랏코프 총리가 23일 각료회의에서 "2008년까지 GDP를 두 배로 높이려면 중기(中期) 사회경제 발전 계획을 보완해야 한다"라고 말했다. 그러자 그레프 장관이 "그것(GDP를 두 배로 높이는 것)은 불가능하다"라고 제동을 걸었다. 이에 프랏코프 총리는 다시 "그렇다면 2010년까지는 가능한가"라고 따져 물었고, 그레프 장관은 "그것도 실현성이 적다"라며 총리의 발언을 사실상 묵살해버렸다. 화가 난 프랏코프 총리는 "경제개발통상부가 재무부에서 돈만 갖다 쓰려고 하지 말고 새로운 성장 동력을 찾아봐야 하지 않느냐"면서 그레프 장관을 몰아붙였다. 프랏코프는 더 나아가 "고기 가공이나 기계 공장을 세우고, 일자리를 창출하고, 관세 정책도 좀 확실히 하고, 중소기업을 위해 세금 부담도 줄일 수 있지 않은가. 당신 부서(경제개발통상부)가 성장 동력을 찾은 이후라면 다른 모든 부처들이 지원해줄 것"이라고도 했다. 총리의 발언을 물끄러미 듣기만 하던 그레프 장관은 마지막에 가서야 "다른 부처들이 각자 책임을 갖고 나설지는 모르겠다"라고 일갈했다.

그레프 경제개발통상부 장관은 국가두마 의원들 앞에서 "모스크바의 거리를 돌아다니는 러시아제 자동차는 모두 살인 무기"라고 극언하면서까지 외국 자동차 회사의 러시아 투자를 끌어들이기도 했다. 그래서 그레프에게는 '러시아 정부 관료와 국민에게 비인기 정책만 내놓는 이상한 장관'이라는 수식어도 생겼다.

상황이 이런데도 푸틴 대통령은 그레프 장관을 질책하지 않았다. 그렇다고 프랏코프 총리가 무능해서는 더더욱 아니었다. 러시아 정가 소식통들에 따르면, 푸틴이 "내각에 올바른 소리를 하는 장관들이 몇 사람은 있어야 하는 거 아니냐"라고 했다는 것이다. 이는 누가 봐도 그레프를 염두에 둔 말이었다.

그랬던 그레프도 장관 임명 7년여 만인 2007년 9월에 경질됐다. 푸틴 대통령은 그를 해임하면서도 이유를 밝히지 않아 '충실한 그레프도 결국은 잘리는 것 아니냐'는 주변의 우려가 속출했다. 특히 이때는 그레프의 급진적 경제 개혁에 반대하고 기득권을 보호하려는 또 다른 파워엘리트 집단인 실로비키의 반발이 그레프의 교체에 영향력을 행사한 것 아니겠느냐는 설이 꼬리를 물었다. 그 때문에 정치분석가들은 푸틴이 러시아 내각에서 공격받고 있는 그레프를 보호하고, 그에게 더 큰 임무를 부여하기 위해 이런 인사를 단행했다고 분석했다. 아니나 다를까, 그간 '그레프는 나와 함께할 인물'이라고 여러 차례 말했던 푸틴 대통령은 그레프를 러시아 최대 규모의 은행인 국영 스베르반크(Sberbank) 회장으로 임명했다. 민간 금융권의 난립 해소와 낙후한 러시아 은행 체계의 현대화·효율화를 위한 푸틴의 선택이었던 셈이다.

게르만 그레프

1964 2월 8일 소련 카자흐스탄공화국 판필로보 출생
1990 옴스크국립대학교 법학부 졸업
1993 상트페테르부르크대학교 대학원 법학부 졸업(법학 박사)
1999 상트페테르부르크 시 법률자문
1999 가즈프롬 이사
1999 전략문제연구소 설립, 초대 소장
2000 경제개발통상부 장관
2001 루코일(석유회사) 이사
2007 스베르반크 회장

:: 세르게이 체메조프

Sergey Chemezov

체메조프는 푸틴이 1985년부
터 1990년까지 동독 드레스덴
에서 KGB 요원으로 근무할
때 곁에서 업무를 함께한 동료

▶ 러시아 무기 수출의 첨병, 체메조프

다. 1952년생 동갑내기인 체
메조프는 푸틴보다 2년 앞선 1983년에 드레스덴에 부임, 1988년까
지 KGB가 운영하는 위장 회사의 대표로 5년간 근무했다. 이 회사의
명칭은 루치(Luch, 횃불). 겉으로는 유색금속의 수출입 등을 담당하
는 민간 회사였으나 실질 소유주는 KGB였다. 1985년부터 1988년
까지 3년간 체메조프는 푸틴의 드레스덴 정착을 도우면서 가까운
사이로 발전했다. 체메조프는 2005년 주간지 〈이토기〉와의 인터뷰
에서 "드레스덴에서 거주할 때 푸틴과는 한 건물에 살았습니다. 바
로 이웃에 있었죠. 누구라도 외국에서 근무하면 조국에서 나온 인사
들과 친해지듯, 나와 푸틴은 그런 사이였습니다"라고 푸틴과의 관계
를 에둘러 말했다. 체메조프는 처음부터 KGB 요원은 아니었다. 바
이칼 호 인근의 이르쿠츠크 출신인 체메조프는 1975년 이르쿠츠크
경제대학교를 졸업한 뒤 곧바로 희귀 및 비철금속 회사에서 일했다.

그러다가 1983년 KGB의 부름을 받고 드레스덴으로 나간 뒤 산업 스파이로 일한 것이다. 푸틴 주변의 파워엘리트 가운데 푸틴과 해외 생활을 함께한 이는 사실상 체메조프가 유일하다.

체메조프는 러시아 역사상 가장 막강하고 규모가 큰 국영기업 로스테흐놀로기야(Rostekhnologiya)의 대표를 2007년 11월부터 맡고 있다. 로스테흐놀로기야는 방위산업체다. 무기를 포함한 방위산업은 석유와 천연가스를 포함한 에너지에 이어 러시아의 외화 소득수단 가운데 두 번째로 규모가 큰 산업이다. 세르게이 이바노프 제1부총리는 로스테흐놀로기야 설립 당시 426개 국영기업들에게 지분의 50~51퍼센트를 로스테흐놀로기야에 넘기라고 명령했다. 그리하여 로소보론엑스포르트(무기) · 압토바즈(자동차) · 아비스마(티타늄) 등 대규모 회사 10여 개를 산하에 거느리고, 400여 개의 협력업체를 둔 초대형 기업으로 부상한 것이다. 로스테흐놀로기야는 군과 민간 영역의 첨단 기술산업에서 업체의 구입과 매각, 자본 투자 등 모든 거래에 참여한다. 이로써 이 회사의 자본금 규모는 5000억 달러를 상회했다. 러시아 최대 국영기업인 가즈프롬의 시가총액 3000~4000억 달러보다 훨씬 큰 규모다. 물론 그 이전부터도 체메조프의 힘은 막강했다. 푸틴이 대통령이 된 2000년 러시아의 무기수출 회사 로소보론엑스포르트의 제1부사장으로서 러시아 재래식무기의 수출을 담당했다. 이 회사의 연간 무기 수출 규모는 70억~100억 달러로 미국의 무기 수출액에 이어 2위를 차지한다. 이렇게 본다면 러시아 방산 수출의 틀은 KGB 출신이 모두 장악하고 있다는 이야기가 된다. 최대 방산업체를 거느린 체메조프가 전면에 나서고, 이 방위산업을 제어하는 이가 세르게이 이바노프이며, 관련 산업 분야를 총괄하는 이는 푸틴 총리인 것이다. 이 세 거인들은 긴밀한 상하 협조체제를 구축해 러시아의 방위산업을 좌지우지하고 있다.

같은 맥락에서 체메조프는 러시아 무기 수출의 첨병 혹은 러시아 중공업 재건의 기수라고 불려왔다. 그는 로스테흐놀로기야의 대표로 취임한 2008년 초 현지 언론과의 인터뷰에서 "중공업 재건을 위해서는 (로스테흐놀로기야처럼) 지주회사 형태가 가장 앞선 경제 모델이라고 확신한다"라고 말했다. 이러한 인식 때문에 푸틴의 또 다른 파벌이라 할 수 있는 자유주의자 혹은 테크노크라트 그룹과 종종 마찰을 빚기도 했다. 체메조프는 2007년 로스테흐놀로기야 대표에 취임한 뒤 테크노크라트 그룹의 대표 격인 메드베데프 대통령이 주재하는 대통령 산하 경제현대화위원회 회의에 한 번도 참석하지 않았다. 국영기업 대표 가운데는 사실상 유일하다. 일각에서는 이 때문에 테크노크라트 주도의 러시아 정부가 2009년 하반기 체메조프가 대표인 로스테흐놀로기야의 기업 경영 실태를 조사토록 관계 당국에 지시했다는 의혹을 제기했다. 하지만 관계 당국의 조사에도 체메조프의 자리는 굳건하기만 했다. 푸틴의 두터운 신임 때문이라는 분석이 나돌았다.

체메조프는 러시아가 아직 양산 체제에 돌입하지 않은 Su(수호이)-35S 전투기의 판매 계약을 2011년 베네수엘라와 체결하는 등 러시아 무기 판매의 전도사 역할을 적극적으로 한다는 평가가 많다.

세르게이 체메조프

1952 8월 20일 이르쿠츠크 주 체레므호보 출생
1975 이르쿠츠크국립경제대학교 졸업, 이르쿠츠크 희귀 및 비철금속 회사 연구원
1983 동독 드레스덴 주재 '루치(유색금속 수출입 회사)' 대표
1988 소련 문화체육부 산하 회사 소빈테르스포르트 부사장
1996 대통령 행정실 자산부 대외관계위원장
2000 로소보론엑스포르트(무기 수출 회사) 제1부사장
2004 로소보론엑스포르트 사장
2007 로스테흐놀로기야 대표

:: 로만 아브라모비치

Roman Abramovich

한때 미국의 경제 전문지 〈포
브스〉가 선정한 세계 갑부 랭
킹 2위에 올랐던 아브라모비치
의 별명은 '리틀 로마'다. 그의
이름 로만은 원래 로마라는 단
어에서 파생했고, 로만은 로마
의 애칭이다. 러시아 정치권에
는 '로마인은 작지만 힘은 무

▶ 리틀 로마, 아브라모비치

궁무진하다'는 말이 있다. 바로 아브라모비치를 뜻하는 이야기다. 잉
글랜드 프리미어리그 첼시의 구단주이기도 한 아브라모비치가 비록
작은 로마인이지만, 엄청난 돈으로 2014년 소치 동계 올림픽과 2018
년 러시아 월드컵을 유치하는 데 '혁혁한' 공을 세웠기 때문이다.

아브라모비치는 경제인이지만 정치도 했다. 푸틴은 정치권에 들어올 때까지만 해도 아브라모비치를 전혀 몰랐고, 한편으로 보면 두 사람은 적대 관계에 놓일 수도 있었다. 푸틴이 정권을 잡을 때 아브라모비치는 푸틴이 그토록 싫어했던 올리가르히의 대표 주자 위치에 있었다. 그러나 푸틴은 불우한 배경 속에서도 꿋꿋했던 아브라모비치의 성장 과정과 그의 러시아에 대한 애정을 높이 샀기 때문에 좋은 관계를 유지하고 있다.

2005년의 일이다. 2000년 선거에서 5년 임기의 러시아 극동 추코트카 주지사에 당선됐던 아브라모비치는 임기 만료 시점인 2005년 하반기에 주지사를 그만두려고 했다. 그해 7월 푸틴 대통령의 극동 지역 전권대표인 콘스탄틴 풀리콥스키(Konstantin Pulikovsky)가 아브라모비치 지사에게 '연임해달라'고 부탁했지만, 아브라모비치는 거절했다. 풀리콥스키 대표가 아무리 설득해도 아브라모비치가 수락하지 않자, 결국 푸틴이 나설 수밖에 없었다. 푸틴은 10월 중순 크렘린으로 아브라모비치를 불렀다. "로만 아르카디예비치(아브라모비치를 러시아에서 부르는 방식), 나를 좀 도와주시오. 추코트카를 좀 더 맡아주시오!" 푸틴까지 나서서 아브라모비치를 설득한 이유는 자명했다. 아브라모비치는 찢어지게 가난했던 추코트카 주에 주택·학교·병원 등 인프라를 재건하고 기업 투자를 유치하는 등 지역 살리기에 발 벗고 나섰다. 지역 개선 사업에 자신의 재산 13억 달러나 썼다. 러시아 내에서도 가장 가난한 지역을 아브라모비치가 맡아 개발하면서 2000년 165달러였던 이 지역의 1인당 월 소득은 5년 만에

826달러로 올랐다. 그러니 추코트카의 '구원자'인 그를 푸틴이 곁에 두고 싶어 한 것은 당연하다. 결국 아브라모비치는 최고권력자 푸틴의 설득에 추코트카 주지사직을 연임하기로 결정했고, 2008년까지 직무에 충실했다.

아브라모비치는 1966년 러시아 남부 사라토프의 유대인 가정에서 태어났다. 음악가였던 어머니는 아브라모비치가 18개월일 때 불법 낙태 시술을 받다 사망했고, 건설 노동자였던 아버지는 아브라모비치가 세 살 때 교통사고로 세상을 떠났다. 고아가 된 그는 코미공화국의 우흐타라는 지역에 거주했던 친척들 손에서 자랐다. 외국에서 고무 오리 인형을 들여와 러시아 국내에 판매해 겨우 연명할 정도로 가난했던 그는 1987년 21세에 첫 부인 올가와 결혼, 처가에서 받은 2000루블을 장사 밑천으로 삼아 거리에서 향수 · 치약 등을 팔며 돈을 모으기 시작했다. 이듬해 세운 인형공장은 대박을 터뜨렸고, 1990년대 초반까지 돼지 농장에서 재생 타이어, 석유 중개 사업에 이르기까지 20개가 넘는 회사를 차렸다 닫는 등 다양한 사업에 손을 댔다.

아브라모비치를 세계적 갑부로 만든 것은 러시아의 국영기업 민영화 조치였다. 공산주의가 붕괴한 러시아에서는 개혁 및 개방 과정에서 정부의 재정 수입을 늘리기 위해 굵직한 국영기업들을 헐값에 팔기 시작했고, 아브라모비치는 여기에 자신의 운명을 걸었다. 1995년 27억 달러 상당의 국영 석유회사 시브네프트를 동료 사업가인 보리스 베레좁스키와 함께 절반씩 자금을 갹출, 불과 2억 달러에 인수하는 데 성공했다. 이후 알루미늄 회사까지 사들여 그는 단숨에 러시아 최대 재벌 반열에 올랐다. 게다가 베레좁스키의 주선으로 보리스 옐친 대통령의 최측근 모임인 '세미야'의 일원이 됐다. 이것이 바로 정경유착이었고, 올리가르히가 성공할 수 있었던 원동력이었다. 푸틴은 이런 올리가르히 그룹을 싫어했다. 다만 아브라모비치는 빈털터리 고아라는 어려운 환경을 이겨냈고, 시브네프트 본사 사무실을 추코트카로 옮기는 한편, 개인 재산을 주 경영에 쏟아 붓는 등 추코트카 주에 끼친 긍정적 영향, 아울러 국내 정치에 개입하지 않겠다는 약속 등을 감안해 푸틴이 직접 챙겼던 것이다.

아브라모비치가 푸틴의 마음을 사로잡은 또 하나의 이유는 대형 스포츠 행사의 러시아 유치에 공을 들였기 때문이다. 2007년 7월 과테말라에서 개최된 국제올림픽위원회(IOC) 총회에 아브라모비치는 푸틴과 함께 참석해 러시아의 후보 도시 소치의 2014년 동계 올림픽 유치를 이끌어냈다. 그로부터 3년여가 흐른 2010년 12월의 스위스, 대통령에서 총리로 내려앉은 푸틴과 아브라모비치는 또 한 번

로만 아브라모비치

1966 10월 24일 사라토프 주 출생
1987 구브킨석유가스대학교 졸업
1995 석유회사 시브네프트 인수
1996 보리스 옐친 대통령 로비 그룹 가입
1999 국가두마 의원(추코트카 주)
2000 추코트카 주지사
2001 국립모스크바법률대학교 졸업
2003 잉글랜드 프리미어리그 첼시 구단 인수
2005 추코트카 주지사 연임
2008 추코트카 주지사 사임

2018년 러시아 월드컵 유치라는 성과를 합작해 이뤄냈다. 이 과정에서 아브라모비치의 역할은 중요했다. 동계 올림픽 유치와 관련해선 소치 인근에 대규모 땅을 사들여 호텔과 리조트를 짓는다는 계획을 발표했다. 그리고 월드컵을 위해선 자신이 잉글랜드 프리미어리그 첼시의 구단주라는 점을 적극 활용해 국제축구협회(FIFA) 집행위원들을 설득, 사상 처음으로 '동토(凍土) 월드컵' 개최를 끌어내는 저력을 보였다. 메이저 스포츠 이벤트 유치를 통해 러시아 스포츠 외교의 전성기를 이끈 아브라모비치를 푸틴이 놓칠 수 없는 것이다.

:: 올레크 데리파스카

Oleg Deripaska

올레크 데리파스카는 아브라모비 치와 함께 푸틴이 아끼는 올리가 르히 가운데 한 명이다. 러시아 정가에서는 데리파스카가 '푸틴 의 재계 친구'로 통한다. 푸틴이 대통령으로 재직할 때나, 총리로 재직 시 외국 순방길에는 거의 대 부분 데리파스카가 동행하기 때

▶ 푸틴의 재계 친구, 데리파스카

문이다. 그만큼 막역한 사이라는 것이다. 데리파스카는 2004년부터 아시아태평양경제협력체(APEC)에 러시아 기업인 대표로 참석하고 있다. 데리파스카는 글로벌 금융위기의 여파가 본격화된 2008년부 터 아브라모비치를 제치고 러시아의 억만장자 순위 1위에 오른 뒤 이 자리를 내주지 않고 있다.

푸틴과 데리파스카는 어떤 경우엔 사람들이 어리둥절할 만큼 낯선 장면을 연출하지만, 이것 역시 친구들끼리 합의한 장면이라는 지적이 나올 정도다. 다음은 그 한 예다.

2009년 6월 4일 푸틴 총리가 전용 헬리콥터로 상트페테르부르

크 인근의 피칼료보라는 한 소도시를 찾았다. 이때는 글로벌 금융위기의 여파로 러시아 경제가 휘청이던 시기다. 이곳의 유일한 공장인 시멘트·알루미늄 공장은 3개월째 근로자들의 임금을 체불했다. 이로 인해 주민 2만 3000여 명 중 절반은 빈곤 상태에 빠졌고 일부 근로자는 공장 재가동과 체불 임금 지급을 요구하며 시위를 벌이고 있었다. 이 공장은 데리파스카의 소유였다. 점퍼 차림의 푸틴은, 양복을 입은 공장 소유주 데리파스카 등과 함께 공장 회의실에 앉았다. 그곳에서 한 여성 근로자가 "3개월째 급여를 받지 못했다"라고 푸틴에게 호소했다. 그러자 푸틴은 검지로 데리파스카를 가리키며 "(공장 재가동을 위한) 합의 문서에 서명한 것입니까?"라고 물었다. 데리파스카가 "그렇습니다"라고 대답하자, "그런데 왜 서명한 것이 안 보입니까? 이리 와서 서명하시오"라며 들고 있던 문서와 펜을 데리파스카 앞으로 집어던졌다. 데리파스카는 고개를 떨군 채 푸틴에게 다가가 문서를 한 장씩 넘겨가며 서명했다. 당시 러시아 국영 TV는 "데리파스카가 마치 교사에게 혼나는 학생 같았다"라고 묘사했다. 푸틴은 계속 흥분했다. "내가 (이곳으로) 오기 전에는, 왜 그저 '타라칸(tarakan, 바퀴벌레)'처럼 이리저리 돌아다니기만 했습니까? 왜 책임지고 결정 내리는 사람이 없는 겁니까?"라고 호통쳤다. 또 "근로자 수천 명의 삶이 당신들의 야심과 탐욕의 볼모가 되고 있는데, 당장 밀린 급여를 지급하시오"라고도 했다. 데리파스카는 두 손으로 얼굴을 감싸고 회의가 진행되는 40분 내내 고개도 들지 못했다. 회의가 끝난 뒤 밀린 임금이 지불되고, 이를 받으려는 근로자들의 줄이 길게 늘어섰다. 이 모든 광경은 국영 TV로 방영됐다. 피칼료보 주민들은 '푸틴 때문에 급여를 받게 됐다'며 환호했다. 총리실 대변인은 푸틴이 TV로 보도되는 자리에서 훈계성 행동을 한 데 대해 '기업이 사회적 책임을 다하라는 메시지를 전한 것'이라고 설명했다. 하지만 정치평론가들의 평가는 좀 다르다. '글로벌 금융위기의 영향으로 러시아의 실업률이 10퍼센트를 넘어서면서 정부에 대한 불만이 높아지자, 친구인 데리파스카에게 호통치는 장면을 보여줌으로써 국민의 환심을 사려는 푸틴의 계산된 행동이었고, 데리파스카는 조연 역할을 훌륭히 했다'는 해석이었다. 푸틴과 데리파스카가 가까운 사이가 아니라면 절대 불가능한 장면이었다는 것이다.

데리파스카는 푸틴이 지향하는 '러시아 문화의 부활'을 재정적으로 뒷받침하는 기업가다. 그는 러시아 정부 소속의 기업경쟁력강화위원회에서 활동하고 있고, 상공회의소 의장을 겸한다. 그러면서 볼쇼이극장, 러시아과학재단, 모스크바국립대학교, 상트페테르부르크대학교 후원 위원을 맡으면서 정기적으로 이들 기관에 기부를 하고 있다.

니즈니노브고로드 주 제르진스크에서 태어난 데리파스카의 어린 시절은 아브라모비치와 비슷한 데가 많다. 데리파스카는 아버지를 일찍 여의고 조부와 친척들 집을 전전했다고 한다. 그는 '삶의 어려움은 재앙이 아니다. 홍수가 있으면 뛰쳐나가 맞서면 된다'는 말로 청소년기의 생활을 표현했다. 양자물리학을 전공한 대학 동기생들은 "데리파스카는 언제나 활력이 넘치는 젊은이였다"라고 회고한다. 데리파스카는 대학을 졸업하기 1년 전인 1992년 국유 재산 민영화의 격동기에 시장 경제의 한복판으로 뛰어들었다. 그가 선택한 것은 알루미늄 시장이었다. 그리고 그의 운명을 결정한 것은 당시 알루미늄 산업을 장악하고 있던 유대계 금속 기업 트랜스월드그룹(TWG)의 러시아 대리인 마이클 처니(Michael Cherney)와의 만남이었다. 처니는 이재에 밝고 수완을 갖춘 푸른 눈의 이 청년을 알아봤고, 시베리아 남동부 사얀스크(Sayansk)의 알루미늄 공장 사장으로 발탁했다. 이것이 '데리파스카=세계 알루미늄 업계의 제왕' 등식의 시발점이었다.

데리파스카는 푸틴에 대한 충성심이 남다르다. 그는 "러시아의 대통령(푸틴)은 나라 전체를 이끄는 최고 관리자다. 그는 똑똑하고 적절하며, 그의 권위는 한계를 벗어난 적이 없다"라고 노골적으로 말한다. 푸틴은 그런 그에게 '국가에 이바지한 경제인'이라고 화답한다. 데리파스카도 아브라모비치처럼 2014년 소치 동계 올림픽 유치에 기여했다. 동계 올림픽 개최지 선정 전에 낙후한 소치 공항을 통째로 인수해 대대적인 재건축에 나서겠다며 러시아의 소치 동계

올레크 데리파스카

1968 1월 2일 니즈니노브고로드 주 제르진스크 출생
1986 군 복무(전략 미사일 부대)
1992 로살루민프로둑트 사장
1993 모스크바국립대학교 물리학부 졸업
1996 플레하노프경제대학교 졸업
2000 알루미늄 기업 루살(Rusal) 회장
2004 아시아태평양경제협력체 러시아 대표

올림픽 유치에 커다란 역할을 한 것이다. 푸틴이 데리파스카를 총애할 수밖에 없는 이유들이다.

:: 블라디미르 포타닌

Vladimir Potanin

블라디미르 포타닌은 '미스터
보바(Mr. Vova)'라는 이름으로
더 유명한, 러시아 갑부 순위
10위권 안에 드는 사업가다.
2000년 대통령이 된 푸틴이
"자본가라면 이 정도는 돼야
한다"라고 치켜세우는 이가 바
로 포타닌이다. '러시아 올리

▶ 러시아 올리가르히의 아버지, 포타닌

가르히의 아버지'라는 평가가 있고, 러시아 자본주의 도입 초기인
1990년대 중반에 기업 간 M&A의 대상이 되는 크라운 주얼(crown
jewels, 최우량 자산)의 개념을 처음 도입한 인물이다. 보바라는 별명
은 애초 포타닌의 이름인 블라디미르('세상을 소유하다' 혹은 '힘을 갖
다'라는 뜻)의 애칭인데, 거구의 몸집에다 그가 보유한 막대한 규모
의 부까지 겹쳐지면서 애칭이 별명으로 굳어졌다.

　　푸틴과의 인연은 2000년에 시작됐다. 2000년은 푸틴이 대통령
에 취임한 해다. 푸틴은 대통령에 오른 직후 '진흙탕에서 물고기 잡
기'라는 러시아 속담을 인용해가며 올리가르히에 대한 부정적 인식

을 표출했다. "러시아에는 진흙탕에서 물고기 잡기를 한다는 속담이 있습니다. 내가 와서 보니 이미 물고기를 많이 잡아놓고도 다른 사람들이 진흙탕에서 경쟁하면서 물고기를 잡게 놔두는 어부들(올리가르히)이 많이 있더군요." 푸틴의 언급이 있은 뒤 많은 올리가르히는 우려를 표하며 앞날을 걱정하고 있었는데, 포타닌만큼은 자신 있어 했다고 한다. 푸틴이 이 말을 한 후 한 달이 지나지 않아 푸틴의 책사인 수르코프 대통령 행정실 부실장이 포타닌을 찾아왔다. "푸틴 대통령의 말씀은 과거의 행적만으로 어부들을 벌하지 않겠다는 뜻이며, 러시아의 새 정부는 이런 어부들에게 보복하지 않을 것이라는 의미입니다." 포타닌은 당시에도 자신이 가진 부의 상당 부분을 자선사업 등에 쓰고 있었기 때문에 푸틴의 강경한 발언에도 안심하고 있었는데, 푸틴이 혹시라도 포타닌이 걱정할까 봐 수르코프 부실장을 직접 보내 오해하지 말라는 뜻을 전달한 것이라는 이야기가 돌았다. 그만큼 푸틴이 여러 올리가르히 가운데 포타닌을 세심하게 관찰하고 있었다는 해석도 가능한 대목이다.

이러한 푸틴의 각별한 배려에 답하기라도 하듯, 포타닌은 푸틴의 업적 중 하나인 2014년 소치 동계 올림픽 유치에 큰 역할을 했다. 재정적인 지원에 그치지 않았다. 사실 푸틴은 적어도 2005년까지는 동계 올림픽 유치에 별다른 관심을 갖지 않았다. 2005년 3월 말 러시아 고위 관리들의 휴양지로 이용되는 남부 소치를 찾은 푸틴은 재미있는 경험을 했다. 마침 그곳에는 포타닌이 와 있었다. 포타닌은 프랑스의 스키 리조트 쿠르셰벨에서 매년 가족들과 휴가를 즐길 만큼 스키광이고, 2002년 자신의 금융 · 제조업 회사인 인테로스 (Interros) 그룹 내부에 부동산 회사를 차려 '로자 푸토르(Roza Futor, 전원 속의 장미)'라는 스키 리조트를 건설하려고 계획 중이었다. 포타 닌은 자신의 경험을 바탕으로 소치 동계 올림픽 유치 계획을 푸틴에 게 설명하려 했다. 그 당시만 해도 러시아 정부의 고위 관리들은 컴 퓨터그래픽을 활용한 브리핑에 익숙지 않았다. 브리핑에서 포타닌 은 컴퓨터 전문가인 자신의 딸 아나스타샤와 함께 푸틴에게 인상적 인 설명을 했다고 한다. 푸틴은 브리핑 후 소치 동계 올림픽 유치에 확신을 갖게 됐고, 포타닌은 소치 올림픽 유치의 가장 중요한 로비 스트로 2년간 활동했다고 러시아 체육계 인사들은 증언한다. 포타 닌은 2007년 7월 과테말라에서 열린 IOC 총회에서 소치 올림픽 유 치가 확정된 후 소치 스키 리조트 현대화를 위한 3억 달러 등 올림픽 빌리지 건설에 모두 15억 달러를 투자했다.

포타닌은 러시아 부자로는 드물게 사회적 지위에 걸맞은 노블 레스 오블리주를 실천하겠다고 하는 인물이다. 그는 2010년 2월 1 일 자 영국의 〈파이낸셜 타임스〉와 가진 인터뷰에서 '재산 상속은 상속자를 망칠 수도 있는 만큼 재산은 물려주지 않을 방침'이라며 "내 재산은 사회의 좋은 일에 쓰여야 한다"라고 말했다. 아울러 "재 산의 사회 환원은 옳은 일이기 때문에 마이크로소프트(MS)를 창업 한 빌 게이츠나 전설적 투자자인 워런 버핏의 뒤를 따르겠다"라고도 말했다. 이 인터뷰를 하던 때는 글로벌 금융위기로 포타닌의 재산이 크게 줄긴 했지만 그럼에도 25억 달러를 보유하고 있을 정도였으니 엄청난 부자였다. 악덕 기업주의 이미지가 강한 러시아의 다른 기업인들과는 다른 모습이다.

포타닌은 1999년 자선재단을 설립해 매년 수백만 달러를 출연해 젊은 학생들과 교사들을 지원하고 있다. 세계 3대 박물관 중 하나인 러시아 상트페테르부르크의 에르미타주박물관의 최대 후원자이며, 미국 구겐하임재단에도 매년 100만 달러를 기부한다. 2010년부터 10년간은 러시아 교육부에 2500만 달러를 기부하기로 했다.

사회주의의 붕괴가 포타닌의 부 형성에 커다란 기여를 한 것은 사실이지만, 포타닌은 자수성가형 기업인이라는 이미지가 더 많다. 본래 축구광인 그는 어렸을 때부터 지는 것을 죽기보다 싫어하는 성격이라고 한다. 그가 러시아 주간지 〈이토기〉와 한 인터뷰(2010. 2. 22.)에서 밝힌 에피소드다. "꼬마 시절부터 나는 무조건 1등을 하고 싶었습니다. 경쟁하는 것을 좋아했죠. 축구 경기에서도 패배하면 분을 삭일 수가 없었습니다. 누군가 그라운드에서 나보다 더 빠르게

블라디미르 포타닌

1961 1월 3일 모스크바 출생
1983 모스크바국제관계대학교 국제경제관계학부 졸업
1983 소련 대외무역부 소유즈프롬엑스포르트 근무
1991 인테로스 설립
1993 통합수출입은행장
1996 제1부총리
1998 인테로스 회장 겸 이사회 의장
2001 뉴욕 구겐하임재단 이사회 이사
2003 국가기업거버넌스위원회 의장
2005 국방자문위원

뛰거나 더 멀리 점프하고 골을 더 많이 넣는다면 그 사람을 이기기 위해 나는 더 많은 노력을 했습니다. 성장해서도 마찬가지였습니다. 나는 내 직업이 무엇이든 그 분야에서 최고가 되고 싶었습니다. 그래서 늘 경쟁하는 것을 좋아했어요."

:: 알렉세이 모르다쇼프

Alexey Mordashov

러시아의 올리가르히 중 한 명
으로 분류되는 모르다쇼프는
러시아 철강업계의 제왕으로
불린다. 세계 철강업계 2위로
도약시킨 세베르스탈(Severstal)
경영 과정에서 보여준 강한 추
진력 때문에 '탱크', '강철 인
간'이란 별명도 있다. 특히 초

▶ 러시아 철강업계의 제왕, 모르다쇼프

강대국 소련 시절의 향수를 떠올리게 하는 푸틴의 팽창주의 노선에
발을 맞춰, 글로벌 무대에서 철강업계의 강자로서 탄탄한 입지를 다
졌다. 모르다쇼프의 글로벌 마인드는 영국 뉴캐슬의 노섬브리아대
학교에서 MBA를 취득하는 과정에서 터득한 것으로 알려진다. 또한
푸틴을 따르는 정치권 인사들을 자신의 회사인 세베르스탈 그리고
자신이 대주주인 은행 '반크 로시야'의 주주가 되게 함으로써 푸틴
과 그 측근들의 든든한 경제적 버팀목이 되게 했다.

모르다쇼프는 상트페테르부르크경제공학대학교에 다닐 때부터
푸틴과 각별한 인연을 맺었다. 그렇다고 모르다쇼프가 처음부터 푸

틴과 친해진 것은 아니며, 두 사람 사이에 추바이스라는 인물이 있었기 때문이다. 상트페테르부르크경제공학대학교 학생 시절 모르다쇼프의 스승이 바로 추바이스였던 것이다. 추바이스는 훗날 모르다쇼프에 대해 "소련 학생들치고는 경제에 관한 마인드가 세련된 학생이었다"라고 회고했다. 추바이스가 1992년 러시아 총리였던 가이다르에게 모르다쇼프를 추천한 이유이기도 했다. 상트페테르부르크경제공학대학교를 졸업하고 1988년 세베르스탈의 이코노미스트(경제전문가)로 일하기 시작한 모르다쇼프는 소련의 붕괴와 더불어 불기 시작한 민영화 바람을 타고 1996년 31세에 세베르스탈의 최고경영자(CEO)에 올랐다. 세베르스탈의 본거지인 체레포베츠에서 태어난 그가 고향 기업의 CEO에 올라 최고 기업으로 만든 것이다. 모르다쇼프는 특히 1990년대 초반 상트페테르부르크 출신의 젊은 경제학자들 모임을 만들어 러시아 경제 발전의 방법론도 연구했다. 이 모임의 회원들은 추바이스, 쿠드린, 일리야 유자노프(Ilya Yuzhanov, 반독점정책부 장관) 등이었다. 이들은 푸틴의 경제 정책 브레인들이기도 했다. 젊었을 때부터 참여했던 모임을 바탕으로 정관계 고위 인사들과 커다란 네트워크를 형성한 것이다.

러시아의 경제 주간지 〈피난스〉가 매긴 러시아 갑부 순위에는 10위 안에 늘 포함되며 미국의 경제 전문지 〈포브스〉가 집계하는 세계 갑부 순위에는 100위 안에 든다. 이 같은 경제력을 바탕으로 모르다쇼프는 푸틴과 돈독한 관계를 유지했다. 2004년 대선 때 그는 푸틴 후보를 지지하는 모임을 이끌었다. 방송사 '렌(REN)-TV'가 유리 코발추크의 소유로 넘어가기 전인 2005년 모르다쇼프가 이 방송사의 주주로 있을 때였다. 모르다쇼프는 이 방송사의 여성 앵커 올가 로마노바(Olga Romanova)가 생방송 중 푸틴 정부의 실정(失政)을 비판하자 프로그램을 폐지해버려 푸틴에 대한 충성을 과시했다. 하지만 국제사회로부터는 언론 자유 말살이라는 비판에 시달려야 했다.

모르다쇼프는 동료 올리가르흐인 포타닌과 함께 러시아의 부자들 가운데서는 노블레스 오블리주를 실천하는 인사로 꼽힌다. 세베르스탈을 통해서 볼쇼이 극장, 마린스키 극장, 트레티야코프 갤러리, 러시아 박물관, 모스크바 국제영화제 등을 후원하고, 결손아동 돕기회를 위해 정기적인 후원 행사도 연다. 모르다쇼프는 개인적으로 볼쇼이극장자선이사회 이사로도 활동하고 있다. 2009년에는 러시아 유력 주간지 〈이토기〉와의 인터뷰에서 자신의 기업관을 당당하게 밝혔다. 그는 기자가 "올리가르히로서 재산 축적 과정이 (혜택을 받지 못하는 다른 기업인들과 비교해) 불공정하다고 생각지 않느냐"라고 질문하자 "맞는 말이다. 일부 그런 면이 있지만 나는 정직한 기업인이었다고 자부한다. 어떻게 CEO가 됐느냐보다 더 중요한 것은 실

알렉세이 모르다쇼프

1965 9월 26일 볼로그다 주 체레포베츠 출생
1988 상트페테르부르크경제공학대학교 졸업
1996 철강 기업 세베르스탈(Severstal) 최고경영자
2001 영국 뉴캐슬 노섬브리아대학교 MBA 취득
2001 세베르스탈그룹 회장

제로 기업을 잘 이끌어 나가는 것이다"라고 말했다.

모르다쇼프는 우리에게도 낯설지 않은 인물이다. 2010년 9월 이명박 대통령은 러시아 모스크바를 방문했을 때 푸틴 총리를 비롯한 고위 인사들과 간담회를 가졌는데, 이때 모르다쇼프도 러시아 경제인을 대표해 간담회에 참석했다.

3

보안기관

:: 아나톨리 세르듀코프

Anatoly Serdyukov

세르듀코프는 푸틴의 핵심 과
제인 국방 개혁을 떠받치고
2008년 8월 조지아와의 전쟁
에서 완승을 거두는 데 기둥
역할을 했다. 별명은 '안겔 스
메르티(angel smerti, 저승사
자)'다. 거구에다 거칠어 보이
지만 성격이 치밀하고 꼼꼼하

▶ 저승사자, 세르듀코프

며 계획을 밀어붙일 때는 뒤도 돌아보지 않는다는 의미다. 러시아의
여러 권력기관 가운데서도 저항이 심하기로 유명한 군부의 개혁을
과감하게 추진하면서 저승사자라는 별명은 유명세를 치렀다.

　　2007년 2월 15일 푸틴 대통령이 세르듀코프를 국방부 장관에 임명하기 전까지만 해도 외부에 잘 알려지지 않았던 인물이다. 임명 당시 러시아 언론조차 '세르듀코프는 누구인가', '푸틴의 인사(人事) 중 가장 의외의 인사'라고 했을 정도였다.

러시아 남부 크라스노다르 출신인 세르듀코프가 2000년 푸틴이 대통령이 된 이후 성장할 수 있었던 데는 푸틴 대통령 아래서 총리(2007~2008)를 지낸 그의 장인 빅토르 줍코프의 역할이 컸다. 2000년 전까지 그는 경제학도 출신의 가구 판매업자에 불과했다. 1984~1985년 군 복무를 할 때도 특이할 만한 사항은 없었다. 그러던 세르듀코프가 국세청에서 감춰진 실력을 발휘하며 푸틴의 눈에 들었다. 2000년 세르듀코프는 상트페테르부르크에서 하던 가구 판매업을 접고 장인 줍코프를 따라 연방재정감시국으로 자리를 옮겼다. 연방재정감시국은 푸틴 대통령이 불법행위를 통해 막대한 부를 축적한 올리가르히와의 전쟁을 위해 설치한 기관이었다. 연방재정감시국은 올리가르히의 돈세탁 방지 업무를 최일선에서 다뤘다. 세르듀코프는 푸틴의 고향인 상트페테르부르크 지역을 담당, 이곳에서 발생한 돈세탁 문제를 일소했다고 한다. 푸틴도 '예상치 못했던 성과'라며 세르듀코프를 치하했다고 한다. 세르듀코프는 또 장인을 도와 러시아가 국제사회의 돈세탁 블랙리스트에서 제외되도록 하는 데 커다란 역할을 했다고, 러시아의 재계 인사들은 증언한다.

이러한 성과에 힘입어 세르듀코프는 2004년 국세청 부청장으로 승진했다. 여기에서 그의 진가가 또 한 번 빛났다. 가장 눈에 띄는 세르듀코프의 '업적'은 푸틴에게는 적이나 다름없었던 호도르콥스키 유코스그룹 회장과 관련된 것이다. 푸틴에 반대하는 야당에 번 번이 정치자금을 대왔던 호도르콥스키 전 회장은 대선과 총선을 2개월가량 앞둔 2003년 10월, 탈세 등 일곱 가지 혐의로 FSB에 체포·구속됐다. 세르듀코프가 맡은 임무는 호도르콥스키의 탈세와 횡령 혐의를 입증하는 것이었다. 1년간 호도르콥스키와 그의 회사 유코스를 샅샅이 뒤진 끝에 세르듀코프는 호도르콥스키가 유코스의 자회사 세 곳에서 250억 달러어치의 석유를 횡령한 혐의와 탈세 혐의를 입증했다.

푸틴은 세르듀코프를 2007년 2월 15일 국방부 장관에 임명했다. 푸틴은 임명 당시 "러시아 군대 내의 비효율성을 타파하고 러시아의 숙원인 무기 현대화를 달성해야 한다"라고 말했다. 소련군의 편제와 장비를 고스란히 넘겨받은 푸틴의 러시아군은 소련 붕괴 이후 전력 약화, 장비 노후화, 비효율성 등 여러 문제를 노출하고 있었다. 푸틴은 이 때문에 군 고위직과 특별한 이해관계가 없는 세르듀코프에게 국방 개혁의 칼자루를 쥐어준 것이다.

세르듀코프 국방장관의 개혁은 퇴역 장교들의 말을 빌리면 '무시무시했다.' 세르듀코프는 장성급의 반발에도 장성 수를 종전의 3분의 1로 줄이고 지휘체계를 통폐합했다. 무기 현대화 방안도 밀고 나갔다. 그는 러시아군 역사상 단 한 번도 해보지 않은 서방의 무기 도입을 추진했다. 군부 내 반발이 거세지자 세르듀코프는 "미국을 포함, NATO 회원국의 기술도 구매할 수 있다"라고 말했다. 이 말은 무기체계의 자급자족이라는, 소련 시대부터 이어져온 불문율을 깨는 것이었다. 실제로 러시아 국방부는 러시아에는 없는 미스트랄 (Mistral)급 상륙함 네 척을 프랑스에서 도입했다. 미스트랄급 상륙 함은 만재배수량 2만 1300톤, 길이 200미터에 달하는 거함으로 16 대의 대형 헬기를 탑재하고 13대의 전차와 450여 명의 상륙 병력을 수송할 수 있어 상륙 작전에서 강력한 성능을 발휘하는 장비다.

세르듀코프의 거친 성격은 그의 '첫 전쟁'인 2008년 8월 조지아 전쟁에서도 나타났다. 8월 8일 예고 없는 조지아군의 러시아 민간인 사살로 촉발된 이 전쟁에서 푸틴 총리는 세르듀코프 국방장관에게 '신속하게 응징하라'고 명령했고, 세르듀코프는 러시아 서남부의 가 용할 병력을 총동원했다. 전쟁 개시 불과 5일 만에 조지아의 항복 선 언을 받아냈다. 그의 운명일지도 모르지만, 세르듀코프는 조지아와 의 전쟁이 시작되기 약 1년 전 자신의 의사와 관계없이 국방장관을 사직할 뻔했다. 2007년 9월 18일 장인인 줍코프가 총리로 임명되자 그는 "장인과 사위가 함께 내각에 있는 것은 좋지 않다"라며 장인을 통해 푸틴 대통령에게 사임 의사를 전달했던 것이다. 공식적인 사의 표명 이유는 '(나와 장인의) 가까운 가족관계를 고려할 때 사임하는

아나톨리 세르듀코프

1962 1월 8일 크라스노다르 주 홀름 출생
1984 상트페테르부르크소비에트무역대학교 경제학부 졸업
1985 렌메벨토르그(상트페테르부르크 가구무역 회사) 주임
1990 JSC 메벨-마르켓 사장
2000 러시아 연방재정감사국 조사관
2004 국세청 부청장
2007 국방부 장관

것이 좋다는 결론에 도달했다'는 것이었다. 하지만 푸틴은 "가족보다는 나라의 일이 먼저이기 때문에 사임을 받아들이지 않겠다"라면서 세르듀코프 장관의 사표를 반려했다. 만일 이때 국방장관에서 물러났다면 조지아 전쟁 승리는 그의 몫이 아니었을지도 모른다.

:: 니콜라이 마카로프

Nikolay Makarov

▶ 정예 러시아군 양성, 마카로프

1979년 소련 프룬제군사학교를 수석 졸업한 마카로프 장군은 푸틴의 정책 목표인 '정예 러시아군 양성'과 '군의 복지 향상'을 담당한 책임자다. 푸틴은 2008년 6월 러시아군의 최고 책임자인 유리 발루옙스키 참모총장을 해임하고 후임에 마카로프 당시 차관을 임명하면서 이런 말을 했다. "마카로프 장군이 그동안 시베리아 군관구의 사령관을 비롯해 여러 분야에서 활동하면서 군의 훈련 강도를 높여온 점을 치하한다. 러시아군에는 바로 이런 투철한 군인정신과 훈련이 필요하다. 러시아군을 유럽에서 가장 강력한 군대로, 다시 말해 정예 러시아군 육성을 책임지고 이루어달라."

실제로 마카로프는 2002~2005년 시베리아 군관구 사령관 시절 사령부 장병들에게 혹독하리만큼 강한 훈련과 교육을 하는 것으로 정평이 나 있었다. 마카로프를 잘 아는 군 관계자들은 "마카로프는 군이 철저한 훈련과 교육을 기초로 해야 하며 1991년 소련 붕괴 이후 러시아 장군들이 이러한 기본 원칙을 무시하거나 소홀히 했기 때문에 러시아군이 약화된 것이라고 믿는 사람"이라고 말한다. 그렇다고 마카로프가 지나치게 군대의 기본 원칙만 고집한 것은 아니며, 융통성을 가진 인물이라는 평가도 많다. 그는 러시아군-타지키스탄 군 연합사령부 참모와 발틱 함대의 지상군 사령관을 지냈다. 마카로프는 또 미군이 전 세계에서 가장 강한 이유를 지속적으로 분석해왔다고 러시아 군사 소식통들은 전한다. 러시아군-타지키스탄군 연합사를 이끌면서 미국이 전 세계의 동맹국들과 연합사를 구성·운용하는 것을 벤치마킹했고, 발틱 함대 사령부에서는 미 해군의 함대사령부 운용을 연구했다. 이론 연구에만 그치지 않고 마카로프는 시베리아 군관구 사령관 때 발틱해 근처에서 상트페테르부르크 군관구와 함께 자주 합동전술 훈련을 했다. 이러한 경험을 통해 마카로프는 1991년 소련 붕괴 이후 나락으로 떨어진 러시아군의 위상을 곧 추세울 수 있는 방법은 러시아군의 기본 원칙 충실, 장비의 현대화, 전술 운용의 다양화가 필수라는 사실을 인식하게 됐다는 것이다.

이런 면에서 보면 비록 2008년 발루옙스키 참모총장의 경질과 마카로프의 발탁이 세르듀코프 국방장관과 발루옙스키 총장 간의 대립을 계기로 이뤄진 것이지만, 마카로프는 언젠가는 중용될 수밖에 없는 인물이었다는 시각이 많다. 2009년 러시아군은 개혁 방안을 발표했다. 러시아군이 소련 해체 이후에도 소련군의 조직 구조를 그대로 답습해온 데서 과감히 탈피, 군살 없고 기동성 높은 전력으로 변모시키는 게 핵심이었다. 구체적으로는 기존 지상군 중심의 지휘체계를 육해공 동합 운용 방식으로 전환하는 전략사령부 체제로 바꾸기로 했다. 113만 명인 병력 규모는 4~5년 내에 100만 명으로 줄이고, 특히 35만 5000명의 장교를 15만 명으로 대폭 감축하며 국방부 관리 2만 2000명도 8500명으로 감원하는 내용도 포함했다. 또한 지휘계통도 현행 군관구-군-사단-연대의 4단계에서 군관구-군-여단의 3단계로 바뀌 여단의 작전상 결정권을 확대키로 했다. 이러한 아이디어는 평소 군 개혁을 역설했던 마카로프의 작품이었다는 게 군사 소식통들의 전언이다.

러시아의 군사 전문가들은 마카로프를 서방과의 대결파라기보다는 협상파로 인식한다. 그런 흔적은 여러 곳에서 감지된다. 마카로프는 세르듀코프 국방부 장관과 함께 프랑스의 2만 1300톤급 미스트랄급 상륙함 구입을 주도했고, 서방의 반발을 의식해 이란에 팔기로 했던 S-300 방공 미사일 체제(미국의 패트리엇 미사일 체제와 유사)의 판매 계획을 취소하기도 했다. 그러면서도 미국에 대해서는 2007년 미국이 추진했던 동유럽 미사일 방어체제 구축을 자국의 핵무기 감축과 연계하는, 외교관 못지않은 협상 수완을 보였다. 이란의 미사일에 대비한다는 명분으로 미국이 러시아의 '앞마당'이라 할 수 있는 체코와 폴란드에 미사일 방어기지를 건설하려는 계획에 대해 마카로프가 "미국이 계획을 철회하지 않으면 러시아의 핵무기를 감축하지 않겠다"라고 선언한 것이다. 러시아의 핵무기 감축은 미-러 간 후속 전략무기감축협상(START)의 핵심 쟁점이었다. 마카로프의 강한 태도에 놀란 미국은 결국 2년 만인 2009년 버락 오바마 대통령이 직접 나서서 동유럽 미사일 방어 구축 계획 포기 선언을 하기에 이른다.

니콜라이 마카로프

1949 10월 7일 랴잔 주 글레보보 출생
1967 군 입대
1979 프룬제군사학교 졸업
1993 총참모부아카데미 졸업, 러시아-타지키스탄 연합사 참모
1998 발틱 함대 지상군 사령관
1999 모스크바 군관구 제1부사령관
2002 시베리아 군관구 사령관
2005 육군 참모총장
2008 러시아군 참모총장

:: 유리 발루옙스키

Yury Baluyevsky

발루옙스키는 현대 러시아군의 '정신적 지주'라고 해도 과언이 아니다. 2008년에 전역했지만 아직까지도 현역 러시아 군인들은 선배 군인인 발루옙스키를 '총통'이라는 별명으로 부른다. 카리스마와 함께 선동가적 기질이 다분한 아돌

▶ 러시아군의 정신적 지주, 발루옙스키

프 히틀러의 직함에서 따온 별명이다. 다른 한편으로는 군에 대한 발루옙스키의 애정이 커 늘 후배 군인들의 존경을 받는다는 얘기도 있다. 그는 2007년 2월 국방부 장관에 취임하면서 장성 수 삭감 등의 조치를 들고 나온 세르듀코프와 잦은 마찰을 일으켰다. 발루옙스키는 세르듀코프 장관의 조치에 대해 '절대로 군을 약화시켜서는 안 된다'며 반기를 들었고, 결국 2008년 참모총장직에서 물러났다. 이 것이 지금도 후배 군인들이 발루옙스키를 따르는 이유다.

선동가 형에 가깝지만 발루옙스키는 '타고난 군인'이라는 평가가 많다. 슈콜라에서 발루옙스키를 가르쳤던 교사들은 발루옙스키

가 어릴 적부터 전사(戰史)를 좋아하고 소련의 제2차 세계대전 참전 기록을 대부분 읽은 차분한 소년으로 기억한다. 그는 잠시 고향 마을인 우크라이나 땅에서 미술 교사로 일했으나 바로 군에 입대했다. 교사라는 직업이 적성에 맞지 않았을뿐더러 자신의 오랜 꿈인 군인의 길을 포기할 수 없었기 때문이다. 그는 1970년 상트페테르부르크군사대학교를 졸업하면서 성적표를 받아들었는데, 그의 성적표에는 이런 평가가 들어 있었다고 한다. '현대전에 대한 깊은 지식과 모든 형태의 전투에서 병력을 효율적으로 운영할 수 있는 능력, 복잡한 상황을 해결할 수 있는 침착함을 고루 갖춘 유능한 군인임.'

발루옙스키는 1991년 소련 붕괴 후 엉망이 된 러시아 군대를 서방에 맞설 수 있게 한 주역이다. 러시아가 미국의 첨단 무기에 필적한다고 자랑하는 '불라바(Bulava) 미사일, 토폴(Topol)-M 미사일 등 이른바 전략 미사일을 개발하기 위해 푸틴으로부터 막대한 예산을 타냈다고 한다. 불라바는 러시아어로 '철퇴'라는 뜻으로, 사거리 8000킬로미터에 350미터 이내의 목표를 맞히는 정확도를 갖추고 있으며, 발사한 뒤에도 고도·방향을 자유자재로 바꿀 수 있는 미사일이다. 또한 토폴은 러시아어로 포플러나무라는 의미로, 최대사거리 1만 500~1만 1000킬로미터에 핵탄두 6기를 탑재하고 고정발사대나 이동발사대에서도 발사가 가능한 첨단 무기다. 이들 두 전략 미사일의 개발은 러시아군의 재무장을 위한 전략이었다. 이렇게 해서 소련 시대의 무장력 수준을 어느 정도 회복한 발루옙스키는 군참모총장으로 재임하던 시절, 강경한 어법으로 서방의 간담을 서늘

하게 하곤 했다. 2007년 미국이 이란의 대량살상무기(WMD)를 견제한다는 명분으로 러시아의 '앞마당'인 폴란드와 체코에 미사일 방어체제를 배치하려는 협상을 폴란드·체코 정부와 시작하자, 발루옙스키는 '미국의 미사일 방어체제 시설이 러시아의 안보에 위협이 된다고 판단되면 우리는 폴란드와 체코의 시설을 폭격할 것'이라고 말했다. 그는 또 소련의 일원이었던 우크라이나와 조지아가 NATO에 가입하려는 움직임을 보이자, "러시아는 우크라이나와 조지아에 군사 행동을 취하겠다"라고도 했다. 실제로 러시아는 2008년 8월 조지아와 전쟁을 했다. 발루옙스키는 8월 전쟁 시작을 불과 2개월 앞두고 군 참모총장직에서 물러났지만, 조지아 전쟁은 사실상 그의 '작품'이었다는 게 전반적인 평가다. 러시아는 이 전쟁에서 발루옙스키가 구축해놓은 막강한 화력과 대규모 병력을 투입, 사실상 일주일도 안 돼 조지아의 항복을 받아내 서방의 비난을 받았다.

이런 발루옙스키에 대한 푸틴의 신임은 두터웠다. 푸틴의 믿음이 어느 정도였는지를 보여주는 사례가 하나 있다. 발루옙스키가 군 정년(만 60세)을 맞은 2007년의 일이다. 발루옙스키 참모총장의 임기는 2007년 1월에 만료됐으나 푸틴 대통령은 그의 임기를 3년이나 연장해줬다. 비록 중간에 세르듀코프 국방장관과의 마찰로 2008년 참모총장에서 물러났지만 정년이 된 노병의 임기 연장은 러시아군 역사상 유례없는 사건이었다.

2008년 6월 초 메드베데프 대통령은 세르듀코프 국방장관과 잦은 마찰을 일으킨다는 이유로 군 작전 분야의 최고 책임자인 발루옙스키 참모총장을 해임했다. 서방 언론들은 그의 교체로 서방에 대한 러시아의 군사 정책이 바뀔 것으로 예상했으나 실제로는 그렇지 않았다. 발루옙스키와 그 후임인 마카로프 참모총장 모두 '푸틴의 사람들'이었기 때문이다. 푸틴은 군 참모총장에서 물러난 발루옙스키를 러시아 안보 정책의 최고기구인 국가안보회의 부서기로 임명해 다시 한 번 발루옙스키에 대한 굳건한 믿음을 보여줬다.

유리 발루옙스키

1947 1월 9일 소련 우크라이나공화국 트루스카베츠 출생
1966 소련군 입대
1970 상트페테르부르크군사대학교 졸업
1974 독일 유학
1980 프룬제군사학교 졸업
1990 소련군 참모아카데미 졸업
1997 육군 사령부 수석 참모
2004 육군 참모총장 겸 국방부 차관
2005 러시아군 참모총장 겸 집단안보조약기구(CSTO) 참모총장
2008 국가안보회의 부서기

:: 알렉산드르 젤린

Alexandr Zelin

러시아 군인들 사이에서 젤린
은 '세일즈맨'이라 불린다. 그
는 2007년 5월부터 공군사령
관으로 재직하면서 러시아 공
군의 첨단 무기들을 마치 세일
즈맨처럼 직접 중국과 인도 등
주요 국가들에 팔러 다녔다.
푸틴의 '무기 수출 대국화(大

▶ 공군사령관, 젤린

國化)' 방침을 충실히 이행하는 군부 엘리트인 것이다. 젤린은 시베
리아 군관구의 제14항공 · 방공군(지금의 중부작전전략사령부 전술항
공부대) 사령관을 거쳤다. 공군 전투기 조종사 출신인 젤린은 10종
이상의 전투기와 전폭기 · 훈련기를 섭렵했고 '러시아연방 최고 명
예 군조종사' 칭호를 받은 인물이다.

　푸틴은 그런 젤린을 2007년 공군사령관으로 임명했다. 전 세계
의 영공을 러시아의 무대로 만들겠다는 푸틴과 젤린의 야심이 맞아
떨어진 조치였다. 러시아의 군 관계자들은 젤린이 '러시아 공군은
궁극적으로 초강대국인 미국 공군과 경쟁해야 한다'고 생각하는 사

람이라고 말한다. 그는 공군사령관에 취임하자마자 러시아 공군의 최우선 과제로 5세대 미사일 방어체제인 'S-500'과 스텔스 전투기 T-50 개발을 들고 나왔다. 젤린의 설명에 따르면, S-500은 미국의 전역 미사일 방어체제(TMD)에 맞설 새로운 방어체제다. 지상 미사일 방어체제뿐 아니라 우주 기반의 미사일 방어체제에도 대응할 수 있다는 것이다. 이론적으로는 지구상에 존재하는 모든 종류의 탄도미사일 요격이 가능하다. 실제로 S-500은 3500킬로미터 이내에서 초당 5킬로미터 속도로 날아가는 초음속 공중 목표물을 쫓아가 정확히 타격할 수 있는 것으로 알려졌고, 젤린은 이 체제를 2020년까지 구축하겠다고 공언했다. 한편 T-50 전투기는 미국의 F-22 랩터 (Raptor)를 능가하는 5세대 전투기라고 선언했다. 이 전투기는 추가 엔진 가동 없이도 초음속으로 순항 비행하는 능력을 뜻하는 슈퍼크루즈(supercruise)와, 적의 레이더망에 포착되지 않는 스텔스 (stealth) 기능을 자랑한다. 최대 속도는 마하 2.5지만, 슈퍼크루징 상태에서도 마하 1.8의 속도를 낸다. 각각 마하 2.42와 마하 1.72인 F-22 랩터의 최대 속도와 슈퍼크루징 속도에 비해 우위에 있다. 또한 F-22 랩터가 기체에 도료를 발라 레이더 전파를 반사하게 설계해 스텔스 기능을 갖춘 반면, T-50은 레이더 전파를 흡수해버리는 저온(低溫) 플라스마 막을 기체 주위에 형성하는 방식으로 스텔스 기능을 갖추게 된다고 젤린은 설명했다.

젤린이 신무기 개발에만 열의를 보인 것은 아니다. 그는 2007년 8월 노후한 전투기와 폭격기 수를 대폭 줄이는 대신, 당분간 이들의 정찰 비행 횟수를 늘리면서 무기의 첨단화를 지향하도록 하는 실용적 접근법을 취했다. 이는 푸틴과 교감이 이루어진 상태에서 내린 조치다. 공군 개혁에 관한 푸틴의 기본 방향은 러시아 공군의 첨단화와 전 세계 관할이다. 젤린은 푸틴의 이런 생각을 실행에 옮기기 위해 공군의 편제 개편에 나섰다. 기존의 방공 군관구와 6개 지역 군관구(모스크바·북캅카스·상트페테르부르크·볼가-우랄·시베리아·극동)의 항공군을 해체하고, 4개 지역 작전전략사령부(서부·남부·중부·동부)로 축소 개편했다. 예를 들면 4항공·방공군으로 불리던 북캅카스 군관구 전선항공군과 5항공·방공군의 별칭을 갖고 있던 볼가-우랄 군관구 전선항공군을 통폐합해 4항공·방공사령부(남부 작전전략사령부 전술항공부대)로 만든 것이다. 아울러 소련 붕괴 이후 예산 부족으로 태평양과 대서양, 북극해 등지에서 중단했던 Tu(투폴레프)-95MC, Tu-160, Tu-22M3 등 전략폭격기들의 순찰 비행을 재개했다. 이렇게 함으로써 당분간 전력 약화의 공백을 메우고 Tu-204, Tu-214 등 새로운 5세대 전략폭격기 개발을 서두를 시간을 번 것이다.

재래식 무기와 핵무기를 동시에 탑재할 수 있는 전략폭격기에 대한 푸틴과 젤린의 관심은 유별나다. 무엇보다 러시아가 재건하려는 핵전력의 삼각 축, 다시 말해 ICBM(대륙 간 탄도미사일)과 SLBM(잠수함 발사 탄도미사일), 전략폭격기 중에서 전략폭격기의 업그레이드가 가장 비용이 저렴하기 때문이다. 게다가 핵탄두를 장착한 순항미사일을 싣고 재급유 없이도 1만 5000킬로미터를 비행할 수 있어 미국의 안보에 위협을 가하기가 용이한 무기다. 이 때문에 푸틴과 젤린은 프랑스의 파리 에어쇼, 영국의 판버러 에어쇼와 함께 세계 3대 에어쇼로 분류되는 모스크바 에어쇼 현장을 직접 찾아 전략폭격기의 시범 비행을 관람하는 경우가 많아졌다.

알렉산드르 젤린

1953 5월 6일 소련 우크라이나공화국 페레발스크 출생
1976 하리코프고등비행학교 졸업, 공군 입대
1988 가가린공군아카데미 졸업
1997 참모아카데미 졸업
2000 제14항공·방공군(시베리아 군관구) 사령관
2001 제4항공·방공군(북캅카스 군관구) 사령관
2002 공군 부사령관 겸 공군 참모총장
2007 공군사령관

:: 블라디미르 비소츠키

Vladimir Vysotsky

비소츠키는 소련 시절의 대양
(大洋) 해군 부활을 꿈꾸는 러
시아 해군의 전략통이다. 그러
면서도 '서방을 이기기 위해선
서방을 배워야 한다'는 신축적
사고를 가진 것으로 정평이 나
있다.

▶ 해군사령관, 비소츠키

　비소츠키는 뛰어난 군인
임이 분명하지만 그의 해군사령관 발탁은 전격적으로 이뤄졌다. 임
명된 지 2년밖에 되지 않은 블라디미르 마소린(Vladimir Masorin) 전
사령관의 '워싱턴 스캔들'로 인한 조기 사퇴가 없었더라면 비소츠키
의 승진은 한참 늦어졌을 것이라는 관측이 많았다. 마소린 전 사령
관은 미 해군과의 연합 훈련 실시 등의 공을 인정받아 2007년 미 국
방부가 수여하는 '수훈장'을 받기 위해 미국을 방문할 예정이었는
데, 이를 세르듀코프 국방장관과 사전 협의하지 않아 푸틴의 진노를
샀고 곧바로 옷을 벗어야 했다. 마소린의 경질은 불운한 탓도 있다.
푸틴은 조지 W. 부시 미국 행정부가 2007년 이란의 장거리 미사일이 미국과 유럽을 공격할 가능성에 대비한다는 명분으로 체코에 레이더 기지를, 폴란드에는 10기의 요격 미사일 기지를 각각 2012년까지 설치하겠다는 이른바 동유럽 미사일 방어체제에 강력히 반발했다. 이 때문에 미국과 러시아의 관계가 악화됐고 그 틈에 마소린의 문제가 불거지면서 경질됐다는 분석이 설득력을 얻었다.

　푸틴은 2007년 마소린을 경질하고 비소츠키를 해군사령관에 임명했다. 비소츠키가 자신처럼 1991년 소련 붕괴 이후 러시아 해군의 흥망성쇠를 모두 목격한 제독 가운데 가장 뛰어난 군인이라고 판단했기 때문이다. 비소츠키는 블라디보스토크의 태평양 함대에 배치돼 있다가 항공모함 '민스크'호(1993년 퇴역)의 지휘관이 됐다. 민스크호는 사실 연한이 됐다기보다는 중국에 팔려 나갈 운명 때문에 퇴역한 항공모함이었다. 비소츠키는 1990년 또 다른 항공모함 '바랴그(Varyag, 발트해의 전사들)'호의 함장이 됐으나 이 항모는 1992년에 건조가 중단됐다. 소련 붕괴로 인해 건조 비용이 없어 바랴그호 건조 중단이라는 초유의 사태를 비소츠키는 몸으로 체험한 것이다. 또한 러시아 해군 역사상 최대의 치욕으로 기록된 2000년 핵잠수함 쿠르스크호의 침몰 때는 구조팀장이었다. 쿠르스크호는 1994년에 건조돼 이듬해 실전 배치된, 당시로서는 최신형 오스카급 전략 핵잠수함으로 최대 24기의 핵탄두 미사일을 탑재하고 수심 500미터에서 120일간 작전을 수행할 수 있던 러시아 해군의 자랑이었다. 하지만 2000년 8월 러시아와 노르웨이 사이의 북쪽 바렌츠 해에서 기동훈련을 하던 중 원인 미상의 폭발 사고로 침몰했고, 다른 국가의 지원을 받아 승조원 구조 작업을 벌였으나 결국 승조원 118명 전원이 사망했다. 이 같은 상황을 모두 경험한 비소츠키는 소련 시절의 화려했던 해군의 재건을 꿈꾸게 됐고, 이와 뜻을 같이하는 푸틴이 비소츠키를 발탁한 것이다.

비소츠키는 해군사령관에 취임한 후 웅대한 해군 재건 계획을 발표했다. 2008년 7월 '새로운 항공모함 5~6척을 건조할 것이며, 2012년 이후 북해 및 태평양 함대에 배치해 어떤 외부의 위협에도 대처할 수 있는 강력한 힘을 갖추게 될 것'이라고 말했다. 비소츠키는 러시아의 국익을 위해서라면 해외의 반발도 무릅쓰고 추진할 수 있다는 신념을 행동에 옮긴 인물이기도 하다. 강화된 해군력을 바탕으로 북극 영유권을 지켜 나가겠다는 뜻을 분명히 했기 때문이다. 2010년 6월에 발표한, 크루즈미사일을 탑재한 핵잠수함 '세베로드빈스크(Severodvinsk, 아르한겔스크 주의 백해 드비나 만 연안의 도시)'호의 진수, 잠수함 발사 탄도미사일을 장착한 차세대 핵잠수함 '유리 돌고루키(Yury Dolgorukiy, 12세기에 모스크바공국을 세운 사람)'호

블라디미르 비소츠키

1954 8월 18일 소련 우크라이나공화국 리보프 주 코마르노 출생
1971 해군 입대
1976 나히모프흑해고등해군학교(우크라이나공화국 하리코프 소재) 졸업
1982 소련 항공모함 '민스크'호 지휘관
1990 항공모함 '바랴그'호 함장
2000 핵잠수함 '쿠르스크'호 침몰 구조팀장
2004 발틱 함대 참모총장
2005 북해함대 사령관
2007 해군사령관

의 건조와 시험 운항 지속, 신형 구축함 건조, 늦어도 2020년까지 북극 군대의 창설과 북극점 주둔 등이 북극 영유권 수호의 수단이라는 설명도 덧붙였다. 특히 비소츠키는 자신이 근무했던 태평양함대와 북해함대의 병력을 빼내 북극 영유권 수호에 만전을 기하겠다는 입장이다. 비소츠키는 러시아 해군의 4대 함대(태평양·북해·발트해·흑해) 가운데 흑해함대 사령부에서만 지휘관 경험이 없다.

| FSB(연방보안국) |

:: 알렉산드르 보르트니코프

Alexandr Bortnikov

▶ 경제 KGB 요원, 보르트니코프

보르트니코프는 '경제 KGB 요원'으로 통한다. KGB 내부에서 오랫동안 산업 스파이 문제를 다루는 게 주된 역할이었기 때문이다. 1975년부터 35년 넘게 KGB 그리고 KGB의 후신인 FSB 등 보안기관에서만 공직 생활을 했다. 관리로서 외도를 한 적이 없는 뼛속 깊은 KGB맨이다. 2008년까지 갖고 있었던 러시아 국영 선박회사 소브콤플로트 이사직은 겸임이었다.

푸틴과의 인연은 KGB와 상트페테르부르크가 매개였다. 1991~1996년 푸틴이 상트페테르부르크 대외관계위원장으로 재직할 때

보르트니코프는 이곳의 KGB 요원이었다. 부패와 경제범죄 해결에서 탁월한 실력을 보임으로써 푸틴의 눈에 들었다는 이야기가 많다.

보르트니코프의 진짜 실력은 2006년 안드레이 코즐로프(Andrey Kozlov) 러시아 중앙은행 수석 부총재의 피살 사건 때 입증됐다. 2006년 9월 13일 코즐로프 부총재는 모스크바 북부의 한 축구경기장에서 열린 축구 시합을 본 뒤 귀가하기 위해 승용차에 오르던 중 괴한 두 명이 쏜 총에 맞아 사망했다. 명백한 암살이었다. 사망 전까지 코즐로프 부총재는 돈세탁 혐의가 있는 은행의 면허를 취소하는 등 금융계 정화 작업을 벌이고 있었다. 주요 타깃은 러시아에서 사업을 하던 오스트리아의 라이파이젠(Raiffeisen) 은행과 러시아의 디스콘트(Diskont) 은행이었다. 두 은행은 러시아 마피아의 자금을 세탁해줬다는 의혹을 받고 있었고, 코즐로프 부총재가 이 일을 조사하던 중 암살된 것이다. 푸틴 대통령은 이 사건을 '마피아들이 국가에 반격을 가한 것'이라 규정하고 법무부와 내무부, FSB에 철저한 진상 규명을 지시했다. 세 기관이 치열한 경쟁을 벌인 결과 FSB가 암살 용의자를 추적해 찾아냈다. 〈베도모스티(Vedomosti, 기록)〉 등 러시아 경제지들의 보도에 따르면, 당시 FSB의 경제국장이던 보르트니코프가 돈세탁 경로를 훤히 꿰뚫고 있었기 때문에 코즐로프를 살해한 범인을 추적할 수 있었다. 코즐로프 사건은 특히 '러시아 경제의 민주화'라는 관점에서 서방 언론들이 주목하고 있었는데, 보르트니코프가 해결사 역할을 한 것이었다. 이 사건의 진상을 어느 정도 밝혀냄으로써 푸틴의 이미지 제고에도 큰 기여를 한 셈이었다.

보르트니코프는 새로운 FSB 상(像) 정립에 기여했다는 평가를 든기도 한다. 그는 2011년 2월 메드베데프 대통령의 재가를 얻어 뱌체슬라프 우샤코프(Vyacheslav Ushakov) FSB 부국장을 해임했다. 해임 사유는 우샤코프가 '어떤 공무원이든 수사나 재판이 진행 중인 사건에 개입하거나 압력을 행사해서는 안 된다'는 자체 규율을 어겼기 때문이다. 실제로 우샤코프는 모스크바 인근 지역의 카지노 업자들이 수사기관의 은밀한 비호를 받으면서 불법 영업을 해온 사실이 드러난 사건과 관련해 해당 지역 검찰 지도부가 연계돼 있다는 발언을 함으로써 사건 수사에 외압을 행사한다는 논란을 불러 일으킨 적이 있다.

그러나 보르트니코프의 행적에는 어딘가 찜찜한 구석도 없지 않다는 이야기가 있다. 이는 2006년 11월 2일 런던에서 발생한 알렉산드르 리트비넨코(Alexandr Litvinenko) 전 FSB 요원 독살 사건과 관련이 있다. 보르트니코프는 사건 발생 당시 FSB 부국장이었다. 리트비넨코는 런던 시내 밀레니엄 호텔에서 방사능 물질인 '폴로늄 210'을 탄 차를 마시고 숨졌다. 나중에 독살 용의자로 전 FSB 요원 안드레이 루고보이(현 자유민주당 국가두마 의원)가 지목됐지만 보르트니코프도 이 사건에서 자유로울 수 없다는 증언이 나왔다. 2007년 2월 러시아 잡지 〈노보예 브레먀(Novoye Vremya, 신시대)〉는 "FSB의 한 고위 소식통이 리트비넨코 독살 작전의 감독관이었다"라고 보도했는데, FSB 주변에서는 이 고위 소식통이 바로 경제 담당 부국장이었던 보르트니코프였다는 말이 나돌았다. 그러나 이 사건

이후에도 보르트니코프는 2008년 5월 12일 FSB의 수장인 국장으로 승진했다. 일각에서는 보르트니코프가 푸틴 그리고 푸틴의 최측근인 파트루셰프, 세친과 친밀했기 때문에 전직 스파이 독살이라는 국제적 스캔들에 휘말렸음에도 승진했다고 분석했다.

알렉산드르 보르트니코프

1951 11월 15일 페름 출생
1973 상트페테르부르크철도공업대학교 졸업
1973 KGB 모스크바 지부 근무
1975 KGB 상트페테르부르크 지부 근무
2003 FSB 상트페테르부르크 지부장
2004 FSB 부국장(경제보안 담당)
2008 FSB 국장

:: 니콜라이 파트루셰프

Nikolai Patrushev

푸틴, 세르게이 이바노프와 함께 현대 러시아를 이끌어온 '상트페테르부르크-KGB 출신 3인방'의 한 명이다. 엄밀히 말해 파트루셰프는 이들 3인방 가운데서도 맏형 격이다. 출생 연도도 파트루셰프가 가

▶ 가장 KGB다운 사람, 파트루셰프

장 빠르고 KGB와 인연을 맺은 것도 파트루셰프가 제일 먼저인 1974년이었다. 나머지 두 사람은 1975년에 KGB에 들어갔다. 러시아 정가 인사들은 푸틴과 이바노프, 파트루셰프 세 사람 중에 '가장 KGB다운 사람'으로 파트루셰프를 꼽는 데 주저함이 없다. 경력과 스타일도 그런 데다 파트루셰프의 두 아들도 KGB와 인연을 맺었다.

파트루셰프가 푸틴을 처음 만난 것은 KGB 연수 과정을 마치고, 상트페테르부르크 지부의 선임 요원으로 부임했을 때다. 파트루셰프는 이곳에서 형사범죄조사관, 밀수 및 부패척결위원장 등을 맡았다. KGB 상트페테르부르크 지부의 요직을 두루 거친 것이다. 또

1994년 모스크바의 KGB 본부로 올라가 본부 내부는 물론 해외정보국 업무도 섭렵했다. 이러다 보니 KGB와 그 후신인 FSB 내부를 파트루셰프보다 더 잘 아는 이는 없다는 게 중론이다. 심지어 푸틴보다 정보업무에는 훨씬 밝았다는 얘기도 있다.

1999년 8월 푸틴의 후임으로 FSB의 총수인 국장에 오르면서 러시아 정가에서는 파트루셰프가 북캅카스 테러 단체들을 분쇄하기 위해 '자작극'을 벌였다는 소문이 돌았다. 그가 FSB 국장에 부임한 직후부터 다게스탄자치공화국의 도시 부이나크스크에서 발생한 군인 아파트 테러로 17명이 폭사했고, 모스크바와 로스토프 주의 볼고돈스크 등지에서 잇달아 아파트 테러가 발생했기 때문이다. 자작극 여부는 입증할 길이 없지만 이 같은 일련의 테러를 기초 정보로 해 푸틴과 파트루셰프는 제2차 체첸 전쟁을 감행했다. 2001년 전직 FSB 요원인 알렉산드르 리트비넨코(2006년 11월 영국 런던의 한 호텔에서 방사능 물질인 '폴로늄 210'에 의해 독살된 전직 FSB 요원)는 러시아의 역사학자 유리 펠시틴스키와 함께 2001년에 펴낸 『러시아 날려버리기: 내부로부터의 테러(*Blowing Up Russia: Terror from Within*)』란 책에서 "1999년 300여 명이 희생된 러시아 아파트 폭파 사건들은 실은 FSB와 파트루셰프가 개인적으로 조율한 것"이라고 폭로했다. 파트루셰프가 일련의 사건을 체첸 분리주의자의 소행으로 몰아 1999년 체첸 전쟁을 일으켰고 2000년 대선에서 푸틴이 권력을 잡는 데 이바지했다는 것이다. 아무튼 그 이후 파트루셰프가 FSB 국장으로 재직한 9년간 러시아에서 이렇다 할 대규모 테러는 발생하지 않았다. 아울러 파트루셰프 국장은 이븐 알하타브(Ibn Al-Khattab), 아슬란 마스하도프(Aslan Maskhadov), 아부 오마르 아스세이프(Abu Omar As-Seif), 샤밀 바사예프(Shamil Basayev) 등 북캅카스 분리 운동의 대표 주자들도 체포하거나 기소함으로써 푸틴의 재임 기간 동안 안정을 유지하는 데 커다란 도움을 줬다.

파트루셰프는 두 아들을 이용해 FSB 내부에서 자신의 권력 공고화를 시도했다. 큰아들 안드레이 파트루셰프는 과거에 아버지가 다녔던 KGB 연수 과정의 후신인 FSB 아카데미를 2003년에 졸업한 뒤 FSB 산업국에서 활동하고 있다. 그사이 잠깐이지만 2006년에는 세친 당시 로스네프트 이사회 의장의 자문으로 활약하기도 했다. 2007년 5월 푸틴은 안드레이 파트루셰프가 '대외무역 분야에서 국가 발전에 커다란 기여를 했다'며 훈장을 수여하기도 했다. 작은아들 드미트리 파트루셰프 역시 FSB와 인연을 맺은 뒤 러시아 대외무역은행(VTB)의 부총재 직위에 올랐다. 그는 석탄, 원유 정제 산업, 원유 수송, 금속 분야를 총괄하면서 대규모 이권에도 손을 대고 있는 것으로 알려졌다.

주목할 만한 점은 파트루셰프는 푸틴을 대신해 '강한 러시아의 부활'을 과시하는 역할을 자임했다는 사실이다. 러시아는 2006년 3월 테러방지법을 발효시켰다. 이 법의 핵심은 러시아 영토 밖에서도 테러범을 처벌하기 위해 모든 가능한 조치를 취할 수 있도록 규정한 것이다. FSB의 공개 활동 범위가 러시아 영토 바깥에서도 정당화할 수 있게 한 조치였다. 이 작업을 직접 지휘한 이가 바로 파트루셰프였다. 또한 FSB 국장 시절이던 2007년 1월, '(가급적 신분을 노출하지 않아야 할) 정보국 수장이 공개적인 대외 활동에 나서는 것은 사리에 맞지 않는다'는 일각의 비판에도 헬기를 타고 남극 탐험을 해 러시아의 영유권 주장을 상징화했다. 또 자신이 국가안보회의 서기로 재직하던 2008년 9월 12일에는 북극점에서 남쪽으로 900킬로미터 떨어진 러시아 최북단 프란츠이오시프 제도(諸島)의 FSB 사무실로 러시아 내각 장관들을 불러 국가안보회의를 개최하기도 했다. 이는 러시아 본토 이외의 지역에서 열린 사상 첫 안보회의로 기록됐다. 이날 파트루셰프의 행동을 러시아 언론들은 크게 다뤘다. 이유는 이랬다. "북극권에는 지구촌이 3년간 쓸 수 있는 약 900억 배럴의 석유와, 러시아 내 총 매장량과 맞먹는 47조 세제곱미터의 천연가스가 개발을 기다리고 있는데, 이 같은 엄청난 자원을 다른 나라보다 선점하기 위해 파트루셰프가 총대를 메고 국가안보회의를 개최했다."

니콜라이 파트루셰프

1951 7월 11일 상트페테르부르크 출생
1974 상트페테르부르크조선(造船)대학교 졸업
1974 KGB 입사
1975 KGB 연수 과정 수료, KGB 상트페테르부르크 선임 요원
1992 카렐리야공화국 보안부 장관
1998 대통령 행정실 부실장
1999 FSB 국장
2006 국가반테러위원장
2008 국가안보위원회 서기

:: 미하일 프랏코프

Mikhail Fradkov

▶ 신사, 프랏코프

프랏코프는 푸틴과 사적인 친분이 없는 전문 테크노크라트 출신으로, 총리에까지 오른 인물이다. 정치권에서 불리는 별명은 '신사(gentleman)'다. 혹자는 그의 동그란 얼굴을 빗대 '달덩이'라고 부르기도 한다. 푸틴의 이너서클이 아니면서도 요직을 두루 섭렵한 까닭에 '아웃사이더'라는 별명도 있다. 1990년대 초 프랏코프가 대외통상부 차관으로 재직할 때 상트페테르부르크 시 대외관계위원장이던 푸틴을 처음 만났다. 푸틴은 이때 처음 본 프랏코프에게 상당히 깊은 인상을 받았던 것으로 알려진다. 푸틴은 정관계 인사들과의 회동 때 프랏코프를 '경륜이 풍부하고 전문성이 있으며 정직하고 신중한 최고의 관리'라고 말한다.

이 때문인지 푸틴은 2000년 대통령이 된 이후 프랏코프를 중용했다. 그해 국가안보회의 부서기에 임명한 뒤 1년 만에 국세경찰청장에 내정했다. 이 기관은 대규모 세금 탈루를 적발하는 곳이다. 푸틴은 '프랏코프는 각 부처에서 풍부한 경험을 쌓은 능력 있는 인물이며, 특히 부패 척결에 경험이 많은 전사'라고 치켜세웠다. 프랏코프 청장은 부임하자마자 '부패와 연관된 국세경찰청의 요원들이 또 다른 부패를 해서는 안 된다'며 해당 부서의 간부급 50퍼센트와 실무 요원의 대부분을 교체했다. 푸틴은 2003년 국세경찰청이 내무부로 통폐합되면서 갈 곳이 없어진 프랏코프에게 장관급인 브뤼셀 주재 유럽연합(EU) 대표부의 책임을 맡겼다. 러시아에게 EU 대표부의 위상은 매우 중요하다. 푸틴 스스로 '러시아는 유럽 국가'라고 할 정도로 EU는 러시아의 대외 정책 가운데 가장 중요한 위치를 차지한다. 특히 푸틴은 집권 초기 미국과 대립각을 세우는 대신 지리적으로도 가깝고 정치, 경제적으로 밀접한 연계를 가진 EU와 관계를 돈독히 하려 했다. 그 첨병의 역할을 프랏코프에게 맡긴 것이다. 그로부터 1년 뒤 푸틴은 프랏코프를 러시아 정치의 '넘버 2' 자리인 총리에 임명했다.

이 인사를 두고 푸틴의 의도에 대해 여러 가지 분석이 나왔다. 그중 가장 설득력 있는 분석은 프랏코프의 '조정' 능력을 푸틴이 높이 샀다는 것이었다. 당시 러시아 정계는 푸틴의 두 이너서클, 다시 말해 실로비키와 페테르자유주의자들이 정책을 둘러싸고 대립하는 구도였다. 이 때문에 푸틴은 내각에서 이를 조정하는 사람이 절실했다. 그 적임자가 바로 프랏코프였다는 것이다. 실제로 내각에서 쿠드린 재무장관, 그레프 경제개발통상장관 등 페테르자유주의자들과 가장 많이 토론하고 언쟁을 벌인 이는 프랏코프 총리였다. 이들의 급진적인 개혁 속도를 조절하는 일종의 완충장치가 프랏코프였던 셈이다. 프랏코프의 조정 능력과 높은 인품에 대해서는 러시아 정치권 전체가 인정하는 바다. 이를 반영하듯, 국가두마는 2004년 5월 12일 프랏코프 총리 임명 동의안을 표결에 부쳐 찬성 356, 반대 72, 기권 8의 압도적 다수로 승인했다. 물론 최고권력자 푸틴이 임명한 총리 후보라는 점이 반영된 것이었지만, 러시아 정치권에서 프랏코프에 적대적인 인사는 거의 없다고 해도 과언이 아닐 정도의 인품을 갖춘 덕에 그와 같은 결과가 가능했다. 아버지의 혈통이 유대계인 프랏코프는 푸틴에게 발탁되기 전까지 '외길' 경력을 걸었다. 1972년 모스크바 공작기계대학교를 졸업하고 엔지니어로 출발, 소련 시절 인도 주재 대사관 경제담당관과 대외경제연락사무소 소장으로 일한 뒤 1991년 소련 해체 직후 대외통상부 차관을 거쳐 1997년 1년 남짓 대외통상부 장관까지 지냈다. 신사라는 별명은 오랜 기간 그가 대외 경제 분야에서 터득한 습관 때문이라는 말도 있다.

푸틴은 2007년 9월, 그해 말로 예정된 총선과 6개월 뒤로 잡혀 있던 대선 관리를 위해 내각의 일부 장관들을 교체하려 했다. 이때 프랏코프 총리는 "공정한 선거관리를 위해서는 내각의 수장이 물러나야 한다"라며 사직서를 냈다. 푸틴이 만류했지만 소용없었다. 푸틴은 후임에 줍코프를 임명하는 대신 프랏코프를 대통령 직속기관인 해외정보국(SVR) 국장으로 임명했다. SVR는 1991년 소련 붕괴 직후 옐친 대통령이 쿠데타에 깊숙이 개입했던 KGB의 힘을 빼기 위해 FSB와 분리한 해외 첩보 담당 기관이다. KGB 내 해외 정보 수

집과 공작을 담당했던 제1총국의 업무를 넘겨받아 대통령 직속기관으로 승격했다. 대량살상무기 관련 정보의 수집과 대테러 활동, 마약 거래 단속, 국제 범죄단 감시와 러시아인 보호 활동 등을 주요 업무로 하며, 미 중앙정보국(CIA)이나 연방수사국(FBI) 요원들을 포함한 각국의 정보 요원 포섭 공작도 한다. 이 기관의 업무 성격을 보면 프랏코프에 대한 푸틴의 신임이 어느 정도 두터운지 충분히 이해할 수 있다. 프랏코프의 아들인 표트르는 실로비키의 대부라 할 수 있는 니콜라이 파트루셰프의 아들 드미트리와 FSB 동기생이어서 프랏코프와 실로비키를 잇는 가교 역할을 하고 있다는 이야기도 있다.

미하일 프랏코프

1950 9월 1일 사마라 출생
1972 모스크바공작기계대학교 졸업
1973 인도 대사관 서기관
1981 대외무역아카데미 졸업
1991 제네바 주재 GATT(관세 및 무역에 관한 일반 협정, WTO의 전신) 담당 대사
1992 대외통상부 차관
1997 대외통상부 장관
1999 대외경제관계부(대외통상부의 후신) 차관
2000 국가안보회의 부서기
2001 국세경찰청장
2003 브뤼셀 주재 EU 대표부 대표
2004 총리
2007 SVR 국장

:: 빅토르 이바노프

Viktor Ivanov

빅토르 이바노프는 여러 면에
서 푸틴이 공개적으로 내놓고
할 수 없는 임무를 수행하는
'특사' 역할을 주로 맡았다.

그는 2008년 5월 푸틴에
게서 러시아 연방마약통제청
장이란 공식 직함을 받았다.

▶ 푸틴의 특사, 이바노프

표면적으로는 중앙아시아 지
역에서 생산되는 마약의 러시아 내 유통을 통제하는 책임자다. 하지
만 실상은 딴판이다. 첫 번째 임무는 미국과 NATO를 공격하는 것
이고, 두 번째는 중앙아시아와 중국을 규합해 반서방 전선을 형성하
는 것이다.

이바노프는 2010년 6월 10일 자 영국의 일간지 〈인디펜던트〉에
기고, 같은 해 10월 22일 자 미국의 외교 전문지 〈포린 폴리시〉와의
인터뷰를 통해 미국과 NATO의 아프가니스탄 정책을 비난했다. 명
분은 연간 80톤가량의 아프가니스탄산 마약이 중앙아시아 국가를
통해 러시아로 유입돼 심각한 사회 문제가 되고 있다는 것이었다.

하지만 비난의 본질은 '미국과 NATO가 (아프가니스탄 탈레반의 주요 자금줄인) 양귀비 재배를 막지 못해 오히려 러시아를 포함한 주변국들의 불안정을 초래하고 있기 때문에 미국과 NATO가 아프가니스탄 정책을 수행할 때는 러시아의 협조를 얻으라'는 것이었다. 또한 이바노프는 2010년 11월 11월 안보 당국자 대표단을 인솔해 무슬림이 주류인 중국 신장위구르 자치구와 베이징을 순방하며 범지역적인 마약 단속 협력 체제를 논의했다. 이때도 역시 명분은 마약 문제였다. 하지만 실제로는 시대에 뒤지고 녹슨 상하이협력기구(SCO)를 활성화할 목적으로 중국을 찾았다고 언론에 말한 적이 있다. SCO는 러시아와 카자흐스탄, 우즈베키스탄, 키르기스스탄, 타지키스탄 등 소련 국가들과 중국이 2001년에 만든 안보연합체다. 러시아는 이를 NATO 형태의 군사동맹으로 육성하려는 구상을 갖고 있는데, 그럴려면 중국의 협조가 꼭 필요했다. 중국 방문 당시 이바노프는 "SCO를 쇄신하면 G8, G20 등 국제무대에서 SCO의 발언권이 커지게 된다"라고 말했다.

이바노프가 이 같은 특사 역할을 할 수 있는 배경은 푸틴과 그만큼 가깝기 때문이다. 푸틴보다 두 살 위지만 1977년부터 1994년까지 17년간 KGB 상트페테르부르크 지부에서 근무하면서 푸틴과 친구로 지냈다. 1994년 상트페테르부르크 시 행정실장으로서 당시 시 대외관계위원장이던 푸틴과 다시 만났고, 푸틴이 1999년 FSB 국장을 할 때는 해외정보국 업무를 담당했다. 2000년 푸틴이 대통령이 되면서 이바노프는 대통령 행정실 부실장이 돼 지금까지도 푸틴의 가장 가까운 친구로 지내고 있다.

푸틴이 빅토르 이바노프를 신뢰하는 배경에는 이바노프가 '전략가'형 인물이기 때문이라는 분석이 있다. 소련의 아프가니스탄 전쟁이 막바지이던 1988~1989년 이바노프는 아프가니스탄 주재 KGB 요원으로 파견됐는데, 이 전쟁을 지속할 경우 소련의 피해가 눈덩이처럼 불어날 것을 예견해 철수를 권고했던 것으로 알려진다. 2001년 이바노프는 대통령 행정실 부실장으로 있으면서도 최대 군수업체인 알마스-안테이(Almaz-Antei) 이사회 의장으로 겸임 발령 됐다. 이곳에서 이바노프가 주력한 것은 S-300을 비롯한 공중 방어 체제었다. S-300은 미국의 패트리엇 미사일보다 우수한 성능을 가진 요격용 미사일로, 이바노프는 이것이 소련이 붕괴된 상황에서 미국과 군사력을 견줄 수 있는 유일한 무기라고 생각했다고 한다. 미국이 훗날 S-300에 대한 우려를 표시했던 것을 반추해보면 이바노프의 계산이 상당히 일리 있다는 이야기가 된다.

이바노프는 실로비키 그룹에서도 핵심 중의 핵심으로 꼽힌다. 세친, 세르게이 이바노프와도 가깝다. 이바노프는 대통령 행정실 부실장 시절 정부와 국영회사 주요 임원들의 인사를 담당하는 업무를 맡았다. 정부와 국영회사들의 주요 자리에 누구를 기용할 것인지를 실로비키 핵심 멤버들과 상의, 결정하고 푸틴의 재가를 받아 임면권을 행사해 실로비키의 힘을 키워 나갔다고 한다. 2007년 푸틴의 후계자로 드미트리 메드베데프가 임명되기 전까지만 해도 러시아 권력 서열 2위 혹은 3위라는 말이 나돌았을 정도로 힘이 막강했다.

이바노프는 우리에게도 그리 낯설지 않은 인물이다. 2008년 9월 말 이명박 대통령이 러시아를 공식 방문했을 때 한·러시아 관계 증진에 기여했다는 이유로 이바노프에게 훈장을 수여했기 때문이다. 서훈 이유는 푸틴 대통령 시절 인사보좌관(행정실 부실장)을 하면서 러시아 대통령 행정실 간부들의 방한(訪韓) 연수 파견을 추진한 공로 등을 인정했기 때문이다.

빅토르 이바노프

1950 5월 12일 노브고로드 출생
1974 상트페테르부르크전기공업대 졸업
1977 KGB 상트페테르부르크 지부장
1987 KGB 아프가니스탄 주재관
1994 상트페테르부르크 시 행정실장
1999 FSB 부국장
2000 대통령 행정실 부실장
2001 군수업체 알마스-안테이 이사회 의장
2004 국영 항공사 아에로플로트 이사회 의장
2008 마약통제청장

| 사법기관 |

:: 알렉산드르 코노발로프

Alexandr Konovalov

코노발로프는 언제든 러시아의 대권을 노릴 수 있는 차세대 엘리트로 꼽힌다. 푸틴의 이너서클 내에서는 잠재적인 차기 대권주자라는 말이 공공연히 나도는 인물이다. 푸틴이 발탁했지만 메드베데프와 상트페테르부르크 법대에서 함

▶ 잠재적인 차기 대권 주자, 코노발로프

께 강의를 들어 메드베데프와도 긴밀한 관계를 유지하고 있다. 코노발로프의 박사 학위(1999) 논문 제목도 「민법에서의 소유와 소유권 보호」로 메드베데프의 박사 학위 논문 「국영기업의 민법적 관할권의 실현 문제」와 비슷하다.

코노발로프는 원칙에 충실하다는 평가를 받는다. 러시아 정가에선 푸틴이 2005년 볼가 지역 대통령 전권대표로 코노발로프를 임명한 이유를 원칙주의자에서 찾는 사람이 많다. 코노발로프는 2004년 잠시 극동 블라고베셴스크에서 오몬(OMON, 내무부 산하 특수부대)이란 강경 진압부대가 시위 진압을 하다 시민들에게 상해를 입힌 사건을 조사한 적이 있고, 그에 앞서서는 1990년대 초반 상트페테르부르크 초임 검사 시절 소련이 붕괴한 뒤 연방 재산인 연료와 에너지 산업의 사유화 과정을 수사한 일이 있다. 결과가 모두 최선이었다고 할 수는 없지만, 국가가 관련된 불법행위에 법의 잣대를 들이댄 것이다. 러시아에선 흔치 않은 사례다. 이러한 일들이 비록 코노발로프의 명성을 높여주지는 않았다고 할지라도 '코노발로프＝원칙주의자'라는 인식을 국민에게 심어주는 데는 기여했다. 푸틴은 이러한 원칙주의자 코노발로프가 대통령 전권대표로 면적 103만 5900제곱킬로미터에, 인구 3115만 명인 볼가 관구를 어떻게 통치하는지 시험대에 올렸다는 후문이다. 대통령 전권대표는 대통령의 눈과 귀 역할을 하는 인물이다. 이 때문에 정치권 일각에서는 '푸틴이 코노발로프를 직접 중앙 정치무대로 끌어올리지 않고 볼가 관구 대통령 전권대표로 내려보낸 것은 결국 향후 러시아의 새로운 지도자를 키우려 배려한 것 아니냐'는 평가가 나왔던 것이다.

코노발로프는 유일하게 종교 문제와 관련해 스캔들에 휩싸인 적이 있다. 2005년 6월 12일, 이날은 국경일인 '러시아의 날'이다. 당시 볼가 지역 대통령 전권대표이던 코노발로프는 니즈니노브고로드(볼가 지역의 주도)의 이슬람신자협의회 회장인 우마르 이드리소프(Umar Idrisov)로부터 쓴소리를 들었다. 쓴소리의 핵심은 '러시아의 날은 전 국민이 기념하는 날이고 행사장에는 모든 종교단체 대표들이 초청받는데, 러시아정교회 신자인 코노발로프가 이슬람 단체를 초청 명단에서 누락했다. 코노발로프는 종교 차별주의자'라는 것이었다. 비난을 받은 코노발로프는 어찌 된 일인지 묵묵부답이었다. 실제로 그가 고의로 종교를 차별한 것인지는 확인할 수 없었으나, 나중에 이슬람 단체들을 찾아가 사과했다. 그러면서 "이슬람은 러시아 발전을 위해 중요한 종교이며 사회의 안정과 행복에 건설적인 역할을 해왔다"라는 성명을 발표했다.

코노발로프가 이룬 중요한 성과로는 '부패' 이미지로 점철된 러시아 경찰의 개혁을 들 수 있다. 그는 2008년 법무부 장관에 취임한 뒤 경찰 개혁에 칼을 들이댔다. 2011년부터 본격화돼 그해 3월 경찰의 명칭을 바꾸는 것부터 시작했다. 소련 시절부터 내려온 '밀리치야(militsiya, 본래는 민병대라는 군인 조직)'에서 러시아 혁명(1917) 이전의 이름인 '폴리치야(politsiya)'로 바꾸면서 조직과 기능을 단순화하고, 경찰관 수도 20퍼센트 가까이 줄이는 게 골자였다. 특히 경찰 업무를 시대 변화에 맞게 대폭 개편해 징병 고지서 배달과 같은 잡무를 없애는 대신, 대(對)테러 분야 업무를 강화하는 등의 내용도 포함했다. 물론 이는 표면적인 변화일 뿐 실질적 개혁 의도는 따로 있다. 경찰 내부의 기강을 바로잡고 국민 보호에 최선을 다하도록 조직 분위기를 일신하겠다는 것이다. 코노발로프 장관은 "폴리치야가 개편 직후 곧바로 최대한 효율적으로 작동하진 않겠지만, 경찰 업무 개선을 위한 여건은 갖춰졌다"라며 겸손한 자세를 보였다.

알렉산드르 코노발로프

1968 9월 6일 상트페테르부르크 출생
1986 소련군 복무
1992 상트페테르부르크대학교 법대 졸업,
     상트페테르부르크 시 비보그르 주 검사
1994 상트페테르부르크 연방보안법 담당 검사
1997 상트페테르부르크 시 모스크바 구 검사
2001 상트페테르부르크 시 차장 검사
2005 바시코르토스탄공화국 검찰총장
2005 볼가 지역 대통령 전권대표
2008 법무부 장관

:: 블라디미르 우스티노프

Vladimir Ustinov

블라디미르 우스티노프는 푸
틴의 작품이라 할 수 있는 체
첸 전쟁을 현장에서 직접 지휘
한 인물이다. 군인이 아닌, 검
사 출신이지만 체첸 전쟁에서
혁혁한 공을 세워 러시아의 영
웅이 됐다.

▶ 검찰총장, 우스티노프

　　우스티노프의 고향은 극
동의 하바롭스크 주 니콜라옙스크나아무레다. 극동 출신이지만 약
10년간의 모스크바 생활을 빼면 대부분의 검사 생활과 정치 경력은
북캅카스에서 했다. 북캅카스는 테러와 러시아로부터의 분리독립
운동으로 푸틴을 집권 기간 내내 괴롭힌, 아킬레스건과도 같은 지역
이다. 그래서 웬만큼 믿을 만한 사람이 아니면 푸틴은 북캅카스 업
무를 맡기지 않는다. 이러한 맥락에서 우스티노프는 푸틴이 전적으
로 신뢰하는, 몇 안 되는 인사라는 평가가 나온다.

　　1992년 북캅카스 부근 소치 시의 검사를 시작으로, 1994년부터
는 크라스노다르 주의 검사를 지냈다. 크라스노다르 주와 소치 시는

체첸공화국과 인접한 지역이다. 우스티노프는 1998년부터는 아예 북캅카스를 총괄하는 검찰국장으로 승진했다. 이듬해인 1999년 보리스 옐친 대통령과 푸틴 총리가 검찰총장으로 그를 발탁했다. 푸틴의 입장에서 보면 우스티노프의 '진가'는 이때부터 발휘됐다고 봐도 과언이 아니다. 1999년 9월 모스크바와 볼고돈스크의 주거 빌딩에서 폭발물 발견 사건을 직접 지휘, 제2차 체첸 전쟁의 명분을 제공했다. 우스티노프의 강력한 무기는 '역(逆)인질 전술'이었다. 역인질 전술이란 북캅카스의 이슬람 무장 단체들이 테러를 할 때 러시아인을 인질로 잡는 것에 착안, 역으로 이슬람 테러리스트들의 가족을 러시아 정부기관이 인질로 잡아 테러를 못 하게 하는 기법이다. 예컨대 2004년 우스티노프는 국가두마에서 '테러범의 가족을 인질로 잡아두는 것은 우리가 무고한 국민을 구하는 데 커다란 도움을 줄 것'이라고 연설한 적이 있다. 푸틴으로서는 우스티노프가 체첸 문제의 해결사 역할을 해준 것이다.

이 때문에 푸틴 정권에서 우스티노프의 승승장구는 예견돼 있었다는 지적도 나온다. 검찰총장이 된 뒤 그에게는 북캅카스의 테러 외에, 2000년 이후 또 다른 임무가 부여됐다. 첫 번째는 핵잠수함 쿠르스크호의 침몰 사건이었다. 2000년 8월 12일 러시아와 노르웨이 북쪽 바렌츠 해에서 기동훈련을 하던 쿠르스크호는 원인 미상의 폭발사고로 침몰했고, 러시아 정부는 구조 작업을 벌이긴 했으나 약 열흘 만인 8월 21일 승조원 118명 전원이 사망했음을 발표했다. 푸틴 대통령은 우스티노프 검찰총장을 직접 현장에 내려보내 쿠르스크호의 침몰이 범죄 혹은 테러 여부와 관련이 있는지 조사하도록 지시했으나, 2년간에 걸친 조사에도 침몰 원인은 밝혀내지 못했다. 첫 번째 임무는 실패였던 셈이다.

두 번째 임무는 푸틴을 비판해온 옐친 시대의 미디어 재벌 블라디미르 구신스키(Vladimir Gusinsky)에 대한 조사 및 사법 처리였다. 우스티노프 검찰총장은 미디어 그룹 미디어-모스트의 회장인 구신스키를 조사, 1997년 상트페테르부르크 TV 방송국 민영화 과정에서 발생한 1000만 달러 횡령 사건에 개입했다는 혐의를 씌워 구신스키에게 유죄를 선고했다. 조사 때 우스티노프 검찰총장은 구신스키의 사무실에 대한 압수 수색을 하는 과정에서 테러리스트를 수사할 때나 투입하는 러시아의 특수부대 '오몬'을 파견하기도 했다. 결국 구신스키는 사법 처리를 피해 영국으로 망명, 지금까지도 러시아로 돌아오지 못하고 있다.

우스티노프에게 부여된 세 번째 임무는 석유기업 유코스의 미하일 호도르콥스키 사건을 법적으로 해결하라는 것이었다. 세르듀코프가 세금으로 호도르콥스키를 압박했다면, 우스티노프는 검찰총장을 맡아 2003년 호도르콥스키를 기소하고 체포하는 등 사법 처리를 담당했다. 호도르콥스키는 구신스키와 마찬가지로 푸틴에 반대하고 야당에 재정 지원을 하면서 푸틴과 대립했던 인물이다.

푸틴의 지원을 등에 업고 '잘나간' 우스티노프에게도 시련은 있었다. 2006년 6월 푸틴과 면담한 직후 우스티노프는 검찰총장에서 법무장관으로 승진했다. 그러나 2년 만에 법무장관에서 해임됐다.

러시아 언론들은 당시 뇌물 사건에 연루된 법무부 간부들을 우스티노프가 두둔하다 비판 여론에 밀려 교체된 것으로 봤다. 이보다 5년 가량 앞선 2001년 구신스키를 옥죄기 했을 때도 위험 상황에 처한 적이 있다. 구신스키 측이 우스티노프 측근을 통해 뇌물로 아파트를 주려 했던 것이다. 한 달 만에 '혐의 없음'으로 결론 났으나 우스티노프로서는 경력에 흠집이 날 뻔한 사건이었다.

푸틴은 법무장관에서 물러난 우스티노프를 2008년 남부지구 대통령 전권대표에 기용했다. 남부지구 대통령 전권대표는 북캅카스 일대에서 대통령의 권력을 그대로 부여받았다는 의미다. 체첸공화국 대통령 람잔 카디로프는 "나와 우스티노프 전권대표가 힘을 합하면 못할 게 없다. 우스티노프가 러시아 남부 지역에서 (테러리스트들로부터) 러시아의 주권을 지키는 눈〔目〕이 될 것임을 확신한다"라고 말했다.

우스티노프는 푸틴 이너서클의 핵심인 세친의 딸 인가 세치나를 며느리로 맞으면서 새로운 세대의 푸틴 이너서클을 구축하고 있다.

블라디미르 우스티노프

1953 2월 25일 하바롭스크 주 니콜라옙스크나아무레 출생
1978 하리코프법학대학교 졸업
1992 소치 시 검사
1994 크라스노다르 주 수석 검사
1998 북캅카스 검찰국장
1999 검찰총장
2006 법무부 장관
2008 남부지구 대통령 전권대표

:: 유리 차이카

Yury Chaika

차이카는 별명이 '니예프리코
스노비옌니(nyeprikosnovy-
enniy)', 즉 영어로 '언터처블
(untouchable)'인 검사다. 극단
적 민족주의, 권력기관들 간의
다툼 등 러시아나 푸틴의 입장
에서 볼 때 골치 아픈 사건들
을 주로 담당하면서 이 같은

▶ 언터처블, 차이카

별명이 붙었다. 극동 하바롭스크 출신에 주요 활동지는 시베리아의
이르쿠츠크여서 푸틴과는 개인적 인연이 없는 편이지만, 차이카의
뚝심을 푸틴의 또 다른 후원 그룹인 상트페테르부르크 출신의 법률
가들이 강력하게 지지하면서 검찰 권력의 핵심으로 자리 잡았다. 차
이카의 존재감을 확실하게 알린 두 가지 계기는 2006년과 2008년에
발생했다.

하나는 '트리 키타(Tri Kita, 세 마리 고래)' 부패 사건이다. 트리
키타란 모스크바에 있는 가구 쇼핑몰의 이름이다. FSB와 마약통제
청 등 정보기관, 검찰청, 대통령 행정실 등의 관리들은 트리 키타에

있는 가구회사를 통해 중국산 제품을 밀수하고 수입관세를 포탈해 막대한 부를 챙겼다는 의혹을 받고 있었다. 차이카는 당시 검찰총장이었다. 이 사건은 러시아 정부의 '힘깨나 쓰는' 기관들이 모두 연루돼 있었고 자신이 수장으로 있는 검찰청도 의혹을 받고 있었다. 그런데도 차이카는 이 사건에 대한 조사를 지시했다. 이를 통해 19명이나 되는 FSB의 고위 관리들이 파면됐다. 파트루셰프 FSB 국장, 빅토르 체르케소프 마약통제청장 등 실로비키의 대부 그룹이 반발했지만, 차이카의 의지 앞에서는 무릎을 꿇을 수밖에 없었다고 한다. 당시 러시아 언론들은 '특정 권력기관을 편들지 않으면서 세력 균형을 유지하려는 푸틴의 입장에서 차이카가 커다란 도움이 됐을 것'이라고 평가했다.

2008년 차이카는 국가의 중요한 범죄를 효율적으로 수사하기 위해서는 검찰청, 내무부, FSB, 마약통제청 등 관련 기관이 모두 참여하는 '중앙수사위원회'를 만들어야 한다고 제안했다. 다른 기관들은 찬성했으나 정작 이 제안에 반기를 든 기관은 차이카가 지휘·통솔하는 검찰청이었다. 당시 알렉산드르 바스트리힌(Alexandr Bastrykhin) 검찰차장은 "수사는 검찰의 고유 업무이고 다른 기관들이 합동 수사에 나서면 일이 복잡해진다"라며 일부 검사들을 규합해 차이카 총장의 제안을 반박했다. 하지만 푸틴 총리와 메드베데프 대통령 등 최고권력자들이 차이카의 손을 들어줬고 차이카는 자기 밥그릇만 고집하는 검찰 내부의 개혁까지 이뤄냈다고 한다. 차이카는 그러면서도 검찰에 대한 정치권이나 재계 등의 외압에는 단호하다.

G20 정상회의에 참석하는 메드베데프 대통령을 수행해 2010년 11월 서울을 방문했던 차이카 총장은 '검찰이 정치권의 눈치를 보면 안 된다. 정치인이 연루된 사건이라도 검찰이 흔들리면 안 된다'는 소신을 펼쳐 화제가 되기도 했다.

차이카는 심지어 자신의 가족이 연루된 사건도 수사하는 것으로 정평이 나 있다. 1999년 제1검찰차장 시절, 당시 자신의 아들과 연루된 것으로 알려진 갱단 사건 수사를 직접 지시했다고 한다. 차이카는 또 러시아의 안전을 위협하는 세력에게는 더욱 단호한 것으로 알려진다. 2001년 법무부 장관으로 유럽을 출장 중이던 차이카는 '러시아의 안정을 해치는 테러리스트에게는 사형제를 적용해야 한다'는 입장을 밝혀 러시아 국민들에게 커다란 인기를 얻었다. 여기서 테러리스트는 체첸 등 북캅카스 일대의 이슬람 무장 세력을 의미했다. 러시아 국민은 차이카 총장을 반겼지만, 유럽 국가들에게는 반발을 샀다. 다른 사례도 있다. 영국 런던으로 망명했던 러시아의 석유 재벌이자 반푸틴 인사 베레좁스키가 2007년 4월 영국의 〈가디언〉과 한 인터뷰에서 "푸틴을 축출하고 새로운 러시아 혁명을 꾀하

유리 차이카

1951 5월 21일 하바롭스크 주 니콜라옙스크나아무레 출생
1976 스베르들롭스크법학대학교 졸업
1983 동시베리아검찰청 검사
1984 이르쿠츠크 주 검찰청 수석 검사
1995 제1검찰차장
1999 법무부 장관
2006 검찰총장

고 있다"라고 밝힌 적이 있다. 이때 푸틴의 방패막이가 된 사람이 차이카다. 차이카 검찰총장은 "베레좁스키의 발언은 헌법에 의한 통치를 폭력으로 타도하려는 망발에 불과하다. 어차피 이런 쓰레기 같은 인간을 상대할 필요는 없지만 법적 대응을 하지 않을 수 없어 관계 당국에 베레좁스키에 대한 수사를 명령했다"라고 말했다. 2011년 4월 러시아 모스크바 주재 북한 대사관이 일부 건물을 불법 카지노 시설로 전용하다가 적발된 것은 온갖 종류의 불법을 참지 못하는 차이카의 의지가 이뤄낸 또 다른 성과라는 평가도 있다.

:: 안톤 이바노프

Anton Ivanov

안톤 이바노프는 메드베데프의 대학 동창 겸 절친으로, 이른바 시빌리키의 리더 격인 인물이다. 민법학자를 의미하는 러시아어 치빌리스트(tsivilist)에서 파생한 것으로 이해되는 용어 시빌리키는 푸틴의 가장 커다란 인맥 실로비키에 맞서는 세력으로, 자유주의적 사고를 바탕으로 한다. 러

▶ 시빌리키의 리더, 이바노프

시아 정가에서는 향후 주목해야 할 인물 1순위로 안톤 이바노프를 지목한다. 권위주의적인 러시아의 사법과 행정 체계를 개혁할 수 있는 '젊은 정치인'으로 인정하고 있기 때문이다. 그는 푸틴과도 친하면서 동시에 메드베데프와도 막역한 사이다. 특히 메드베데프와는 상트페테르부르크대학교 법학부 82학번 동창이고 1994년 '발포르트(Balport)'라는 법률자문 회사를 공동으로 설립하기도 했다.

러시아 개혁에 대한 이바노프의 관점은 다른 어떤 이보다 분명하다. 그는 국가와 비즈니스를 '시소' 관계로 인식한다. 한쪽이 무거워지면 다른 쪽은 기울게 돼 있다는 것이다. 국가의 권위와 비즈니

스상의 이해가 이제 균형을 맞춰야 할 시점이라고 인식한다. 쉽게 말해 이바노프는 지금까지 러시아에서는 국가가 경제를 지배했기 때문에 자본주의가 만개하지 못했고, 따라서 이를 바꾸지 않으면 러시아의 미래는 없다는 생각을 하고 있다. 이러한 맥락에서 국영기업에 대한 지나친 국가의 간섭을 배제해야 한다는 것이 이바노프의 생각이다. 2011년 3월 메드베데프 대통령이 국영기업 이사진을 겸직했던 부총리나 내각 장관들이 이사에서 물러나야 한다고 명령했을 때 이 조치를 만들어낸 이들 중 한 명이 이바노프라는 이야기가 있다. 사법 개혁도 마찬가지다. 지금까지는 법이 시민 생활의 우위에 있었지만, 향후 러시아는 법치주의가 완전히 정착돼 국민의 기본권을 보장해야 한다고 이바노프는 믿는다. 그는 2005년 최고중재재판소장이 됐을 때 취임사에서 '나의 가장 큰 과제는 사법제도에 대한 국민의 믿음을 향상시키고, 사법 체계를 과감히 개방하는 것'이라고 말했다. 이바노프의 대학 시절 친구였던 마리나 라브리코바(Marina Lavrikova)는 2008년 2월 4일 자 〈스마트 머니〉라는 잡지에 기고한 글에서 "안톤 이바노프는 학창 시절 최고의 교수 · 학자들과도 논쟁하는 것을 두려워하지 않았다. 비록 자신의 관점이 역설이었다고 해도 말이다. 이바노프는 자신의 사법 개혁 견해를 한 번도 꺾지 않은 이론가 겸 실천가다"라고 회고했다.

이바노프는 개혁적 법률가였을 뿐만 아니라 대학 졸업 후 변호사 생활을 하면서 1995년부터 〈프로보포랴도크(Provoporyadok, 법질서)〉라는 법률 신문의 편집장으로 활약했고, 2004년 국영 천연가스 회사 가즈프롬의 언론 계열사인 '가즈프롬 미디어 홀딩'의 제1부사장으로 재직했을 만큼 언론 감각도 갖춘 것으로 평가받는다. 가즈프롬 미디어 홀딩은 유력 일간지 〈이즈베스티야(Izvestiya)〉와 민영 방송인 NTV 등을 산하에 둔 회사다.

일각에서는 이바노프를 '메드베데프의 사람'이라고 이해하지만, 러시아 정치권에서는 그렇게만 볼 수 없다는 시각이 많다. 푸틴을 가까이에서 지켜본 유명 저널리스트이자 정치평론가인 블라디미르 솔로비요프(Vladimir Solovyov)는 2008년에 펴낸 저서 『푸틴』에서 "안톤 이바노프는 분명히 푸틴을 지탱하는 엘리트"라고 규정했다. 이유가 있다. 비록 이바노프가 메드베데프와 대학 동창이지만 푸틴의 재가를 얻어 2004년 가즈프롬 미디어 홀딩의 제1부사장이 됐다. 또한 메드베데프의 추천이 있었다고는 하지만 2005년 푸틴이 직접 이바노프를 최고중재재판소장으로 임명했다.

정치권에서는 시간이 흐르면서 '푸틴과 세르게이 이바노프 관계'와 '메드베데프와 안톤 이바노프 관계'가 같은 경우가 될 것이라는 전망을 많이 하는 편이다. 푸틴에게 세르게이 이바노프는 동갑내기, 상트페테르부르크대학교와 KGB라는 공통분모를 갖고 있지만

안톤 이바노프

1965 7월 6일 레닌그라드 주 가트치나 출생
1987 상트페테르부르크대학교 법대 졸업, 변호사
1994 법률자문 회사 '발포르트' 공동 대표
1995 법률 신문 〈프로보포랴도크〉 편집장
2004 가즈프롬 미디어 홀딩 제1부사장
2005 최고중재재판소장

푸틴의 권위를 한 번도 넘지 않았다. 마찬가지로 메드베데프와 안톤 이바노프는 1965년생 동갑에다 상트페테르부르크 법대, 변호사라는 같은 길을 걸어왔지만 안톤 이바노프가 메드베데프를 넘어서지는 않았다. 따라서 안톤 이바노프가 독자적인 세력을 구축하는 것보다 메드베데프의 조력자로 남아 가깝게는 메드베데프를, 멀게는 푸틴을 측면에서 지원할 것이라는 분석이 유력하다.

:: 블라디미르 추로프

Vladimir Churov

▶ 푸틴의 선거 매니저, 추로프

'푸틴 프시그다 프라프(Putin Vsigda Prav, 푸틴은 항상 옳다)'라는 독특한 문구가 자신의 상징처럼 각인된 인물이 추로프다. 선거의 중립성을 보장해야 할 중앙선거관리위원회 위원장임에도 2007년 중앙선관위원장에 취임한 뒤 각종 인터뷰에서 푸틴이 항상 옳다는 말을 거침없이 해 이런 별명이 따라다닌다. 푸틴에 대한 추로프의 예찬은 타의 추종을 불허할 정도다. 아무리 1992년부터 상트페테르부르크 시 대외관계위원장인 푸틴 밑에서 오랫동안 부위원장을 했다는 점을 감안하더라도 추로프의 푸틴에 대한 충성심 표현은 지나친 수준이라는 평가다. 그렇다고 선관위원장으로서 대놓고 불법 선거 행위를 묵인하는 것과 같은 비리는 발견된 적이 없기 때문에 중앙선관위의 총책임자 자리를 계속 유지하고 있다는 분석이 있다. 추로프는 '푸틴의 선거 매니저'인 셈이다.

하지만 추로프의 중앙선관위원장 임명 절차는 문제가 있었다는 지적이 많다. 2007년 1월 19일 러시아 정부는 선거법을 개정했다. 선거법의 중앙선거관리위원 자격 요건 항목에서 '중앙선관위 위원은 일정 이상의 고등교육을 받은 자로 한다'고 요건을 넓힌 것이 개정 선거법의 골자였다. 종전까지는 '중앙선관위 위원은 고등 법률교육을 받았거나 법률 분야에서 일정 기간 근무한 자로 한다'였다. 법률과 관련된 사람으로만 제한했던 것이다. 하지만 개정 선거법은 누가 봐도 비(非)법률가의 중앙선관위원 진입을 허용한 것이었고, 당시 중앙선관위원 후보 중에서는 푸틴의 측근인 추로프만이 법률가가 아니었다. 추로프는 푸틴과 같이 상트페테르부르크대학교를 졸업했지만 그의 전공은 물리학이었다. 물론 추로프가 완전히 선거와 무관한 사람은 아니었다. 추로프는 1992년부터 11년간 근무한 상트페테르부르크 시 대외관계위원회 부위원장 시절은 물론이고 2003년부터 국가두마 의원으로 활동하면서 프랑스 · 파키스탄 · 벨라루스 · 키르기스스탄 등 외국의 선거감시단원으로 많은 선거를 경험했다. 그렇다고 해도 선거법까지 개정하면서 추로프를 중앙선관위원장에 임명한 것은 무리수였다는 비판이 있었다.

추로프는 중앙선관위원장이 된 뒤 푸틴을 위한 선거법을 만드는 데 큰 역할을 했다. 2007년 12월 총선을 앞두고 정당명부식 비례대표제 방식의 도입을 핵심으로 한 법 개정을 이뤄냈다. 국가두마 의원 450명 가운데 절반은 직접선거로, 나머지는 비례대표로 뽑던 기존 방식에서 의원 전원을 정당명부식 비례대표제로 뽑도록 한 것이다. 아울러 각 정당이 비례대표제를 통해 의석을 할당받을 수 있는 요건도 기존의 전체 유효 투표의 5퍼센트 이상에서 7퍼센트 이상으로 높였다. 명분은 '군소 정당 난립에 따른 정치의 부작용 최소화'였다. 야권에서는 조직과 돈이 없는 이른바 가난한 정당이 정권에 대한 비판의 목소리를 내는 것을 차단하겠다는 의도라고 비판했지만 소용없었다. 푸틴이 당 대표로 있던 통합러시아당은 선거법과 조직 등을 활용해 2007년 12월 총선에서 국가두마 의석의 3분의 2를 휩쓰는 압승을 거뒀다.

그런 추로프도 한때는 개혁적인 인물로 통했다. 개혁·개방을 추진해야 하는 상트페테르부르크 시 대외관계위 부위원장 시절 푸틴 위원장을 도와 드레스덴 은행, 나치오날드파리 등 외국계 은행 지점을 개설하고 상트페테르부르크대학교에 국제관계학부 개설, 코카콜라 등 외국 기업의 유치에도 커다란 기여를 했다.

푸틴의 권력 엘리트들 가운데 추로프가 갖는 의미가 하나 더 있다. 일반인들이 푸틴에 반대하는 야당으로 간주하는 러시아자유민주당(대표 블라디미르 지리놉스키Vladimir Zhirinovsky)과 푸틴과의 관계에서다. 추로프는 중앙선관위원장이 되기 전인 2003년부터 2007년까지 국가두마 의원이었다. 소속은 자유민주당. 따라서 푸틴과 추로프의 긴밀한 관계를 고려해보면 자유민주당은 '푸틴의 우당(友黨)'이라는 계산이 나오는 것이다. 어떤 이는 푸틴이 야당인 자유민주당에서 충성스러운 추로프 의원을 빼온 게 아니냐는 지적을 하기도 하지만, 이는 사실관계가 틀린 것이다. 추로프는 1992년부터 상트페테르부르크 시 대외관계위원회에서 근무하면서 당시 위원장이던 푸틴의 신임을 한 몸에 받은 인사다. 그 후 추로프는 푸틴을 배신한 적이 없었고, 따라서 푸틴과의 사전 교감 아래 자유민주당에 입당해 의원으로 활동한 것이라는 게 정치권 인사들의 공통된 견해다.

블라디미르 추로프

1953년 3월 17일 상트페테르부르크 출생
1977 상트페테르부르크대학교 물리학부 졸업
1992 상트페테르부르크 시 대외관계위원회 위원
1995 상트페테르부르크 시 대외관계위 부위원장
2003 국가두마 의원
2007 중앙선거관리위원회 위원장

4

학계 · 문화계

:: 니키타 미할코프

Nikita Mikhalkov

역대 러시아 최고의 영화감독 중 한
명으로 손꼽히는 니키타 미할코프는
'푸틴의 문화예술계 빅 프로모터'다.
영화감독 신분으로 국내 정치에도 개
입하고, 특히 푸틴과 관련해서는 적극
적인 의사 표시를 하는 인물이다.

▶ 러시아 영화계의 거장, 미할코프

　　푸틴 대통령이 임기를 7개월여 앞
둔 2007년 10월, 미할코프는 푸틴 대
통령이 (2008년 5월에) 임기가 만료되더라도 대통령직에서 물러나서
는 안 된다는 연판장 서명을 주도했다. 그는 당시 언론 인터뷰를 통
해 "푸틴으로 인해 러시아는 건전한 보수적 민주주의 사회로 탈바꿈
했다", "푸틴이 없었다면 러시아는 미국에 힘 한 번 못 쓰고 당하는
약자가 됐을 것이다"라며 공개적인 지지 의사를 표명했다. 워낙 영
향력이 막강한 유명 영화감독이어서 한 정치인에 대한 공개적인 지
지 의사 표명이 다른 정치인이나 영화계 인사들로부터 비판의 대상
이 될 테지만, 미할코프는 "나는 진실을 말하고 있다. 오늘의 러시아
에는 권위가 필요하다. 그 권위는 바로 푸틴"이라며 개의치 않았다.

그는 2010년 10월 러시아에 대한 자신의 보수적 비전을 담은 63쪽짜리 매니페스토(공약집)를 정부에 전달했다. 여기에서 미할코프는 러시아의 국가 정체성 확립을 목적으로 대중매체와 인터넷을 통해 권력의 지배를 설명하고, 진정한 신화와 이미지, 사회 속 개인의 행동에 대한 모델 등을 구축해 확산시킬 필요가 있다고 주장했다. 미할코프는 이 매니페스토와 푸틴의 상관성에 대해 별도의 언급을 하지는 않았지만, 정치권에서는 푸틴의 지배를 정당화하기 위한 문서라는 평가가 일반적이었다. 미할코프는 직선적으로 말하는 편이다. 2012년 대선을 약 1년 앞둔 2011년 4월 우크라이나의 일간지 〈키예프 포스트(Kyiv Post)〉와의 인터뷰에서 "2012년 대선에 푸틴과 메드베데프가 동시에 나오면 어떻게 할 것이냐"라는 질문에 "나는 푸틴을 지지할 것이다. 우리 러시아의 많은 문제를 해결할 수 있는 사람은 푸틴 뿐"이라고 거침없이 말했다.

이처럼 미할코프가 푸틴을 도운 데는 개인적인 인연보다 두 사람의 역사관이 일맥상통하기 때문이라고 정치권 인사들은 말한다. 기본적으로 미할코프는 민족주의자인 데다 슬라브인 우월주의 사상을 갖고 있다. 이는 푸틴도 크게 다르지 않다. 두 사람의 역사 인식이 유사하기 때문에 미할코프로서는 푸틴을 지지할 수밖에 없다는 것이다. 이러한 맥락에서 푸틴이 '소프트 외교'의 일환으로 전 세계에 러시아어 교육과 문화 전파 및 교류를 통해 러시아의 국가 이미지를 높이려 2007년 6월에 설립한 비영리 재단법인 '루스키 미르(Russkiy Mir, 러시아 세계)'에 미할코프가 이사로 합류한 것은 전혀 이상한 일이 아니다. 미할코프의 민족주의 사관은 그의 가계(家系)와 인연이 깊다는 분석도 있다. 미할코프는 제정 러시아 시대 귀족의 후손이다. 증조할아버지는 야로슬라블의 영주였다. 아동문학가인 아버지 세르게이 미할코프(Sergey Mikhalkov)는 소련과 현재 러시아 국가(國歌)의 작사가다.

미할코프는 2000년부터 러시아영화인협회 회장을 하면서도 푸틴을 적극 지원했다. 대통령 선거 기간에는 푸틴 후보를 옹호하는 광고를 제작했다. 다만 협회 운영이 독선적이고 권위주의적이라고 해 협회 회원들로부터 거센 비난을 받았고, 많은 영화인들이 다른 협회를 결성하게 되는 계기를 제공하기도 했다. 다만 이들 다른 회원도 미할코프 회장의 푸틴 지지에 대해서는 별다른 이의를 제기하지 않았다. 그는 푸틴의 대통령 3회 연임설이 이따금 제기되던 2007년 11월, 푸틴 찬양을 염두에 둔 영화 〈1612〉를 개봉했다. 줄거리는 다음과 같다. '1598년 류리크(Rurik) 왕조의 마지막 통치자인 표도르가 적자 없이 사망하자 왕위 다툼이 치열하게 벌어졌고, 때맞춰 스웨덴과 폴란드 등 외세가 침입해 모스크바를 장악했다. 이로 인해 러시아 남부와 중부를 비롯한 여러 지역에서 사회적, 경제적 파탄이 초래됐고 농민 봉기가 극심했다. 1610년 폴란드 군대가 모스크바에 입성하자, 분노한 러시아인은 침략자에 대항하기 위해 단결한다. 러시아 민중군은 1612년 폴란드군을 무찌르는 데 성공하고, 이듬해 전국적인 대표 모임을 통해 미하일 로마노프를 차르로 선출했다.' 영화의 제작을 맡았던 미할코프는 "국가를 이끌 능력 있는 지도자를 잃어버린 러시아 국민의 삶은 극심한 정치적 혼란 속에 나날이 피폐해져간다. 끝이 보이지 않는 듯했던 혼란의 시대는 강력한 카리스마와 통치력을 가진 인물을 새로운 지도자로 추대함으로써 결국 막을 내리고 러시아는 번영을 맞게 된다는 게 영화의 메시지"라고 말했다. 그러면서 〈1612〉와 푸틴의 연관성을 부인하지 않았다.

미할코프는 러시아 영화계에서는 거장이라는 표현이 어울릴 만큼 존재감이 확실한 인물이다. 1961년 배우로 데뷔한 미할코프는 1977년 연출작인 〈피아노를 위한 미완성 희곡〉으로 산세바스찬 영화제에서 그랑프리를 수상했다. 베네치아 국제영화제 황금사자상을 수상한 〈우르가(Urga, 몽골 수도 울란바토르의 옛 이름)〉와 1994년 칸 국제영화제 심사위원 대상과 아카데미상 외국 영화 부문을 수상한 〈위선의 태양〉으로 세계 영화계에서 확고한 입지를 다졌다. 1999년 대작 〈시베리아의 이발사〉는 미할코프 영화 세계의 압권이었다.

니키타 미할코프

1945년 10월 21일 모스크바 출생
1961 모스크바국립영화학교 재학 중 배우 데뷔
1966 감독 데뷔(영화 〈첫 스승〉)
1977 산세바스찬 영화제 그랑프리
1991 베네치아 국제영화제 황금사자상
1994 칸 국제영화제 심사위원 대상
2000 러시아영화인협회 회장
2007 루스키 미르 재단 이사

:: 알라 푸가초바

Alla Pugachova

▶ 러시아의 국민가수, 푸가초바

푸가초바는 러시아의 '국민가수'이자 디바다. 현존하는 러시아의 가수 중 최고 실력을 자랑하는, 푸틴의 지지자다. 영화감독 니키타 미할코프와 함께 러시아 문화예술계에서 가장 영향력 있는 인사 가운데 한 명이고, 이 영향력을 바탕으로 문화예술계에서 푸틴을 돕고 있다. 2005년 알렉산드르 소콜로프 (Alexandr Sokolov) 당시 문화부 장관이 예술인들에 대한 지원을 축소한다고 했을 때 푸가초바가 곧바로 푸틴에게 항의할 정도로 푸틴과의 관계가 막역하다는 평가다.

2005년 푸틴 대통령이 전년도에 있었던 베슬란 인질 사건 이후 정부 정책의 감시 등을 위해 설립한 '옵세스트비엔나야 팔라타 (Obshchestviyennaya Palata, 공공감시평의회)'의 위원 겸 대통령 자문 역으로 활동하면서 정치에 본격 간여했다. 이 평의회는 러시아 정부와 연방의 각 기관, 국가두마의 활동을 감시하고 자문하는 것이 목적이다. 푸가초바는 푸틴의 자유주의적 문화예술 정책에 지지를 보내면서도, 러시아 언론인들의 피살 사건과 경찰의 부실 수사 등에 대해서는 커다란 목소리로 비판했다. 예컨대 러시아군의 체첸 내 인권 유린 등 정부 비판 기사를 써오던 〈노바야 가제타〉의 안나 폴릿콥스카야(Anna Politkovskaya) 기자가 2006년 10월 7일 자신의 아파트 엘리베이터 앞에서 괴한의 총에 맞아 숨지고 그 범인이 잡히지 않자 푸가초바는 "어떻게 세상에 이런 일이 있을 수 있나. 슬프고 참혹한 일이다. 대체 검찰과 경찰 등 우리의 보안기관은 뭘 하고 있느냐"라고 평의회 회의석상에서 따졌다. 러시아 정가 일각에서는 "사건의 핵심을 보안기관에 떠넘겨 푸틴을 비호하기 위한 여론 조작성 발언 아니냐"라며 곱지 않은 시선을 보냈지만, 푸가초바 본인은 진실한 발언이었다고 말했다.

푸틴과 관련해, 푸가초바는 또 하나의 중요한 역할을 수행한 것으로 알려진다. 러시아와 우크라이나의 관계 개선을 위한 민간 사절 역할이었다. 푸가초바는 2004년 오렌지 민주화 혁명의 주역인 '우크라이나의 잔 다르크' 율리야 티모셴코와 친구 사이다. 2005년부터 2010년까지 우크라이나 정부에서 두 번이나 총리를 지낸 티모셴코는 친서방, 반러시아 성향의 정치인이다. 같은 기간 러시아 대통령과 총리를 지낸 푸틴은 우크라이나와 가스 분쟁을 여러 차례 겪었다. 푸틴과 티모셴코의 가스 협상이 난항에 부딪치면 티모셴코와 친밀한 푸가초바의 물밑 외교로 우크라이나와의 위기 상황을 무사히 넘길 수 있었다는 분석이 있다.

푸틴도 이런 푸가초바를 각별히 아꼈다. 매년 4월 15일 푸가초바의 생일 때는 푸틴이 직접 푸가초바를 만나거나 불가피한 경우에는 대변인을 보내 생일 축하 메시지를 보냈다. 메시지의 내용은 "탁월하고 유능하며 창조적인 푸가초바 당신은 진정으로 모든 사람의 사랑을 받을 만합니다. 수백, 수천만 명의 팬들은 당신의 프로 의식과 성실함을 늘 경탄해 마지않습니다. 푸가초바, 당신이 부르는 모든 노래는 우리에게 언제나 정말 중요한 보석과도 같은 존재입니다."

아무튼 푸가초바는 러시아의 국민가수라는 칭호가 말해주듯 1965년부터 2009년까지 약 45년간 현역에서 가수 활동을 했고, 2009년 3월 자신의 60번째 생일을 맞아 은퇴 선언을 했다. 이 기간 동안 싱글앨범 19장, 기타 앨범 25장을 냈고, 러시아에서 가장 많은 음반 판매 기록도 갖고 있다. 다섯 차례의 결혼과 네 차례의 이혼이 말해주듯 사생활이 복잡하다는 지적이 있지만, 2006~2007년 러시아의 엘리트가 누구냐는 일간 〈콤메르산트〉의 설문 조사에서 푸가초

알라 푸가초바

1949년 4월 15일 모스크바 출생
1964 이폴리토프-이바노프 음악학교 졸업
1965 가수 데뷔
1977 1집 앨범 〈제르칼로 두시(Zerkalo Dush, 영혼의 거울)〉 발표
1980 소련 공훈예술가 칭호
1981 모스크바국립음악대학교 졸업
1985 러시아 인민예술가 칭호
1991 소련 인민예술가 칭호
2005 옵셰스트비엔나야 팔라타(공공감시평의회) 위원
2009 가수 은퇴 선언

바는 푸틴에 이어 2위를 차지해 3위를 차지한 메드베데프를 앞설 정
도의 높은 인기와 영향력을 과시했다.

:: 유리 코발추크

Yury Kovalchuk

▶ 푸틴의 개인 금고, 코발추크

유리 코발추크에게는 푸틴을 떠받치는 미디어 업계의 '큰손'이자 푸틴의 '개인 금고'라는 별칭이 붙어 있다. 코발추크는 독특한 이력을 자랑한다. 물리학자 출신이지만 2000년대 초반 은행 사업에 뛰어들어 막대한 부를 축적했고, 이를 바탕으로 미디어를 장악했다. 하지만 코발추크가 구체적으로 어떤 과정을 통해 러시아 부호 서열 10위 안에 오를 만큼 막대한 부를 축적했는지는 아직까지 베일에 가려져 있다. 2004년부터 '반크 로시야'의 이사회 의장 겸 대주주, 러시아 3대 은행 중 하나인 가즈프롬은행의 대주주가 됐다. 2005년 반크 로시야는 은행의 새 슬로건으로 '로시야-스트라나 보즈모지노스티 (Rossiya-Strana Vozmozhinosti, 러시아-가능성의 나라)'를 채택했는데, 러시아 재계 인사들은 이 슬로건이 코발추크의 자수성가 스토리에서 나온 것이라고 입을 모은다. 또한 코발추크의 형과 아들은 각각 자신들의 힘으로 국가의 중요한 자리를 하나씩 꿰차고 있어서 일부 정치평론가들은 '코발추크 가문의 힘'이라는 표현도 즐겨 사용한다.

상트페테르부르크 출신인 코발추크는 1990년대 초반 상트페테르부르크 시 인근 이바노보 콤소몰스코예 호수 지역에 다차를 마련하면서 푸틴과 인연을 맺었다. 당시 이 호수 인근 다차에는 푸틴과 야쿠닌, 푸르센코 등 러시아 주요 실권자들의 다차가 있었다. 다차 소유주들은 1996년 '오제로'라는 일종의 커뮤니티를 만들어 러시아를 좌지우지할 수 있는 커다란 세력으로 키웠는데, 이 오제로를 '재정적'으로 후원한 이가 코발추크였다는 이야기다. 지금도 정치평론가들은 푸틴의 정책 결정을 돕는 이너서클 인사들 가운데 비즈니스맨을 꼽자면 로만 아브라모비치와 함께 코발추크를 빼놓을 수 없다고 말한다. 사실 여부는 지금까지 확인되지는 않았으나, 2007년 11월 러시아 정치 전문가 스타니슬라프 벨콥스키(Stanislav Belkovsky)는 독일 일간지 〈벨트〉와의 인터뷰에서 "푸틴이 8년의 집권 기간(2000~2008) 동안 최소 400억 달러의 비자금을 조성해 러시아뿐 아니라 유럽에서도 최대의 부자가 됐는데, 여기에 가장 커다란 역할을 한 사람은 바로 코발추크였다"라고 주장하기도 했다.

코발추크가 주목받는 다른 이유는 무엇보다 푸틴의 파워엘리트들 가운데 흔치 않은 미디어 업계의 강자이기 때문이다. 그는 2011년 2월, 러시아에서 가장 시청률이 높은 TV 채널 '페에르브이 카날(제1채널)'의 지분 25퍼센트를 동료 올리가르흐인 아브라모비치로부터 인수해 미디어 왕국 수립에 마침표를 찍었다. 그가 2008년에 설립한 '내셔널미디어그룹(NMG)'은 이 채널 외에도 이미 러시아 전국 채널인 '렌-TV'와 상트페테르부르크 지역 방송인 '채널 5' 그리고 유력 일간지인 〈이즈베스티야〉를 보유했다. 코발추크가 유력 신문과 방송을 장악하자 서방 언론들은 "2012년 대선에서 또 한 번 승리를 노리는 푸틴의 미디어 제국이 어둠 속에서 양지로 나왔다"라고 보도했다.

한편 유리 코발추크의 형인 미하일 코발추크는 다른 측면에서 푸틴의 측근 인사로 꼽힌다. 핵물리학자인 그는 100억 루블의 막대한 예산을 쓰는 핵물리학 전문 연구소인 '쿠르차토프 연구소'의 소장이다. 러시아 최고의 국립 학술기관인 과학아카데미는 2008년 5월 국책 연구기관 로스나노테크(Rosnanotech) 소장 직무대행이던 미하일 코발추크의 정회원 자격 부여를 심사하다가 이를 거부한 적이 있다. 서방 언론들은 이때 "과학아카데미가 미하일 코발추크의 정회원 입성을 거부함으로써 푸틴과의 거리 두기를 시도하고 있다"라고 보도했으나 이는 절차상의 단순한 해프닝이었던 것으로 밝혀졌다. 또한 유리 코발추크의 아들이자 물리학자인 보리스 코발추크는 러시아의 전기 수출입을 독점하는 국영회사 '인테르-라오(Inter-

---

유리 코발추크

1951년 7월 25일 상트페테르부르크 출생
1974 상트페테르부르크대학교 물리학부 졸업
1985 물리학 박사
1987 물리공학연구소 제1부소장
2004 반크 로시야 이사회 의장
2008 내셔널미디어그룹 회장

RAO)'의 사장으로 2009년 1월에 취임했다. 코발추크가(家) 사람들 전체가 푸틴의 든든한 지원군이 된 것이다.

푸틴과 파워엘리트 연표

1952 푸틴, 상트페테르부르크에서 출생

1975 푸틴, 상트페테르부르크대학교 법대 졸업 및 KGB 입사

1985 푸틴, KGB 동독 드레스덴 지부 파견 근무(~1990)

1990 푸틴, 상트페테르부르크대학교 총장 보좌관 취임

1991 푸틴, 상트페테르부르크 시 대외관계위원장(법률자문에 메드베데프) 취임

아브구스톱스키 푸치(8월 쿠데타) 발생

소련 해체

1994 푸틴, 상트페테르부르크 시 제1부시장 취임

1996 옐친, 제2대 대통령 당선(행정실장에 추바이스)

푸틴의 상트페테르부르크 측근들이 '오제로'라는 커뮤니티 결성

푸틴, 대통령 행정실 공보부장 취임

1997 푸틴, 대통령 행정실 부실장 취임

1998 푸틴, FSB 국장 취임

러시아, 디폴트 선언

1999 푸틴, 국가안보회의 서기 취임. 후임 FSB 국장에 파트루셰프 취임

푸틴, 제5대 총리(총리 비서실장에 세친) 취임. 제1부총리에 흐리스텐코 임명

러시아, 제2차 체첸 전쟁 돌입

옐친 대통령 사임. 푸틴 총리, 대통령 권한대행 취임.

2000 푸틴, 제3대 대통령 당선(행정실 제1부실장에 메드베데프)

카시야노프 내각 출범(부총리 흐리스텐코 · 마트비엔코, 재무 쿠드
린, 경제개발통상 그레프, 비상사태 쇼이구, 국방 이바노프, 법무 차
이카, 내각 슈발로프 등)

2003 호도르콥스키 유코스 회장, 탈세 및 사기 혐의로 체포

실로비키 용어 등장

2004 푸틴, 제4대 대통령 당선

프랏코프 내각 출범(부총리 주코프, 보건 주라보프, 외무 라브로프,
내각 코자크, 교육 푸르센코, 에너지 흐리스텐코, 쿠드린 · 그레프 ·
쇼이구 · 이바노프 · 차이카는 유임)

우크라이나에서 오렌지 민주화 혁명 성공

2005 메드베데프, 제1부총리로 승진

2006 푸틴의 책사 수르코프, 주권 민주주의론 제기

리트비넨코 전 FSB 요원, 런던에서 독살

2007 수르코프, '푸틴＝러시아 국부' 론 제기

세르게이 이바노프, 제1부총리로 승진

빅토르 줍코프 내각 출범

프랏코프 전 총리, SVR 국장으로 전보

러시아, 2012 블라디보스토크 APEC 정상회의 및 2014 소치 동계 올
림픽 유치

푸틴, 메드베데프를 후계자 겸 대선 후보로 지명

푸틴, 통합러시아당 대표로 피선

2008 메드베데프, 제5대 대통령 취임

푸틴, 제4대 대통령 퇴임 및 제9대 총리 취임

푸틴 내각 출범(제1부총리 슈발로프·줍코프, 부총리 세친·소뱌닌·이바노프·쿠드린·주코프, 법무 코노발로프, 경제개발 나비울리나, 지역개발 코자크, 국방 세르듀코프)

파트루셰프 FSB 국장 해임, 후임에 보르트니코프 임명

러시아, 조지아와의 전쟁에서 승리

시빌리키 용어 등장

2009 러시아군, 장교·병력 감소와 첨단 무기화 등을 골자로 한 국방 개혁안 발표

2010 소뱌닌, 모스크바 시장 당선

러시아, 2018 월드컵 유치

2011 푸틴 총리, 전 러시아 국민전선 설립 제안. 국민전선 대표에 볼로딘 임명

마트비옌코, 상원 의장에 선출

푸틴, 2012년 대선에서 집권 통합러시아당 후보 제안 수락 및 메드베데프를 2012년 대선 후 총리로 지명

메드베데프 대통령, 쿠드린 부총리 겸 재무장관 해임

총선(12월 예정)

2012 푸틴 제6대 대통령 선거(3월)에 집권 통합러시아당 후보로 출마 예정

찾아보기

KI신서 3667

21세기를 움직이는 푸틴의 파워엘리트 50

1판 1쇄 인쇄 2011년 12월 2일
1판 1쇄 발행 2011년 12월 12일

지은이 권경복   펴낸이 김영곤   펴낸곳 (주)북이십일 21세기북스
출판콘텐츠사업부문장 정성진   마케팅영업본부장 최창규   편집 · 기획 임후성
마케팅 김현섭 · 김현유 · 강서영   영업 이경희 · 정병철
출판등록 2000년 5월 6일 제10-1965호
주소 (우413-756) 경기도 파주시 교하읍 문발리 파주출판단지 518-3
대표전화 031-955-2100   팩스 031-955-2151
이메일 book21@book21.co.kr   홈페이지 www.book21.com
21세기북스 트위터 @21cbook   블로그 b.book21.com

값 14,500원
ISBN 978-89-509-3423-1   03340